Graça e experiência humana

Dados Internacionais de Catalogação na Publicação (CIP)
(Câmara Brasileira do Livro, SP, Brasil)

Boff, Leonardo
  Graça e experiência humana : a graça libertadora no mundo / Leonardo Boff. – 7. ed. – Petrópolis : Vozes, 2012.
  1. Graça (Teologia) I. Título.

10-11131   CDD-234.1

Índices para catálogo sistemático:
  1. Graça : Teologia dogmática cristã 234.1

Leonardo Boff

Graça e experiência humana
A graça libertadora no mundo

EDITORA VOZES

Petrópolis

© By Animus / Anima Produções Ltda., 2003
Caixa Postal 92.144 – Itaipava
25750-970 Petrópolis, RJ

Direitos de publicação em língua portuguesa:
1976, Editora Vozes Ltda.
Rua Frei Luís, 100
25689-900 Petrópolis, RJ
Internet: http://www.vozes.com.br
Brasil

Imprimatur
Dom Moacir Grechi
Bispo do Acre e Purus
Rio Branco, 22-10-1976.

Assessoria Jurídica e Agenciamento Literário:
Cristiano Monteiro de Miranda
(21) 9385-5335
cristianomiranda@leonardoboff.com

Todos os direitos reservados. Nenhuma parte desta obra poderá ser
reproduzida ou transmitida por qualquer forma e/ou quaisquer meios
(eletrônico ou mecânico, incluindo fotocópia e gravação) ou arquivada em
qualquer sistema ou banco de dados sem permissão escrita da Editora.

Diretor editorial
Frei Antônio Moser

Editores
Aline dos Santos Carneiro
José Maria da Silva
Lídio Peretti
Marilac Loraine Oleniki

Secretário executivo
João Batista Kreuch

Projeto gráfico: Sheilandre Desenv. Gráfico
Capa: Adriana Miranda

ISBN 978-85-326-0258-9

Editado conforme o novo acordo ortográfico.

Este livro foi composto e impresso pela Editora Vozes Ltda.

A D. Paulo Evaristo Card. Arns,
mestre e amigo, por sua diaconia
apostólica e profética a toda a Igreja do Brasil.

Sumário

Prefácio, 9

PARTE I: COMO SE COLOCA O TEMA DA GRAÇA
HOJE, 15

   I. Tarefa da teologia: falar sobre a graça e deixar a graça falar, 17

   II. Retrospectiva e Prospectiva das doutrinas sobre a graça, 24

   III. Crítica às forças estruturantes da elaboração tradicional da doutrina da graça, 39

   IV. Horizonte de nosso tempo e graça, 52

PARTE II: A EXPERIÊNCIA DA GRAÇA, 61

   V. Pode-se experimentar a graça?, 63

   VI. A graça na experiência de nosso mundo científico e técnico, 96

   VII. A experiência da graça na realidade latino-americana: desafios, 120

   VIII. Ainda a experiência da graça na realidade latino-americana: respostas, 141

   IX. A experiência da graça na vida de cada pessoa, 162

PARTE III: EXPLICITAÇÃO TEOLÓGICA DA EXPERIÊNCIA DA GRAÇA, 193

   X. A universalidade da graça libertadora e suas concretizações históricas, 195

   XI. A graça habitual: a graça de Deus no projeto fundamental do homem, 221

XII. A graça atual: processo de efetivação do projeto fundamental, 242

XIII. A estrutura social da graça habitual e atual, 251

XIV. A graça como crise, processo de libertação e liberdade dos filhos de Deus, 263

PARTE IV: O QUE SE REVELA DE DEUS E DO HOMEM NA EXPERIÊNCIA DA GRAÇA, 285

XV. As multiformes manifestações da graça de Deus no homem, 287

XVI. Participantes da natureza divina: a plenitude da personalização, 309

XVII. Filhos no Filho: o homem, parente de Deus, 326

XVIII. O Espírito Santo mora em nós: uma Pessoa em muitas pessoas, 344

XIX. A inabitação da Santíssima Trindade na vida dos justos, 361

Conclusão, 381

Referências, 389

Livros de Leonardo Boff, 399

PREFÁCIO:
graça, o daimon de Deus

O título das edições anteriores deste livro era: *A graça libertadora no mundo*. Agora se intitula: *Graça e experiência humana*. Não mudou o conteúdo, mas a ênfase. Verifica-se uma grande demanda de experiência de Deus e de sua graça. Não sem razão o livro dedica ao tema quase metade de suas páginas. E toda experiência autêntica é libertadora.

Ao abordarmos a graça tocamos em algo que tem a ver com a substância da experiência cristã de Deus. Deus não é apenas o justiceiro e o libertador dos injustiçados. Ele é gratuidade, extrapolação da lógica natural das coisas, criação do surpreendente e do novo. Os gregos chamavam de daimon àquela força que irrompe, que produz entusiasmo, que torna plástica uma ideia e irradiante uma presença. Daimon é o tempero das coisas ao conferir-lhes gosto e distinção. Transcende as ordens estabelecidas. É o arbitrário de Deus. Assim é a graça, o daimon de Deus. Quer dizer, é o Deus que suave e fortemente se faz sensível na vida das pessoas e interfere no curso do mundo dando-lhe um rumo surpreendente a ponto de confundir as pessoas religiosas, perturbar os sábios e embaraçar os mais argutos analistas.

Como é libertador saber que a graça divina está longe das dogmáticas fechadas e ri dos idólatras da legalidade justa. A experiência da graça veicula um Deus dançarino, a eterna criança que desperta nas pessoas e nos acontecimentos, o brincalhão que zomba das morais rígidas. A graça é a força de sedução de Deus que nos conquista pela ternura e que por mil modos, mesmo pelos mais surpreendentes, garante o fim bom de nossa tortuosa peregrinação terrestre.

Leitor e leitora, se compreenderes a seguinte parábola, terás captado as intuições básicas contidas neste livro sobre a graça, ditas no rigor da teologia da escola.

Um trem corre veloz para o seu destino. Luzidio. Corta os campos como uma seta. Fura as montanhas. Passa os rios. Desliza como um fio em movimento. Sem obstáculos. Fagueiro. Perfeito na forma, na cor, na velocidade.

Lá dentro se desenrola o drama humano. Gente de todas as gentes. Homens e mulheres, velhos, jovens e crianças. Gente que conversa. Gente que cala. Gente que trabalha. Gente que deixou de trabalhar. Gente de negócios, preocupada. Gente que contempla a paisagem, serenada. Gente que cometeu crimes. Gente que gastou a vida servindo a outros. Gente que pensa mal de todo mundo. Gente solar que se alegra com o mínimo de luz em cada pessoa e circunstância. Gente que adora ou detesta viajar de trem. Gente que é contra o trem. Não deveria haver trens, dizem. Ferem a sacralidade das montanhas. Gente que planeja trens mais rápidos. Gente que errou de trem. Gente que não se questiona. Sabe que está no rumo certo. E sabe a que horas chega em sua cidade. Gente ansiosa que corre para os primeiros vagões no afã de chegar antes que os outros. Gente estressada que quer retardar o mais que pode a chegada e se coloca nos últimos vagões. E absurdamente gente que pretende fugir do trem, andando na direção oposta a ele.

E o trem impassível segue o seu destino, traçado pelos trilhos. Despreocupadamente carrega a todos. Não carrega menos o criminoso que a pessoa de bem. E não deixa de carregar gentilmente também seus contraditores. A ninguém se furta. Serve a todos e a todos propicia uma viagem que pode ser esplendorosa e feliz. E garante deixá-los na cidade inscrita em sua rota.

Neste trem, como na vida, todos viajam gratuitamente. Uma vez em movimento, não há como fugir, descer ou sair. Está entregue à lógica da linha do trem. A liberdade se realiza dentro do trem e na direção que tomou. Cada um pode ir para frente ou para trás. Pode querer mudar de vagão, viajar sentado ou de pé, deter-se longamente no vagão-restaurante ou fugir do controle, escondendo-se nos banheiros. Pode gozar da paisagem ou se aborrecer com os vizinhos de assento. Pode viajar rezando ou blasfemando a vida e seus dissabores. Nem por isso o trem deixa de correr para o seu destino infalível e carregar a todos cortesmente.

Há gente que decididamente acolhe o trem. Alegra-se com sua existência. Desfruta as paisagens. Faz amizades com companheiros de viagem. Lá onde está sentado, preocupa-se para que todos se sintam bem. E irrita-se quando vê maltratarem as poltronas e adverte os que escrevem grafitis nas paredes das cabines. Mas não perde o sentido da viagem nem por causa das querelas nem por causa do desfrute.

Como é maravilhoso que exista um trem e que nos leve tão depressa para casa, onde cada um é esperado com ansiedade, quando os abraços serão longos e a alegria intensa e transbordante.

A graça de Deus – a presença, a misericórdia, a bondade e o amor de Deus – é assim como um trem. O destino da viagem é Deus. O caminho é também Deus porque o caminho não é outra coisa que o destino se realizando metro a metro. O caminho só existe por causa do destino a ser alcançado. Quem precisa percorrer cem mil metros para chegar à sua cidade deve, antes de mais nada, começar com o primeiro metro. Caso contrário, não percorre os cem mil.

A graça carrega a todos. Dá-se a todos como chance de boa e excelente viagem. Também aos inconformados, aos intrigantes e aos inimigos do trem, dos homens e de Deus. Com a negação o trem não se modifica. Também não a graça de Deus. Só o ser humano se modifica. Estraga sua viagem. Mas é carregado do mesmo jeito com igual gentileza. Deus, que é graça e misericórdia, faz como o sol e a chuva. Se dá indistintamente a bons e a maus, a justos e a injustos porque, diz Jesus, Ele "ama os ingratos e maus".

Acolher o trem, alegrar-se com sua direção, correr com ele, enturmar-se com os companheiros de destino é já antecipar a festa da chegada. Viajar é já estar chegando em casa. É o que é a graça. Graça é "a glória no exílio, glória que é a graça na pátria".

Rechaçar o trem, perturbar a viagem dos outros, correr ilusoriamente contra a direção do trem, é viver uma frustração. Mas de nada adianta. O trem suporta e carrega também a estes frustrados, com toda a paciência e bondade.

A vida, como a graça, é generosa para com todos. Ela, de tempos em tempos, entrega a sua verdade secreta. Ela nos faz cair na realidade. Nesse momento — e sempre há o momento propício para cada pessoa humana — o recalcitrante cai em si, percebe então que é carregado gentil e gratuitamente. De nada adianta sua resistência e revolta. O trem o carrega de todos os modos. O mais razoável é escutar o chamado de sua natureza e deixar-se seduzir pela oportunidade de uma viagem feliz.

Nesse momento desfaz-se o inferno dentro dele e irrompe gloriosamente o céu, a graça humanitária de Deus. Descobre a gratuidade do trem, de todas as coisas, da graça e de Deus. Entrega-se à aventura com Deus que não conhece fim. É a salvação final.

E tu, leitor e leitora, como viajas?

Petrópolis, pentecostes de 1998.

Parte I
COMO SE COLOCA O TEMA DA GRAÇA HOJE

I. Tarefa da teologia: falar sobre a graça e deixar a graça falar.

II. Retrospectiva e prospectiva das doutrinas sobre a graça.

III. Crítica às forças estruturantes da elaboração tradicional da doutrina da graça.

IV. Horizonte de nosso tempo e graça.

I
Tarefa da teologia: falar sobre a graça e deixar a graça falar

1. A perspectiva essencial que a palavra graça traduz

A palavra graça quer traduzir a experiência cristã mais originária e original: por um lado, de Deus, que tem uma profunda simpatia e amor para com o homem a ponto de se dar a si mesmo, e, por outro, do homem capaz de se deixar amar por Deus, abrindo-se ele também ao amor e ao diálogo filial. O resultado desse encontro é a beleza, a graciosidade, a bondade que se reflete em toda a criação, mas de modo especial no homem e em sua história. Ele é bom, gracioso, agradecido, belo, cor-dial, miseri-cor-dioso porque foi visitado por Deus miseri-cor-dioso, cor-dial, belo, agradecido, gracioso e bom, que o fez ser aquilo que é. A graça quer dizer a presença de Deus no mundo e no homem. Quando Deus se faz presente, então o que estava doente fica bom, o que estava decaído se levanta, o que era pecador fica justo, o que estava morto torna a viver, o oprimido experimenta a liberdade e o desesperado sente o aconchego e a consolação.

Graça diz também abertura do homem para Deus; capacidade de se dimensionar com o Infinito e de entabular um diálogo que lhe conquista dia a dia sua humanidade e o premia com a deificação.

Graça é sempre encontro, na extrapolação de Deus que se dá e do homem que se dá. Graça é, por natureza, o rompimento dos mundos fechados sobre si mesmos. Graça é relação, é êxodo, é comunhão, é encontro, é diálogo, é abertura, é saída, é história de duas liberdades e encruzilhada de dois amores.

Por isso a graça fala da reconciliação do céu e da terra, de Deus e do Homem, do tempo com a eternidade. Graça é mais do que o tempo, mais do que o homem, mais do que a história. É sempre o *mais* que acontece, na gratuidade inesperada. Como dizia, admiravelmente, Leonardo Coimbra: "A graça é sempre um excesso sobre a utilidade do instante, sobre o limite da forma; é o excesso sobre todo o tempo, todo o espaço, todas as formas e todas as vidas" (*A alegria, a dor e a graça*. Porto, 1916: 173).

Deus-Pai se autorrealiza permanentemente e por toda a eternidade como Mistério que se autodoa como Filho e como Espírito Santo; prolonga sua comunhão e doação em termos de mundo; e estabelecido o mundo penetra mais profundamente esse mundo numa superabundância inesperada de Amor e Autodoação, fazendo-se ele mesmo Mundo e se chamando Jesus Cristo. Jesus Cristo é a graça salvadora para todos os homens (Tt 2,11); Ele é "a aparição da benignidade do amor humanitário de Deus nosso Salvador" (Tt 3,4). Graça é o nome para Deus mesmo, como Ser que é sempre Comunhão, Êxodo de si mesmo, Amor para com, Simpatia para com outros diferentes dele. Isso não é uma qualidade de Deus. É a essência (*divinitas*) de Deus mesmo. Deus não tem graça. É graça.

O homem por sua vez, enquanto pessoa, está também sempre dimensionado para, aberto para um poder-ser, estruturado não como um-ser-aí, mas como ex-istência; por isso vive sempre um encontro com o diferente dele mesmo. Ele é sempre um mais. Por isso seu envolvente máximo é a graça, se graça significar o encontro e a dimensão do aberto e da comunhão sem limites. O homem vive na atmosfera divina, se por divino entendermos sempre a comunhão e a autodoação em plenitude. Só no divino o homem é homem. Só na graça, naquilo que é mais do que ele, o homem se constitui como homem. Por isso, homem é sempre mais do que "homem", isto é, daquilo que podemos dizer, falar, analisar, compreender, enquadrar, definir e estruturar do homem.

Quando se fala em graça, se quer visualizar este fenômeno que, como se depreende, rompe todas as barreiras estanques daquilo que nós chamamos realidades, dimensões, mundos. A graça instaura um mundo só, onde os opostos se encontram: Deus-Homem; Criado-Criador. Graça é a unidade e a reconciliação. Por isso graça é sinônimo de salvação, de perfeita identidade do homem e de Deus.

2. Graça simultaneamente com a des-graça

Se graça é encontro, é saída, é abertura, é liberdade exercida, então ela vem sempre acolitada por uma ameaça que significa des-graça. Pode haver o des-encontro, o fechamento, a recusa do diálogo, o en-si-mesmamento. Des-graça e graça são chances da liberdade. É o mistério da criação. Mistério absoluto para o qual não há acesso racional. Graça é o absoluto sentido plenificador de tudo. É luz que tudo ilumina e faz entender. Des-graça é absoluto absurdo. Não possui nenhuma luz. É pura treva. Não possui nenhuma racionalidade. Não há argumento lógico para a des-graça e para o pecado. Por isso não pode ser, de forma nenhuma, entendido. Só pode ser realizado. É um fato bruto. Impõe-se simplesmente como absurdo. E contudo existe, como fato e como experiência.

A graça é graça, para o ser criado, na possibilidade da des-graça. Por isso o homem é sempre um ser ameaçado; ele pode ser des-graçado. A história, como história da culpa e dos mecanismos de destruição, história do feio, do mau, do violento, do inumano, do cruel, do crime etc. é a história da des-graça no mundo, sua corporificação nas articulações fechadas e ensimesmadas.

O homem concreto vive esse drama de ser simultaneamente agraciado e des-graçado; *omnis homo Adam, omnis homo Christus* (Santo Agostinho. *En. in Psal.* 70,21: Pl 36,891); é Cristo e Anticristo; é abertura e fechamento simultaneamente. Sua experiência concreta é sempre paradoxal: experimenta conjuntamente a graça e a des-graça.

O sentido de nossas reflexões é tematizar a experiência da graça; o que não impede que, ao mesmo tempo, nos demos também conta da experiência da des-graça, da perdição e do pecado. Mas tematizaremos a graça; tentaremos deixar brilhar sua luz sobre as trevas que também povoam nossa existência.

3. Teologia: falar sobre a graça e deixar a graça falar

Neste nível de tematização da graça, pode-se proceder de duas maneiras: pode-se falar da graça, consoante a história da fala da graça ao longo da experiência histórica cristã. Em outras palavras: pode-se falar da graça conforme falam os manuais de teologia no tratado da graça. Nos manuais se historia a tematização feita por teólogos e pela

Igreja no confronto com doutrinas heterodoxas inaceitáveis pela comunidade eclesial. Na teologia escolar criou-se todo um sistema sobre a graça, com o instrumentário vocabular próprio e uma doutrina bem determinada. Neste modo tudo se concentra sobre o aspecto doutrinário; fala-se *sobre* a graça. Quase nada aparece da graça mesma, de sua experiência, de sua presença no mundo. A teologia, neste nível, não tem muito a pensar; ela administra um pensar já feito, dito, estruturado e aprovado oficialmente. Isso não é sem importância, porque nos pomos em contato, a título de informação, com a experiência da graça feita na história da Igreja e como ela foi, semanticamente, expressa. Entretanto, a teologia não só tem a ver com a administração de um saber aprovado e sancionado – o que também tem sua importância –, mas ela possui uma tarefa imprescindível no interior da comunidade de fé: de *pensar* a experiência da graça que está sendo feita hoje no mundo e na Igreja. A teologia assim prolonga uma experiência que sempre existe na Igreja e no mundo e cria uma linguagem expressora e expressiva para esta experiência.

Daí haver um segundo modo de abordarmos o tema da graça, a saber, tentando articular a experiência que hoje se faz da graça, dizendo-a num modo próprio de nosso tempo e de uma forma acessível e aceitável pela comunidade de fé, de sorte que esta comunidade possa se identificar com sua tradição cristã e ao mesmo tempo se sinta criadora e prolongadora desta tradição. Portanto, o acento não está tanto em falar *sobre* a graça (toda fala é sempre fala sobre) quanto em deixar a graça falar. Em outros termos: como criar uma reflexão e uma linguagem que nos conscientizem da graça de Deus, na qual já estamos, que nos ajudem a detectar a presença de Deus e de seu amor no mundo, independentemente do fato de nós refletirmos e falarmos dela. A graça não começa a existir quando falamos dela. Falamos dela porque ela existe antes em nossa vida. Daí talvez experimentarmos verdadeira graça e presença de Deus, sem chamarmos a isso graça e presença de Deus. A função da teologia não é criar as realidades sobre as quais fala. Mas é falar das realidades com as quais se encontra e que já preexistem à fala, dentro da vida humana.

Já estamos dentro do *milieu divin* da graça. O problema da teologia consiste em como tematizar isso, em falar de forma significativa da graça para hoje, para que não aconteça que o homem, devido à linguagem anacrônica e não mordente, perca a consciência ou a profundidade daquilo que efetivamente vive, sem se dar conta que vive. Vive a graça, mas não sabe, nem reflete sobre isso. A teologia é reflexão sobre esta realidade. Se reflete, não é para monopolizar a graça, mas para conscientizar o homem da graça que visita sua vida.

4. A fala teológica sobre a graça não monopoliza a ação da graça

Aqui se corre sempre um perigo sobre o qual convém advertir: ao se falar da graça, pode-se pensar que somente onde ela é falada é que se faz presente e atuante. A relação inversa é verdadeira: só podemos falar porque ela existiu previamente à fala. Mas a fala é um momento da própria graça, no seu processo de explicitação no homem. De qualquer maneira, devemos evitar por todas as formas o erro frequente na teologia de querer açambarcar a graça às malhas da linguagem teológica. Essa ilusão se manifesta em expressões como: só pela Igreja chega a graça ao mundo; só pela Igreja se chega a Cristo; só pela Igreja nos vem a salvação. A Igreja se transforma em monopólio daquilo que não pode ser monopolizado. Não é a Igreja que contém a graça. A graça contém em si a Igreja e toda verdadeira graça apresenta caráter eclesial (tende a se manifestar visivelmente e a formar comunidade: esse é o sentido). Deus, Cristo, a graça são sempre livres: manifestam-se no mundo em múltiplas mediações, entre as quais está a Igreja, de forma explícita, consciente e comunitária, mas não exclusiva. Daí a permanente atenção que deve ter a teologia: de, ao falar sobre a graça e ao deixar a graça falar, jamais querer com isso limitar a ação da graça aos limites desta fala. Isso seria guetoizar a graça e reduzi-la às dimensões do homem. Então não seria mais graça divina. Ela seria despojada de seu caráter divino. Por ser divina, a graça está presente em tudo e não há nada que escape à sua influência. Isso a teologia deve sempre dizer para si mesma.

Nossa tarefa de ordem sistemática será então: refletir sobre a experiência da graça como a fazemos dentro das condições e limites de nosso tempo; a partir disso falar sobre a graça de tal forma que a experiência seja adequadamente traduzida na comunidade eclesial.

Como porém somos seres históricos, estamos inseridos numa corrente viva que nos vem de um passado e nos atinge. Somos em parte produtos do passado. Isso já marca nossa própria experiência da graça. Devemos conscientizar o legado teológico que herdamos e que está presente no inconsciente coletivo da comunidade cristã.

Nossa primeira tarefa é fazer uma rápida retro-spectiva do que foi, para ganharmos a per-spectiva que aí se oferece e elaborar a pro-spectiva que urge articular hoje.

II
Retrospectiva e Prospectiva das doutrinas sobre a graça

Estudando-se a articulação da graça, ao nível da reflexão teológica, nota-se um desenvolvimento bastante acentuado na escolha do instrumentário significante. Esse desenvolvimento não deve ser entendido puramente na linha especulativa e formal. Ele é expressão das mutações culturais que se verificaram na história e de práxis cristãs diferentes ligadas a um determinado lugar na estrutura da sociedade que se refletem, na maioria das vezes, de forma inconsciente, na escolha do instrumentário linguístico de expressão. Nestas mutações culturais entra evidentemente a dimensão socioeconômica e a da distribuição ou do acesso ao poder que os elaboradores da teologia tinham ou não.

Nossa retrospectiva não visa refazer em grandes traços a história da reflexão teológico-crítica sobre a graça. Isso o faz a história dos dogmas e das doutrinas. Mas apenas apanhar os elementos de força que orientaram a reflexão.

1. A escritura do Antigo Testamento

A Escritura do AT fala a graça e da graça em termos de história: a libertação do Egito, depois o próprio fato da criação e dos bens da criação e da eleição de Israel. A graça é experimentada como atitude e comportamento por parte de Deus de fidelidade, justiça, retidão, magnanimidade que ultrapassa os critérios legais humanos, benevolência na experiência do homem na luta pela subsistência e pela criação de sentido de viver. Especialmente a temática da aliança expressa uma experiência de um *Mais* em graça: Deus escolhe por pura benevolência o menor de todos os povos para ser testemunho e anunciador do único Deus. Israel fez a experiência de sua singularidade histórica. Isso foi vivido como graça, que alcança para além do fato criacional, comum a todos os povos. Graça é sempre vivida como bondade misericordiosa de Deus, não abstratamente, mas em termos de história como paz política, bem-estar social, libertação e segurança no aperto com as grandes potências, vida reta, abertura do futuro que Deus, em razão da aliança, prometeu; verifica-se sempre uma dialética: por um lado o homem depende totalmente de Deus, por outro tem promessas que ele pode apelar em razão da escolha e da aliança. O homem pode pecar seja por desconfiança de Deus seja por orgulho que independentiza. De qualquer maneira a graça é vivida e pensada em termos históricos e na consciência dos fatos graciosos que Deus fez, que criaram história na memória do povo e que preparam uma plenitude cósmica na escatologia. Há um antes, um depois e um amanhã. A graça cria situações kairológicas que fundam marcos referenciais, importantes para a memória histórica da graça divina como bondade concreta de Deus, na libertação do Egito, no exílio babilônico, no culto, na tranquilidade da paz e da ordem etc.

2. A escritura do Novo Testamento

Para o NT a graça é especialmente um comportamento salvífico, uma bondade e simpatia única de Deus que se fez pessoalmente bondade e benignidade em Jesus Cristo. Os fatos cristológicos são memorados; na memória se tornam atuantes e eficazes para o aqui e agora e preparam para a definitiva plenitude. A graça é assim uma nova atmosfera salvífica, um acontecer escatológico que nos faz participar da realidade definitiva do Reino e da vida mesma de Deus. Por isso a graça que foi Jesus Cristo, como a salvação presente de Deus, encarnada e feita história, deslanchou esperanças escatológicas para a irrupção próxima da total comunicação amorosa de Deus. Com a protelação da parusia, o acento, especialmente nos escritos tardios do NT, foi colocado na graça já agora presente, pelo Cristo presente nos sacramentos, na palavra, no Pneuma, na fé, na vida nova que se cria, enfim, na Igreja.

3. A teologia grega

A teologia grega assimilou estes últimos dados *do já e agora* da graça libertadora e salvadora dentro de suas categorias culturais: a graça é glória que se irradia da Divindade e transmuta o homem. Essa irradiação passa ontologicamente aos homens pelos sacramentos, eticamente por uma vida segundo as virtudes divinas e a *imitatio Dei et Christi* e misticamente pela união extática com a Divindade. A união hipostática é o modelo para essa compreensão da graça com seus efeitos: divinização do homem Jesus de Nazaré. A deificação do homem: eis o grande tema da teologia grega.

4. A teologia latina

A teologia latina incorporou a presença da graça em Jesus Cristo e na Igreja no sentido de libertação do pecado e da corrupção da natureza humana. Graça é primeiramente justificação do homem pecador e a partir daí divinização. Por isso, na teologia latina, a graça será pensada preferentemente como modificação do homem (graça criada), operada pela presença purificadora e amorosa de Deus (graça incriada). De não homem, o homem pode, pela graça, voltar a ser homem de verdade; em seguida pode ser deificado, vale dizer, plenificado em sua humanidade.

5. A Pré-Escolástica

A Pré-Escolástica se concentra preferentemente no aspecto ético da graça. Aqui há uma forte influência agostiniana: a graça é força para a vivência consequente das virtudes. Assim a graça é vista numa dimensão histórico-individual, aberta para o futuro, dinâmica. Ela fundamenta o mérito do qual segue o prêmio futuro no após morte. A graça é experienciável, pois se experimentam e se vivem as virtudes que são identificadas com a graça. Aqui, porém, surge um problema que não poderia ser resolvido dentro destas categorias das virtudes: há enganos e falsas virtudes. Como discerni-las se psicologicamente apresentam as mesmas características que as virtudes? É o Espírito Santo idêntico com a graça-virtude? É a graça algo criado no homem, como o são as virtudes?

6. A Alta-Escolástica

Esse questionamento preparou a Alta-Escolástica. A Pré-Escolástica dizia que a graça é *illuminatio, delectatio,* que se vive na vida virtuosa. Com a assunção de categorias metafísicas pelos grandes mestres medievais deu-se uma grande virada na compreensão da graça. Os aristotélicos como Tomás e Scotus diziam com Aristóteles: *agere sequitur esse:* o agir resulta do ser; a cada ação corresponde um princípio gerador desta ação. A graça como virtude supõe um princípio anterior, princípio gerador da virtude. A graça, antes de ser virtude e ação, é uma nova qualidade ontológica da alma, originadora da ação. Essa qualidade transformadora do sujeito, atingindo-o ontologicamente, não pode ser uma substância. Se fora uma nova substância, seria um sujeito, diferente do homem. Não seria mais humana. A graça supõe o sujeito humano. É um acidente que afeta ontologicamente o homem e produz nele as virtudes. O homem fica ontologicamente agraciado e assim preparado para a consumação no céu e na glória. Esta graça criada no homem é que o faz agradável a Deus e também o justifica. Ela prepara a graça incriada, vale dizer, a inabitação divina na alma do justo.

A crítica, vinda especialmente da escola franciscana de inspiração mais agostiniana, se dirige contra esta interpretação ontológica, utilizando categorias da natureza. Dirá: nada daquilo que é criado (natureza) nos poderá fazer agradáveis a Deus. A gratuidade se situa num outro nível do que aquele da natureza. Graça fundamentalmente consiste num novo relacionamento do homem para com Deus, possibilitado e atualizado por Jesus Cristo e por mediação dele. Não é, portanto, num primeiro momento, uma entidade nova criada no homem. Esta é já consequência de algo anterior: a justificação por Jesus Cristo no qual somos incorporados. Na medida desta incorporação nos tornamos também novas criaturas.

7. A teologia Pós-Escolástica

A teologia Pós-Escolástica irá aprofundar e explicitar até a exaustão em intermináveis e minuciosíssimos tratados esta dimensão metafísica da graça em termos de relação natureza-graça, natural-sobrenatural, liberdade-graça, graça incriada-graça criada, graça habitual-graça atual etc.

Aqui se darão as famosas disputas entre tomistas (Bañez) e jesuítas (Molina) acerca da predestinação para a glória e sobre a problemática da graça suficiente e eficaz. A reflexão se concentrará quase que exclusivamente sobre a graça criada, perdurando até o advento do século XIX com a reformulação dos marcos referenciais teológicos, livres já daqueles da rígida neoescolástica.

8. A posição dos reformadores

Paralelo ao caminho da reflexão Pós-Escolástica se encontra aquele dos reformadores. Para eles a graça era fundamentalmente a atitude benevolente e misericordiosa de Deus. Esta atitude é que salva o homem pecador. A modificação ontológica que se opera no homem, como consequência desta atitude de Deus, não é refletida tematicamente. Mas se elabora um horizonte novo para a graça que irá ser determinante para a ulterior elaboração do tratado da graça também para a teologia católica: aquele do personalismo com as categorias de diálogo, abertura mútua, confiança, entrega etc.

9. A teologia no século XIX

No século XIX, nos ambientes católicos, começou a predominar uma visão trinitária da graça, especialmente com Scheeben. Começou-se, sob a influência do romantismo, a se insistir no aspecto experiencial da fé. A teologia clássica ou oficial da graça não favorecia, evidentemente, esta corrente. A partir desta necessidade historial começou-se a reler os Padres Gregos e redescobrir a dimensão mística e íntima. No pensamento do tempo se acentuava mais a vida do que o ser. As filosofias da existência e da história já estavam no ar. Graça é o símbolo para a vida de Deus Trino que se comunica na intimidade do homem. Este participa da Trindade. Deus não dá apenas um dom que é sua graça. Ele mesmo vem e mora no homem em sua realidade pessoal, isto é, trinitária (Jo 14,23). Trata-se de uma nova presença de Deus no homem. A categoria presença, tão explorada depois por G. Marcel, ganha aqui especial relevância. A teologia neoescolástica dizia: a graça criada torna o homem de pecador em justo. Ela prepara o homem para participar da natureza divina. Faz com que o homem participe da graça incriada. A graça criada é a derradeira preparação para receber Deus como graça incriada. Scheeben dirá que isso não corresponde aos testemunhos bíblicos. Deus vem ao homem. Sua entrada no homem produz nele uma modificação. Essa modificação é que é a graça criada, consequência primeira da graça incriada. Esta não vem depois, é anterior a tudo. Graça é assim inabitação que gera a adoção de filhos de Deus.

10. A teologia moderna

A teologia moderna, não sem influxo histórico-cultural do personalismo, das categorias da existência, da valorização da experiência, de um acurado aprofundamento antropológico e da refontalização bíblica e patrística, trouxe grande contributo para uma renovada meditação sobre a graça. É verdade que a discussão, em virtude da intervenção do magistério de Pio XII, se concentrou sobre a problemática de natureza-graça. Mas, apesar desta limitação, se aprofundaram as implicações eclesiais, cristológicas e escatológicas da graça. A graça foi inserida numa reflexão histórico-salvífica. Embora não tenha recebido uma tematização explícita, ela era sempre pensada na tradição ao se falar da universalidade da salvação e da única história salvífica para todos os homens.

No pensamento moderno três nomes são de grande importância: Henri de Lubac com seus escritos: *Surnaturel: Etudes historiques*, Paris, 1946; *Le mystère du surnaturel*, Paris, 1965, que levantou grande polêmica, mas que tentou mostrar de forma convincente um duplo dado da grande tradição cristã: por um lado a graça é graça e de graça, por outro é objeto de um desejo enraizado profundamente na natureza pessoal do homem. O que o homem deseja é o dom livre; só sendo livre e por isso gratuito, o dom sacia o desejo humano. De Lubac comprova convincentemente que estes dados estavam presentes em Santo Agostinho e em Santo Tomás. Entretanto, foram esquecidos, posteriormente, no afã das polêmicas posteriores especialmente entre dominicanos e jesuítas dos séculos XVI e XVII.

Outro nome de grande relevância é o de Karl Rahner. Tentou apontar, ao nível de uma ontologia religiosa fundamental, o fato de que no homem existe um *Existencial sobrenatural*, vale dizer, uma abertura ontológica para o Absoluto pela qual o homem está sempre e em cada ato em contato com Deus e com sua graça ou com a possibilidade de fechar-se e de situar-se no pecado.

O terceiro nome de grande importância é certamente o de Romano Guardini. Foi um dos primeiros a dilucidar o horizonte próprio da graça como diálogo entre Deus e o homem. Com finas análises fenomenológicas mostrou a experiência da gratuidade que caracteriza muitas dimensões da vida humana.

Na América Latina sobressaiu o nome do uruguaio Juan Luís Segundo, SJ, com seu livro *Gracia y condición humana*. Em sua meditação aparece clara a dimensão social da graça e seu aspecto libertador e histórico. É um ensaio valioso que rompe os esquemas comuns dos manuais e articula uma visão crítica e libertadora que caracteriza a teologia da libertação na América Latina.

11. Quatro concepções de graça na tradição da teologia ocidental

Como nos situamos dentro da tradição ocidental de reflexão sobre a graça, conviria conscientizarmos, rapidamente, as principais correntes que se registraram historicamente. Fazemos isso, porque nosso ensaio se distancia do consagrado pelos manuais e tenta, conscientemente, percorrer um caminho que, parece-nos, se impõe a partir da experiência e da reflexão da fé no contexto latino-americano.

a) Abordagem a partir da experiência psicológica

Parte-se da vida psíquica do homem, iluminado, atraído e recriado pela graça. A experiência da graça é descrita em sua ressonância psicológica em termos de integração da concupiscência, de caridade, de liberdade perdida e reconquistada em Cristo. O itinerário é a experiência da alienação da vida que se abre para a sua identidade pela justificação e chega à glória eterna pela progressiva participação da vida de Deus. Parte-se sempre da experiência existencial do pecado, como em São Paulo e Santo Agostinho, e da novidade da redenção graciosa. A escola franciscana assimilou esta corrente, especialmente em São Boaventura. Modernamente foi percorrida pelos fenomenólogos; o elemento experiencial é muito vivo. Mas não alcança longe, se ficar no nível da articulação psicológica. Há uma dimensão ontológica que suporta e permite o psicológico, atingindo a totalidade do homem e não apenas seu aspecto psicológico. Mas isso não é suficientemente refletido.

b) Abordagem a partir da metafísica clássica

A graça é pensada sempre em relação à natureza humana, concebida em termos bem circunscritos. A abordagem é a da metafísica clássica aristotélica expressa em termos e noções essenciais abstratas como substância, qualidade, hábito, ação, paixão, acidente. Esse modo imperou na Alta-Escolástica e na teologia pós-tridentina. Procede-se por noções genéricas e passa-se a suas subdivisões em espécies inferiores como, por exemplo, todas as divisões conhecidas da graça; contrapõe-se sempre a graça à natureza, embora se afirme seu caráter de perfeição da natureza. Mas não se sabe relacionar bem a graça como dom à pessoa humana. A pessoa enquanto tal não entra como categoria. O homem é pensado no nível da natureza que se rege por necessidade, mecanismo, lógica irrefragável. O homem é também isso, mas especificamente é pessoa, como liberdade, diálogo, gratuidade, transcendência viva etc. A graça não vem de fora como um dom extrínseco a uma natureza fechada sobre si mesma. Ela não é coisa; é Deus mesmo se autodoando.

c) Abordagem dialógica e personalista

Parte-se decididamente da realidade pessoal do homem que se relaciona com a Trindade em Jesus Cristo. Pecado é ruptura de diálogo. Redenção é retomada do diálogo e do encontro, que em Jesus Cristo se deu de forma definitiva. Graça é essencialmente encontro ao nível das Pessoas Divinas com as Pessoas humanas.

A graça aparece em sua gratuidade, grandemente encoberta na linguagem metafísica dos tratados clássicos.

Tratados modernos mais sistemáticos e clássicos como o de Alszeghy-Flick – *Il Vangelo della grazia* (1964) – combinam estes três momentos, percorrendo uma via histórico-salvífica: parte-se do homem decaído para o justificado e do justificado para o elevado à glória.

d) Abordagem estrutural e social

A experiência das injustiças estruturais e do pecado social feita pela fé no contexto latino-americano inaugurou uma outra abordagem da reflexão sobre a graça. Parte-se da constatação de que a estrutura social, político-econômica, não é exterior ao homem, mas atravessa-o pelo centro, gerando uma situação de dependência do nosso continente, uma situação de opressão e captividade da grande maioria de nossos irmãos. A reflexão clássica da graça, não se advertindo suficientemente do aspecto social do pecado, não refletia a justificação em termos estruturais e sociais. Fazia-o de forma privatizante, intimista e, por isso, ideologicamente favorecedora dos detentores do poder e dos geradores da opressão. Agora a graça é pensada em termos libertadores de toda opressão, desmascarando as situações de des-graça e postulando a criação de situações onde a graça de Deus possa se historizar em mediações sociais mais fraternas e justas. Este tipo de reflexão ainda incipiente está tomando cada vez mais corpo e se mostrando como um estilo próprio e independente de fazer teologia, como reflexão crítica das situações da sociedade à luz da fé, detectando nelas dimensões de graça ou de pecado.

12. Visão Sintética das doutrinas sobre a graça

DEUS ⟶ GRAÇA ⟵ HOMEM

AT: aliança
NT: Cristo: aparição
da graça

GREGOS: divinização
São João – Orígenes
graça incriada.

LATINOS: justificação
São Paulo – Santo Agostinho –
Lutero
graça criada.

Baio (1513-1589): "Todas as obras dos infiéis são pecados e as virtudes dos filósofos são vícios".

Escolásticos: ontologia da graça (as muitas graças; natureza e graça; de *auxiliis*).

Jansênio († 1638): "Tudo o que não vem da fé cristã sobrenatural, que opera pela caridade, é pecado".

Pelágio (séc. V): podemos viver e cumprir todos os preceitos divinos sem a graça: esta é auxílio suplementar.

Bañez, O.P. († 1604): predestinação: A graça suficiente para todos se torna eficaz por si mesma, porque Deus previu sua aceitação por parte do homem.

Semipelagianismo: o homem precisa da graça para a salvação, mas não precisa para o início da salvação e para a perseverança. Basta sua própria força e liberdade.

Scheeben (As maravilhas da graça divina,1862) inabitação.

Molina, S.J. († 1600): sinergismo: a graça suficiente para todos se torna graça eficaz com a colaboração do homem.

DEUS ⟶ **H. de Lubac:** desejo nativo de Deus e encontro gratuito: Le Surnaturel. ⟵ HOMEM

K. Rahner: Existencial sobrenatural.

Guardini: graça como encontro.

J.L. Segundo: graça como força de libertação pessoal e social na história.

35

A problemática em torno da graça se resume no esforço de manter a polaridade Deus-Homem. A graça é essencialmente encontro e relação. É Deus em comunhão e o Homem em abertura. Manter esta implicação é falar e refletir adequadamente sobre a graça.

A história da reflexão teológica, condicionada por fatores culturais, oscilou entre um ponto e outro. Os gregos com sua tradição colocaram o acento em Deus e na divinização. Os latinos com a tradição que daí se estruturou colocaram o acento sobre a experiência do homem pecador e da graça como justificação do homem. Em ambos os casos, correu-se o risco de se perder o específico da graça que é o encontro. O resultado foi que se entificou a graça: por um lado a graça como Deus em si mesmo (graça incriada) que assume para dentro de si o homem divinizando-o; por outro, a graça considerada como efeito do amor de Deus no homem (graça criada), efeito ontológico que modifica o homem, levou a se elaborar um discurso sobre a graça criada. Que natureza ela tem? É acidente, respondem os medievais e os neoescolásticos, porque é um *super-additum* (algo acrescentado à substância do homem). Não pode ser substância porque seria então outra coisa, ao lado do homem, não atingindo a substância-homem. Daí a necessidade de os escolásticos terem que afirmar ser a graça um acidente. Mas o acidente (graça) é mais nobre que a própria substância (homem). Não é isso profundamente estranho? Tais problemas surgem como consequências da inadequação do instrumentário teórico utilizado para compreender uma realidade que exige outra abordagem mais adequada. O instrumentário teórico dos medievais não permitia tematizar as dimensões de encontro e diálogo, inerentes à realidade-graça.

Graça implica modificação tanto de Deus quanto do homem: estabelece-se um diálogo, um encontro e um mútuo amor. Ambos são vulneráveis, porque a graça acontece no horizonte da liberdade, onde pode haver a floração do inesperado e gratuito bem como a degeneração, por parte do homem, do fechamento e da recusa ao amor. A graça revela a verdadeira estrutura do homem: por um lado ele é um desejo nativo de Deus e por outro também um rechaço possível deste mesmo Deus.

Na realidade-graça se verifica uma oposição no sentido originário desta palavra (ob-posição = um estar voltado para o outro). Por isso ela é relacionamento. Na história da reflexão teológica sobre a experiência da graça chegou-se a articular erroneamente esta ob-posição em termos de contraposição. Isso ocorreu especialmente nas intermináveis discussões em torno do relacionamento entre graça e natureza. Historicamente tomou-se ora partido de Deus, ora partido do homem. Graça não é só Deus como natureza infinita enclausurada em si mesma em sua onipotente autonomia. Nem se refere só ao homem concebido também como natureza encerrada em sua própria autossuficiência natural. Estas duas imagens, de Deus e do homem, articuladas em termos de natureza, não conseguem traduzir a realidade dialogal, descentrada, caracterizada pela liberdade e gratuidade, de Deus e do homem. Graça não é só Deus nem só o homem. É o encontro de ambos, porque ambos se autodoam e estão abertos um ao outro.

A graça, portanto, supõe e implica uma adequada ontologia do homem e da sociedade como subjetividade (pessoal e coletiva) transcendental, vale dizer, como abertura, ex-istência, história e liberdade e também uma adequada imagem do Ministério de Deus, como Mistério que é íntimo à pessoa, que se comunica historicamente, fazendo uma pro-posta a cada um pessoalmente e a toda uma comunidade e que se dá em amor e em salvação. Esta mútua abertura é condição prévia para o acontecimento-graça. Graça é essa inter-relação. É história de dois amores escrita na própria arena da história.

Concluindo, reiteramos: estas brevíssimas reflexões de ordem histórica objetivam relevar as linhas de força que subjazem às doutrinas sobre a realidade-graça. Deixam já emergir os verdadeiros nós problemáticos que deverão, na nossa própria reflexão posterior, ser assumidos e repensados dentro de nosso horizonte de compreensão.

Como se depreende, mais do que em outros tratados, neste faz-se mister grande vigilância sobre a linguagem. Como dizia Simone Weil neste contexto: "A inteligência não pode jamais penetrar os mistérios. Mas ela pode e unicamente ela pode ser responsável pela conveniência das palavras que os exprimem. Para este uso, ela deve ser mais aguda, mais penetrante, mais precisa, mais rigorosa e mais exigente do que para qualquer outro uso" (*La pesanteur et la grâce*. Paris, 1948: 151). É o que tentaremos, bem ou mal, em nosso ensaio.

III
Crítica às forças estruturantes da elaboração tradicional da doutrina da graça

1. A problemática dos sistemas fechados

A elaboração do tratado da graça tradicionado nos manuais é devedora dos grandes escolásticos e da sistematização acadêmica pós-escolástica e pós-tridentina, caracterizada por uma grande formalização conceptual e fria abstração. Não duvidamos que a reflexão medieval, utilizando o instrumentário emprestado da metafísica do ser e da natureza dos gregos, veiculava uma verdadeira experiência da graça. Mais ainda: esta experiência era vivida em todas as dimensões da vida. Prova disso é a divisão da única graça de Deus e de Cristo em muitas espécies de graças que, quando compreendida com boa vontade, não visa outra coisa senão reproduzir ao nível da linguagem as diferenças que se viviam na vida: assim a graça vivida na dimensão chamada por eles de natural (graça natural) ou de sobrenatural (graça sobrenatural), graça que antecede todos os propósitos humanos e geradora deles (graça preveniente), graça que se dá na execução do projeto humano (graça concomitante, excitante, sanante, elevante, consequente), graça como presença permanente de Deus na vida manifestada na abertura humana, viva e consequente para o Pai (graça habitual), graça que se faz presente em todos os atos concretos corporificadores do projeto fundamental humano (graça atual) etc.

O problema da teologia manualística popularizada pelos pregadores foi de apenas administrar estes conceitos sem a preocupação de recuperar a experiência que lhes subjaz. Começou por combinar entre si os vários conceitos e as várias graças apenas em relações lógicas, desvinculadas da vida concreta da fé. Criou-se um sistema fechado que funciona em sua circularidade com conceitos tirados do próprio arsenal e com proposições ortodoxas e confirmadas pelas intervenções autoritativas que neste campo superabundaram como por se tratar de teologia estivéssemos ante um caso especial de saber. O sistema articulado manualisticamente não estava mais aberto no sentido de sempre remeter à experiência da graça e de iluminar o caminho humano. Acabou esquecendo que foi construído dentro de uma trajetória experiencial. Ele só possui sentido se reproduzir esta experiência e remeter o homem que o estuda a sempre de novo refazer seu caminho. Ao refazer o caminho, o homem, auxiliado pela reflexão, descobre a graça atuante em sua vida.

O tratado da graça que nos deveria auxiliar a descobrir a bondade, a simpatia e a gratuidade de Deus na história dos homens se transformou num amontoado de proposições esotéricas elaboradas mais para condenar erros do que para expressar e animar a experiência dos cristãos. Ao acabar de estudar um manual sobre a graça, mesmo o mais recente, publicado em 1974 no *Mysterium Salutis* (de 389 p.), tem-se a segura impressão de que a graça de Deus não pode ser a frieza e a abstração daqueles termos técnicos. Sabe-se muito do que os outros souberam e disseram da graça, desde a Bíblia até hoje, mas não se aprende quase nada da graça ela mesma e de sua experiência. A teologia virou coisa só para teólogos e não mais serviço de compreensão daquilo que afeta e interessa a todos em termos de experiência religiosa e humana. A experiência é realidade primeira, sua tradução conceptual é realidade segunda. Os manuais fizeram das doutrinas realidade primeira. O tratado degenerou numa ideologia legitimadora das concepções oficiais do magistério conciliar ou papal, ao invés de ser uma iniciação mistagógica para os fiéis no descobrir, saborear e expressar a graça divina.

Os manuais começam com a parte bíblica, com as doutrinas da tradição, com as disputas teológicas, especialmente contra os hereges, e terminam com uma parte sistemática, onde se retomam os dados da tradição para combiná-los, dentro da mesma linguagem, de forma lógica, sistemática e coerente. Há pouca mediação prévia. Falta quase por completo a consciência do estatuto epistemológico das doutrinas; estas estão a serviço da experiência; não são realidades substantivas, mas adjetivas. O importante é então ver, analisar e articular a experiência da graça feita dentro de cada tempo e no contexto cultural próprio dos fiéis. Sobre esta parte fundamental, sem a qual a outra doutrinária perde contexto, os manuais fazem apenas algumas referências, mais para apontar os perigos e as ambiguidades da experiência do que para recolocá-la no coração de toda reflexão sistemática.

Urge, pois, criar a abertura para o sistema. Isso não se fará com emendas e modernizações de palavras e conceitos. Faz-se mister recorrer à matriz donde tudo nasce: a experiência da graça. Daí podemos refazer o caminho e alimentar a esperança de que estejamos falando pertinentemente da graça e na nossa fala deixar a própria graça falar.

2. Limitação objetiva a partir da própria base experimental da graça

À elaboração clássica subjaz um mundo que foi vivido pelo homem de fé e no qual ele fez a sua experiência da graça. Esse mundo é socioculturalmente muito distinto do nosso. Era constituído por estamentos sociais fortemente estratificados e pouco flexíveis. Era o mundo medieval, extremamente jerarquizado e, em sua concepção, muito harmonioso: refletia, assim se acreditava, a harmonia celeste. A pirâmide social (papa-rei-nobres-povo) espelhava a pirâmide celeste. As problemáticas do conflito social, da história como geradora de sentido e de novos valores, artefatos da transformação intencionada pelo homem e não simplesmente derivável da natureza, mal podiam entrar na consideração desta perspectiva. A imagem do mundo não era histórica e processual, mas natural e metafísica. A reflexão teológica calcada sobre semelhante imagem falará do homem em termos de natureza. Dizer natureza, para esta ótica, implica dizer constância, permanência, não historicidade, mundo fechado no mecanismo de seu próprio funcionamento como se tivesse um sentido acabado em si mesmo fora do projeto cristológico. O homem não era ainda tematizado em termos de pessoa-abertura e de ser-histórico. Na verdade, o homem é também natureza, mas é muito mais um ser cultural e histórico, resultado da própria história e daquilo que ele mesmo decidiu que fosse. Ele criou um sentido para si; não recebeu apenas um sentido derivado da natureza.

Esta dimensão histórica estava presente no homem antigo, medieval e pós-tridentino, porque é uma estrutura constante da existência humana. Mas não emergira ainda na consciência e na reflexão temática, como ocorreu na Modernidade. Estava no homem, mas faltavam os olhos para vê-la e fazê-la objeto de determinação histórica. Porque se usaram categorias tiradas da natureza se coisificou linguisticamente a graça. Ela é sempre pensada como um acréscimo (*superadditum*) à natureza em sua insuficiência; ela é apresentada como "força de Deus na fraqueza do homem". Não se utilizaram por isso aquelas categorias que nos parecem adequadas ao fenômeno da experiência da graça, como encontro, relacionamento, mútua abertura, autodoação, crise, progresso, caminhada etc. Aqui aparece a graça não como acréscimo e reduplicação da presença de Deus no mundo, mas como expressão da capacitação latente na criatura que permite a Deus se mostrar como novo e em novas concreções históricas. A graça não aparece como desfiguração e desnaturalização do mundo, mas como sua máxima realização. Não insiste na fraqueza e insuficiência da natureza, difamando-a, mas na capacidade nova adquirida e exercida, exaltando a natureza.

Uma teologia da graça, que não conscientizar estas diferenças e não se renovar a partir de uma nova experiência da realidade, não logrará atender aos nossos apelos de hoje concernentes a uma verbalização e explicitação teórica mais inteligível do coração da fé cristã que é exatamente a graça divina.

3. Condicionamentos culturais no tratado tradicional da graça

A cultura sempre atravessa todo o discurso teológico. Este é um discurso cultural. Ao exprimir a experiência da graça, o teólogo ou o fiel utiliza o instrumentário comunica-

43

tivo que lhe está à mão em sua cultura. Só assim a experiência é significativa e pode ser articulada de forma inteligível para a comunidade de fé. Entretanto, a cultura não constitui apenas um instrumental. Ela corporifica um sentido de viver e de ser que o homem deu para si mesmo. Por isso podemos dizer que ela é o próprio homem concreto e histórico. A cultura, portanto, de um lado possibilita um determinado modo próprio da experiência da graça, de outro é o instrumento de comunicação deste modo próprio. Ela é uma totalidade significativa e também um meio de expressão.

A graça foi fundamentalmente experimentada no contexto cristão em dois mundos culturais e que nossos manuais refletem, na maioria das vezes sem se darem conta disso: o mundo do pensamento metafísico grego e o mundo da experiência política e jurídica dos romanos. Livros recentes sobre a graça, ao invés de articularem a nossa experiência da graça dentro do horizonte da Modernidade, enclausuraram-se geralmente dentro da expressão encontrada nos mundos grego e romano. O sistema fechou-se sobre si mesmo e sobre a linguagem comunicadora que ele encontrou. Ocorre, porém, que esta linguagem outrora comunicativa perdeu hoje sua vigência. Ela precisa reencontrar suas raízes na experiência da graça como é feita na fé nos dias de hoje. Os teólogos não podem se reduzir a meros administradores de um sistema doutrinário do passado e, juntamente com o Magistério oficial, a vigias da ortodoxia intrassistêmica. Sem dúvida é mais fácil conservar do que produzir. Contudo, a tradição só se conserva produzindo coisa nova. Caso contrário degenera em tradicionalismo que não é uma ação originária, mas uma re-ação contra uma ação nova.

a) A expressão grega da graça

A graça encontrou uma expressão cultural precípua no mundo grego em termos de divinização. A graça é entendida como simpatia de Deus que eleva o homem e o introduz para dentro da esfera do divino. Não é tanto Deus que se abaixa e entra se encarnando na atmosfera do homem. Mas é o homem que é levado por Deus a abandonar sua situação e entrar no mundo divino da divinização.

Esse modo de articular a experiência da graça como divinização, implicando numa profunda transformação do homem, sua superação como homem, reflete bem a tendência estrutural da cultura helênica. Esta não faz da historicidade do mundo seu ponto de referência, mas aquilo que de permanente e de absoluto se anuncia dentro do mundo (o Ser ou Deus). Este permanente e absoluto é traduzido em termos de metafísica, contrapondo este e aquele mundo, o além e o aquém. Deus, a eternidade, a alma, o ideal formarão o quadro de referência; o devir, a história, a transformação e o tempo serão considerados como decadentes. Daí é que dentro deste marco teórico a divinização representa o ponto alto da redenção, da comunicação graciosa de Deus e da personalização. Para chegar a sua plenitude humana, o homem devia deixar de ser homem e fazer-se Deus.

A ambiguidade inerente ao processo histórico, os conflitos e a dimensão de futuro que deve ser preparado e criado penosamente com suor e sangue não são visualizados como valores consistentes e veiculadores da graça. Tudo é centralizado em Deus. O homem quase desaparece em sua concreção. Só interessa o homem em sua universalidade de essência (animal racional). Esse tipo de compreensão da graça se revela incapaz de apanhar as mediações históricas pelas quais se verifica e se constrói a divinização. Para ela a divinização é menos fruto de um processo histórico onde a ação de Deus se conjuga com a ação humana (sinergismo), do que é consequência de uma participação do centro e dos momentos privilegiados geradores da divinização como Jesus Cristo, a Igreja, os sacramentos, o êxtase, a união mística. A profanidade e a quotidianidade do mundo são vazios de graça e daí, religiosamente, desinteressantes.

b) A expressão romana da graça

O romano se situa num outro corte cultural. Ele é o homem da ordem política do mundo e de sua dominação jurídica e militar. O ponto de referência é constituído pela realidade histórica como se dá à primeira vista, com suas rupturas, com suas servidões e com os esforços de libertação e de criação de um *novus ordo*. A teologia da graça, articulada no horizonte desta experiência, irá considerar a graça não primeiramente como divinização, mas como justificação e recuperação do homem, vale dizer, como processo de hominização e humanização. O homem como se encontra na história é um sub-homem. Decaiu de seu *status* humano. A presença da graça o eleva, não primordialmente à esfera do divino, mas à esfera do humano re-feito e re-novado. A graça é vista como restauração da natureza humana. Será uma teologia da graça criada, de sua preparação, de sua presença e de seus efeitos. Estudará, minuciosamente, o processo de conversão e de justificação como o fez, classicamente, o Concílio de Trento. Cada passo é acompanhado pela graça (preveniente, concorrente e consequente).

Neste horizonte haveria a chance de se elaborar a graça em termos de libertação histórica no meio dos conflitos sociais e políticos. Isso não ocorreu porque a cultura romana, numa célebre expressão de Cícero, foi feita cativa da cultura grega. Predominaram categorias metafísicas gregas (mesmo quando se usavam expressões jurídicas) na tradução de realidades histórico-salvíficas. A graça não vem pensada em termos universais, de presença de Deus no mundo da política, dos interesses humanos e no processo de desenvolvimento humano; a reflexão se confina aos limites da Igreja, dos sacramentos e ao processo de conversão religiosa. A justificação é entendida de forma privatizada e individualista (como me salvo *eu*?). As outras mediações humanas, os sacramentos profanos, também comunicadores da graça divina, não são considerados e refletidos. A justificação se transforma em coisa de religião e de Igreja. Não é, como se poderia esperar, um processo de hominização que encontra muitas mediações, além da especificamente religiosa, no campo da política, da sociedade, da economia e da cultura em geral. Reflete-se de forma muito aprofundada sobre a mediação eclesial e assim se fecha o sistema sobre si mesmo. Privatiza-se a teologia da graça com desastrosas consequências pastorais: o secular, por onde caminhará o desenvolvimento da história posterior, é esvaziado de graça e de relevância salvífica.

4. Condicionamentos de ordem biográfica no tratado da graça

Mais do que em outros tratados, este da graça é devedor de situações biográficas de seus grandes elaboradores. São Paulo, Santo Agostinho e Martinho Lutero foram teólogos que marcaram o caminho ocidental da meditação sobre a graça. Todos eles foram pessoas que tiveram problemas profundamente pessoais. A reflexão espelha esta carga pessoal que transcende os limites inevitáveis de qualquer outra reflexão. Os três viviam num horizonte que podemos chamar de farisaico. Assentaram a salvação sobre as obras virtuosas e sobre o esforço humano de ascender a Deus e à perfeição. Fizeram a dolorosa experiência da alienação e da profunda incapacidade de realizar o projeto humano de santidade. Fizeram a experiência do paradoxo da condição humana: o homem pode saber e querer o que deve fazer; não pode, entretanto, realizar numa caminhada histórica seu saber e seu querer. Surge a experiência do fracasso, da incapacidade concreta. Para eles a solução vem através de uma intervenção divina que supre a indigência humana.

A graça é vivida como graça, dom de Deus que socorre, que santifica e que permite ao homem reencontrar sua identidade perdida. Em razão desta experiência, semelhante teologia arranca de um profundo pessimismo existencial que se refletiu em formulações de São Paulo, de Santo Agostinho e de Lutero, extremamente mal-interpretadas na história posterior. As aporias de ordem pessoal passaram para aporias objetivas e assim entraram nos manuais.

Acresce ainda um dado: todos os grandes teólogos da graça foram monges: Agostinho, Tomás, Boaventura, Jansênio, Bañes, Molina etc. Esta situação coloca as pessoas numa determinada posição dentro do mundo, isto é, bastante fora dele e de seus grandes conflitos. Toda a teologia latina, devido a seus teólogos, possui acentuada tendência monacal. Veem-se os grandes problemas que agitam o povo através da depuração do universo sacral e místico do mosteiro. As pessoas acima referidas colocaram, em razão de sua vocação religiosa, altos ideais morais. Fizeram a experiência do apelo para um *Sursum* e, ao mesmo tempo, dos abismos da fragilidade humana. A graça é sempre contraposta nesta dimensão luz-trevas. A perspectiva das mediações históricas, da gratuidade da própria vida quotidiana, da graça que se faz presente em tantas dimensões profanas, não foi conscientizada em termos de teologia e de piedade. Surge em consequência disto uma exacerbada formalização teórica e forte contraposição entre natureza (pessoa) e graça, entre mundo e Deus, história e Reino.

5. Condicionamentos classistas e de ordem social no tratado da graça

A posição dos teólogos como religiosos ou sacerdotes, situados dentro da classe dos detentores do poder eclesial e favorecidos pela situação de centro, sem passar pela experiência da marginalidade social, da convivência com os grupos de fé nas bases, corroborou para um estreitamento do horizonte de reflexão sobre a graça. Quase não se fala do homem, mas da alma. A alma é que é agraciada, justificada e inabitada pela Trindade Santíssima. Isso levou a uma espiritualização da graça e uma perda de substância histórica. O homem-corpo possui dimensão histórica, precisa comer, se relacionar, se organizar e se fazer, humanamente, presente no mundo. Mas isso não vem refletido; estas situações não são vistas como sacramentos possíveis de comunicação da graça divina ou da des-graça humana.

Graça e liberdade política, graça e opressão social, graça e processo de libertação, graça e sistemas de convivência etc. são temas que absolutamente não puderam entrar na perspectiva da teologia tradicional, mesmo em livros de data recente. Reflete-se muito em termos intrassistêmicos de graça e comunidade eclesial, graça e sacramentos, graça em sua dimensão cristológica, escatológica etc. Graça nos caminhos do mundo técnico, secularizado, não cristão é um discurso *de re non existente*. Observamos contudo: não é que a graça não tenha tido todas estas dimensões acima apontadas. A graça agia de forma libertadora e social no vasto âmbito da realidade dos homens; ela possui sua dimensão essencialmente pública e política. Mas tal dimensão não era refletida e por isso não era também vivida reflexamente pela comunidade dos cristãos.

Se perguntássemos: por que a teologia não chegou a refletir semelhantes dimensões objetivas da graça?, deveríamos certamente responder: porque o lugar da reflexão teológica, vinculada aos detentores do poder social e religioso, filtrava os temas da graça no sentido dos interesses vários dos de sua classe. No fundo e inconscientemente só se refletia o que interessava e confirmava o sistema vigente, não tanto os reais problemas vividos pelo Povo de Deus, assolado pelos conflitos, empenhado em sobreviver humanamente e lutando para resgatar um sentido religioso de suas vidas humilhadas. Semelhante teologia, que pode contar a seu favor com a proteção da ortodoxia oficial, e com o gabarito científico de sua elaboração, é ideologicamente ingênua por não se dar conta do fato de que espelha os interesses religiosos da classe que representa. Muitos de seus problemas não são objetivos; ou o são somente no sentido da própria classe social; traduzem menos uma experiência do que divergências ideológicas de escolas sem maior repercussão na práxis da fé.

Tomando em conta estas críticas, poderemos tentar elaborar, a partir de nosso contexto cultural, nossa fala sobre a graça, fala que deve deixar falar a experiência da graça como se dá, na diferença de tempo e de articulação, no mundo no qual o Mistério nos faz viver.

Mas antes precisamos considerar, rapidamente, o horizonte de nosso tempo com seus condicionamentos que entram na nossa reflexão. Uma vez conscientizados podemos nos advertir de seu alcance e de seus limites e nos resguardar contra sua manipulação ideológica.

IV
Horizonte de nosso tempo e graça

Vivemos hoje uma outra época cultural, diferente daquela na qual se elaborou sistematicamente o tratado da graça.

1. A experiência da secularidade do mundo

Para a Bíblia e para os medievais Deus era uma realidade socialmente estabelecida. Não trazia problemas concretos. Os problemas eram teóricos e gnoseológicos no ambiente da especulação filosófica e teológica. Era fácil ver a atuação de Deus no mundo e ler como graça dimensões importantes da vida. Hoje nós não podemos contar com esta evidência. Deus se tornou, culturalmente, uma palavra vazia. Existe o ateísmo prático, mesmo dentro do cristianismo, como fenômeno cultural pacífico. Como falar aí de graça divina? Mesmo para a fé viva e libertadora, há mediações entre Deus e o homem. Não vigora mais uma concepção epifânica de Deus. Há a história dos homens. Existem os artefatos técnicos que criamos, um mundo não mais natural que fala de Deus, mas um mundo de segunda mão que fala do homem. Quase tudo, visto historicamente, não é obra de Deus, mas obra do empenho humano que modificou e adaptou a natureza ao seu projeto histórico. Daí não podemos partir, no tratado da graça, de Deus como ponto pacífico e universal. Somos secularizados, vale dizer, o *saeculum*, o mundo constitui o centro orientador de nossa compreensão. Ele possui consistência própria. Dentro dele deve articular-se o sentido da graça e emergir a experiência daquilo que em teologia chamamos graça.

2. A experiência da historicidade do homem

A nossa concepção do mundo é histórica e não natural. Em outras palavras: a vida humana está sujeita a transformações que provêm, não do agir mecânico da natureza, mas da intervenção do homem. Este modifica as leis da natureza, subjuga o mundo, prevê e planeja. O futuro do homem não é algo que pode ser deduzido de sua essência metafísica abstrata, mas está em aberto. O homem mesmo não é mais definido em termos de ser e de fato, mas em termos de poder ser, de ainda-não-feito-e-experimentado mas possível. Disso resulta que não podemos partir do fato da criaturabilidade do homem. Não se nega, evidentemente, que ele seja criatura de Deus, sempre dele dependente. Ao nível da história não há uma oposição entre Criador e criatura, porque o próprio homem também é criador e foi feito criador. Como distinguir o que cabe à natureza e o que cabe à graça ou ao trabalho do homem auxiliado pela graça? A graça deverá ser pensada como atualização do ainda-não-experimentado, mas possível no homem, este entendido não como uma natureza acabada em si mesma, mas em abertura total, cujo referente último é sempre o Absoluto autodoando-se como gratuito.

Ademais, os antropólogos nos advertem que o homem jamais é um ser natural, mas cultural. Sempre interpreta e transforma o mundo. Dado que a graça atravessa sempre todo o homem de tal sorte que ela vem sempre misturada com a ação humana, como distinguir natureza e graça? A distinção não pode ser operada *a priori*, mas somente *a posteriori*.

3. A experiência da sacralidade da pessoa humana

Outra tendência marcante de nosso tempo é a valorização da pessoa como pessoa, como uma grandeza última e irredutível a outra realidade, embora em nenhum outro tempo a pessoa fosse mais aviltada como no nosso. A pessoa é entendida como abertura e por isso como possibilidade de encontro e de enriquecimento. O encontro acontece, não por pura sorte; o encontro pode ser casual, mas ele é vivido como dom e como gratuidade. O encontro significa uma abertura pessoal que se encontra com outra abertura pessoal. Deve ser gratuito e livre. Se não o for, não é encontro; é realização mecânica que obedece a critérios fixados. O encontro modifica a ambos: é mútuo reconhecimento, confiança, agradecimento, sinceridade e fidelidade. Confere uma plenitude de sentido que emergiu de forma imprevisível. Não podia ser deduzido nem era obrigatório. E contudo aconteceu. Nascido de duas liberdades. Encontro significa então um crescimento de ser e de viver, como concretização do possível gratuito no homem.

É dentro deste contexto que se torna significativo falar em experiência da graça. Retomaremos o tema quando abordarmos especificamente a experiência da graça.

4. A consciência da dimensão cosmológica do pessoal

O encontro se dá sempre dentro de um contexto: são duas histórias que se abrem mutuamente. Acontece no mundo, num espaço e num tempo. Por isso o encontro envolve a cosmovisão de ambos e o modo como se situam face à totalidade. A cosmovisão de hoje, que não é mais monopólio de uma casta, mas o modo comum como abordamos o mundo, vem determinada pelas ciências experimentais. Não se pode mais, numa consciência que se dá conta das implicações hermenêuticas, separar dimensão de interioridade e dimensão de exterioridade da pessoa. Esta é um nó por onde todos os fios do mundo se entrecruzam. Não dá para dividir como se fossem dois mundos, um interior, privado e pessoal e outro exterior, social e histórico. Isso tem como consequência que jamais dever-se-á separar reflexão sobre a graça da reflexão sobre o mundo. A graça sempre se dá, nas mediações, nos negócios, nos relacionamentos, nas estruturas sociais. Não se pode nunca falar de graça em si. A graça sempre se dá nisso ou naquilo. Ela possui uma estrutura sacramental, se por sacramento não entendermos somente os sete signos maiores da fé, mas todas as mediações pelas quais nos chegam Deus e seu amor. Em outras palavras: há coisas, situações, pessoas, dados culturais, relacionamentos graciosos ou não; portadores da graça ou não; sacramentos da graça ou não.

A graça não é um em si, como se fora uma coisa mais excelente ao lado de outras coisas. Graça é um modo de ser que as coisas tomam quando entram em contato com o amor de Deus e vêm penetradas por seu mistério. Neste sentido, tudo no mundo está relacionado com a graça.

5. A experiência do peso da dimensão social

O pensamento moderno conscientizou vivamente a dimensão social presente no pessoal e como peso próprio. O social não é algo posterior e somado à pessoa. Ele atravessa a própria pessoa e é um constitutivo seu. O social em termos de instituições e valores, formas de poder e organização possui uma densidade própria, independente. Que significa graça dentro de uma opção cultural e de um certo tipo de convivência humana como por exemplo a sociedade capitalista? Que quer dizer graça e como se veicula na experiência do homem das grandes metrópoles, do trabalho nas grandes fábricas e na organização dos sindicatos de classe? Que experiência de graça se articula na luta dos interesse de classe, no embate renhido pela conquista de mais justiça e participação? A meditação tradicional sobre a graça não refletiu essa dimensão. Hoje ela se faz urgente.

6. A experiência dos mecanismos de opressão social

Nossa sociedade vem marcada fortemente pelos mecanismos de alienação e de opressão. Pobreza, dependência, exploração de povos sobre outros, guerras onde se misturam problemas políticos com interesses econômicos das grandes indústrias bélicas são sentidos como imorais e inumanos. A riqueza e o extraordinário desenvolvimento científico-técnico dos países do Hemisfério Norte são sentidos como indecentes porque exigem um excessivo custo social: a marginalização e empobrecimento dos países dependentes cada vez mais açulados por contradições internas em termos de aumento do fosso que separa ricos e pobres.

Contra isso se articula um sentido de libertação, de solidariedade, de revolução cultural que bana, uma vez por todas, a exploração do homem pelo homem. Uma teologia que faça significação para o homem de hoje, particularmente na América Latina, deverá refletir em que sentido a graça se revela em sua dimensão social e libertadora, crítica e desmascaradora dos poderosos. Que significa graça num contexto latino-americano, onde os anseios de desenvolvimento e libertação são coarctados e conduzidos contra o interesse social da grande maioria e favorecendo desmesuradamente pequena porção de privilegiados?

7. A consciência da função crítica da graça no interno da Igreja

A reflexão sobre a graça deverá também conscientizar o fato doloroso de que a Instituição da Igreja no continente latino-americano por séculos esteve mancomunada com aqueles que empreendiam a exploração do homem pelo homem e sustentavam um tipo de sociedade discricionária. Ela não manteve viva a memória subversiva e perigosa da liberdade de Jesus Cristo. Mas iconizou a figura de Jesus e o reduziu à dimensão intraeclesiástica, tirando do povo a força evangélica de libertação, de contestação e de transformação presentes na pregação de Jesus. Os sacramentos foram vividos de forma intimista e meramente cultual. Não levaram a uma transformação de vida e do modo de relacionamento entre os homens, no esforço de superação das injustiças estruturais que separaram pecaminosamente irmãos da mesma fé. Valores cristãos como humildade, submissão, carregar a cruz de Cristo e outros foram anunciados de forma ideológica que possuíam como consequência o fortalecimento do *status quo* e uma castração das forças de reação libertadora do povo.

Até que ponto a Instituição da Igreja foi também contrassinal da graça e participou de um sistema anticristão? Que sentido possui o discurso teológico sobre a dimensão eclesial da graça? Não deverá possuir um sentido crítico e libertador para que a Igreja seja de fato, não apenas no palavreado oficial, o sacramento do amor e da graça divina no mundo?

8. A consciência da universalização do problema do sentido

Nossa compreensão do mundo é orientada pela experiência científico-técnica. Por um lado toma-se consciência do longo caminho percorrido pela evolução para gerar o que hoje existe. Por outro conhecem-se cada vez mais os condicionamentos da pessoa e do cosmos, as estruturas que subjazem aos fenômenos cosmológicos bem como sociais e psicológicos. O homem pilota e orienta a evolução ou é orientado por mecanismos, cuja determinação em grande parte lhe escapa? Possui a totalidade um sentido ou não será fruto do acaso e necessidade? Há os que, como Teilhard de Chardin, veem um caminhar com sentido, desembocando no homem. Outros, olhando os ziguezagues da evolução passada, militam por um sentido meramente intrassistêmico e por um ceticismo concernente à globalidade. J. Monod tentou mostrar que não há sentido, mas tudo é fruto do acaso de forças bem-combinadas que geraram a necessidade de um certo funcionamento mecânico.

Onde reside a diversidade das opiniões? Ambas as interpretações possuem por base dados experimentais. Parece que situações cheias de sentido ou situações absurdas ao nível pessoal vão amadurecendo na pessoa a ideia de que tudo possui sentido ou não o possui. A própria experiência da manipulação científica do mundo, organizando as necessidades domésticas, evoca no homem a convicção de que pode pilotar a evolução para um fim com sentido. Por outro lado, a experiência do debulhamento da ecologia leva o homem a questionar o seu próprio modelo de progresso. O homem se assemelha a um câncer: onde entra, destrói, modifica os ritmos da natureza e debulha as riquezas de forma egoística e sem qualquer solidariedade com aqueles que virão depois dele.

A experiência que se faz na América Latina é que a ciência e a técnica estão a serviço da empresa de dominação de uns poucos, detentores da pesquisa sobre outros deles dependentes. Não serviram como fator humanizador e debelador de clássicos e velhos problemas do homem, mas para aumentar e tornar ainda mais humilhante a vala que separa ricos privilegiados e pobres marginalizados.

Não se pode falar com sentido da graça de Deus como presença de seu amor no mundo, àqueles aos quais falta o mínimo para a subsistência em comida, roupa, direitos assegurados e em dignidade humana.

9. O desgaste social da palavra graça

A palavra graça não possui no mundo de hoje um significado heurístico especial. A palavra é empregada, mas não constitui uma palavra-chave e um ponto de referência social. Não existe mais (*graças a Deus*) reis e caudilhos pela graça de Deus ou profissões que sejam interpretadas como manifestações exclusivas da graça de Deus, tais como os vários estamentos medievais ou ainda hoje a vocação religiosa e sacerdotal.

Ninguém quer receber nada de graça ou depender das boas ou más graças dos outros. A sociedade se organiza em termos de segurança, previdência social, em garantias legais que cobrem toda a vida para não deixar nada ao acaso, especialmente no que concerne à saúde, à assistência social, à profissão e à aposentadoria. A própria gratificação do Natal se transformou em 13º salário para o qual existe uma legislação obrigatória.

O linguajar secularizado de nossa cultura fala tanto de graça quanto de sorte ou azar. Sorte ou azar não implicam necessariamente uma referência a uma instância superior e transcendente, mas à conjunção feliz ou infeliz de vários fatores naturais e históricos. A própria vida humana, em sua dimensão biológica, é explicada com o recurso a causas controláveis: encontro amoroso do pai e da mãe, cujo resultado biológico é a fecundação de um óvulo penetrado pelo primeiro espermatozoide que, entre milhões, pôde perfurar a membrana ovular. Essa compreensão científica não leva fatalmente a uma concepção mecanicista do mundo. Mas nos convida a estudarmos melhor as leis do código genético para melhorarmos as possibilidades da vida e para transformarmos a vida em formas mais sadias e otimais. Por isso, o que vem do passado não é sem mais um valor a ser assumido. Nada vale sem ser experimentado e criticado. Nada, em princípio, é imutável. Tudo pode estar ainda em aberto. Assim surge, por um outro caminho, uma maneira nova de encararmos a graça emergindo das possibilidades ainda não atualizadas da criação.

Estes traços, dentre muitos outros aqui não referidos, caracterizam brevemente nosso tempo. Eles entram no modo como nós experimentamos a graça hoje bem como na forma como articulamos esta experiência conceptual e linguisticamente.

Qualquer ensaio será sempre uma tentativa com os riscos e limitações inevitáveis. Entretanto a própria coragem para o risco é graça divina. É nesta convicção que elaboraremos nossas reflexões sobre a graça.

Parte II
A EXPERIÊNCIA DA GRAÇA

V. Pode-se experimentar a graça?

VI. A graça na experiência de nosso mundo científico-técnico.

VII. A experiência da graça na realidade latino-americana: desafios.

VIII. Ainda a experiência da graça na realidade latino-americana: respostas.

IX. A experiência da graça na vida de cada pessoa.

V
Pode-se experimentar a graça?

1. Processo de desconstrução de nossas representações sobre a graça, como caminho para o sentido originário de graça

Quando falamos de graça, inevitavelmente, representamos a graça: seja como uma atitude carinhosa de Deus, seja como uma transformação libertadora operada por Deus no homem, justificando-o, seja como uma grandeza incomensurável que ultrapassa tudo o que podemos, naturalmente, pensar e tudo o que existe na ordem da criação. Ao falarmos assim, entificamos a graça: é um *algo* diferente da natureza e do homem; é gratuito e gratificante. Entretanto, que é este *algo*? Se dissermos que é sobrenatural, que significa sobrenatural? É uma realidade ao lado, junto, dentro da natureza? Se dissermos que é um *algo*, também já entificamos o sobrenatural. Entificando o sobrenatural, destruímos o que queremos dizer com sobrenatural, porque o situamos no horizonte dos entes. Todos os entes são criados e naturais. O sobrenatural (e daí a graça) por definição não está no mesmo nível que o natural. É contraditório dizer que há um ente sobrenatural, como queria Ripalda (1594-1648). Se existe uma substância sobrenatural esta só pode ser Deus, o Incriado, o Inefável, numa palavra o Mistério; uma natureza pode ser elevada a

63

isso, mas não pertence a ela o sobrenatural porque este então seria um ente criado, o que é contraditório.

Quando falamos em graça e em sobrenatural queremos exprimir uma experiência. Sobrenatural e graça são termos e signos semânticos que estão a serviço de uma experiência, dentro da qual apareceu a graça e o sobrenatural. Estes termos querem traduzir, *verdadeiramente*, uma experiência.

Que tipo de experiência humana é essa, para a qual é significativo falar em graça e sobrenatural? Em outras palavras: graça e sobrenatural não são realidades em si, existentes fora da vida, hipostasiadas fora do mundo e daí relacionados com o homem. A linguagem faz isso e o fará de forma inevitável. Mas a linguagem não é a realidade originária. Ela é já tradução; é interpretação; é momento segundo. Antes de dizer, uma experiência foi vivida.

Para entendermos o que seja o sentido originário de graça precisamos questionar o esquema que contrapõe graça-natureza, graça-homem, graça-criação, fazendo-nos crer que graça seja uma realidade em si, embora relacionada com o mundo. A metafísica clássica hipostasiou, por exemplo, a transcendência como uma realidade ou um mundo contraposto à imanência. Transcendência vem a significar a esfera do sobrenatural. A imanência a do natural. Estas, na verdade, são objetivações de uma experiência humana.

O pensamento moderno se dá conta de que tanto transcendência como imanência são objetivações. Não constituem a realidade originária. Por isso fala da morte da metafísica. Não que negue a metafísica. Mas considera a metafísica clássica (dos gregos e dos medievais) como uma epocalidade do pensamento humano onde o Ser foi pensado em termos de Ente e onde a história do Mistério se desvelou na forma do predomínio do Ente. O pensamento moderno (de Kant em diante) tenta pensar a partir de um ponto mais originário do que a metafísica clássica. Entende esta como uma errância e um esquecimento do Ser enquanto Ser e como uma identificação da representação (transcendência e imanência como opostos e duas realidades) com a realidade. Na linguagem criamos sempre dois mundos, por isso semanticamente o pensamento moderno é tão dualista quanto o clássico. Mas só no nível da linguagem. Ele tenta, no interior do dualismo semântico, pensar a realidade originária una e idêntica.

Qual é essa realidade originária? A realidade originária é a história[1]. História não é apenas o relato lógico dos fatos acontecidos. Mas é propriamente a situação do homem ou o homem mesmo enquanto é ex-istência, situação, enquanto se decide, assume um compromisso, se engaja, se define dentro de seu estar-no-mundo-com-os-outros em sociedade e assim vai construindo sua identidade. Se o homem viver sua historicidade radicalmente, assumir sua abertura para o mundo e para o outro, se engajar num processo de libertação, começa a aparecer aquilo que ele realmente é: alguém dentro de uma situação, limitado, encurralado dentro dela, um ser-que-está-aí junto de outros, podendo manipular – quando lhe é deixado – seu mundo e o complexo de suas relações; quer dizer, experimenta aquilo que é o sentido da imanência; por outro lado, dentro desta limitação situacional, mostra-se alguém que pode se erguer infinitamente sobre esta situação, seja acolhendo-a, seja rechaçando-a, seja protestando contra ela, aberto para um futuro ainda

---

1. Cf. nossas reflexões feitas já em *Experimentar Deus hoje* (com vários autores). Petrópolis, 1974, p. 126-134.

não experimentado e definido; em outras palavras, experimenta o sentido originário de transcendência.

Imanência e transcendência não são, pois, duas entidades, mas são duas dimensões da mesma e única vida. Na historicidade do homem elas vêm juntas, e se dão como aparições da realidade radical do homem. O homem mostra-se como imanente e transcendente; como feito e produzido; como ainda e sempre por fazer e por ser gestado para dentro do futuro em aberto. Essa é a realidade originária. Ao exprimirmos isso, entificamos e objetivamos a imanência e a transcendência, como se fossem dois mundos. É porque a linguagem e o pensamento expresso só se dão nesta decadência. Daí devermos estar sempre atentos em não identificarmos a representação ou a objetivação com a realidade originária. Desconstruir continuamente a metafísica, presente na estrutura de nossa linguagem, deixando morrer nossas imagens e reconduzindo-as à realidade originária que é a ex-istência ou a história do homem: isso é a tarefa de todo pensamento que se conserva como pensamento.

A partir disto podemos, por exemplo, dizer: Deus só possui significado real se Ele emergir de dentro da história do homem. No afã de sua vida, no rigor de viver os desafios que a existência coloca, decidindo-se, assumindo responsabilidades, fazendo sua caminhada histórica, aparece aquilo que sempre escapa ao homem, que fica sempre em aberto por mais que ele construa e intente fechar sua abertura. Mostra-se aquilo que é maior do que ele, emerge o Mistério, se revela aquilo que, originalmente, se chama Deus, como "aquele supremo e inefável mistério que envolve nossa existência" (*Nostra Aetate*, n. 2).

Só podemos falar, *com sentido*, de Deus se Ele emergir de dentro da experiência do homem na caminhada de sua vida com outros e com o mundo. Deus, por conseguinte, nunca é e pode ser pensado como acima do mundo ou, o que seria pior, como fora do mundo. Deus aflora no interior da experiência do homem e do mundo como Aquele que fica sempre além, não factível, em aberto na caminhada e na construção humana; e isso de forma absoluta. Quando porém falamos de Deus, então, na linguagem e na doutrina que elaboramos, aparece como se Deus estivesse em si, fora do mundo, como uma instância absolutamente transcendente e misteriosa, fora do homem. Assim parece que Deus entra e está dentro do homem. O homem é que está dentro de Deus. Esquecemos, porém, que isso é apenas tradução da experiência histórica do homem.

A partir deste sentido originário de Deus podemos reler os velhos textos da fé como os do AT e NT. Aí se fala de Deus, não como um Ente metafísico, mas como uma Força histórica. Deus emerge na caminhada de um povo, acompanha suas vicissitudes no êxodo ou no exílio, é o Sentido da vida, que deve sempre ser definido a partir da caminhada e das mutações históricas.

Semelhantemente devemos proceder com a graça. Experiência da graça é experiência da historicidade do homem, dentro da qual ele faz a experiência daquilo que a palavra *graça* quer traduzir: dom, gratuidade, benevolência, favor, beleza etc. Não há o dom em si: não existe a gratuidade em si; não subsiste a benevolência em si: um modo de ser do homem ou do mundo deixa transparecer o gratuito. Graça sempre emerge junto com alguma coisa. É esta coisa (imanente), mas também não é (transcendente). É um modo de ser de todas as coisas ou do homem enquanto são vistos em sua relação para com Deus e enquanto são vividos como dom, gratuidade, benevolência e beleza, como presença e atuação de Deus no mundo. Bem diziam os medievais: A graça supõe a natureza e a aperfeiçoa (*Gratia supponit et perfecit naturam*).

2. Em que sentido experiência da graça?

De modo geral podemos dizer: atrás de todas as nossas doutrinas e discursos teológicos sobre a graça se esconde latentemente uma experiência da graça. É bem possível que para nós hoje, nesta quadra cultural em que vivemos, a linguagem empregada não nos evoque mais a experiência da graça, quer dizer, a experiência originária. Ficamos administrando ou combinando proposições que podem não nos dizer mais nada de concreto. Daí a necessidade do processo desconstrutivo como chance e via para a verdadeira experiência da graça que, num segundo momento lógico, será dita em doutrinas e em objetivações metafísicas.

Que sentido possui aqui experiência[2]? Experiência não deve ser identificada com vivência, isto é, com moções interiores, íntimos consolos, visões e audições divinos. Não negamos nada disto e a história de verdadeiros santos comprova, em suas próprias vidas, a ocorrência de tais fenômenos. A vivência é um componente da experiência. Mas se a experiência da graça fosse restringida a este âmbito da vivência, então ela seria o privilégio, sim, o luxo de alguns iniciados. Quando falamos em experiência, não pensamos primeiramente na situação psíquica e na disposição dos sentimentos (vivência), mas em algo mais complexo e profundo. Experiência é o modo como nos relacionamos com o mundo; a

---

2. Cf. KESSLER, A.S.; SCHÖPF, A. & WILD, C. "Erfahrung". In: *Handbuch philosophischer Grundbegriffe*. Vol. 2, Munique, 1973, p. 373-386. • KAMBARTEL, S. "Erfahrung". In: *Historisches Wörterbuch der Philosophie*. Vol. 2, Basel, 1972, p. 610-623. • ALQUIÉ, F. *L'expérience* (Initiation Philosophique 10). Paris, 1970.

maneira como fazemos o mundo presente dentro de nós e como nós nos fazemos presentes dentro do mundo. Experiência é nossa maneira própria, dentro de uma cultura, de interpretarmos toda a realidade que se nos depara (o eu, o outro, a sociedade, a natureza, Deus, o passado, o presente e o futuro etc.). Este modo varia ao longo da história e cada variação se faz presente nas posteriores: o homem experimentou o mundo em termos de uma grandeza numinosa e sagrada, sempre referida ao Divino mediante o mito; depois como uma grandeza subsistente em si mesma através da metafísica; hoje como algo também subsistente em si mesmo, mas factível e manipulável, objeto de pro-jeto humano com o recurso da ciência e da técnica. Dentro de cada experiência total se redefine o que a natureza, o homem, seu passado, seu presente, seu futuro e Deus significam.

Compreendida assim a experiência resulta como algo de extremamente complexo; como observava Aristóteles[3] e depois Tomás de Aquino[4] ela se apresenta como uma síntese de muitas percepções e abordagens, onde o homem superou resistências, perigos e tentações, confirmou suposições e aprendeu do sofrimento e da alegria.

Quiçá um rápido rastreamento semântico da palavra *experiência* nos ajude a penetrar no seu sentido global e existencial. Experiência é composta da preposição *ex* com

---

3. ARISTÓTELES. *Met.* 980b, 28s. ou *Analytica Posteriora* 100a, 4s.

4. *Summa Theol.* I, q. 54, a. 5.2: "experientia fit ex multis memoriis". •
HOBBES. *Leviathan* I, 2: "memoria multarum rerum experientia dicitur".
• HEGEL. *Phänomenologie des Geistes* (org. de Hoffmeister, Philosophische Bibliothek 114), 73: "O movimento dialético que a consciência faz tanto sobre si mesma quanto sobre seu conhecimento como seu objeto, na medida em que surge nela o novo objeto verdadeiro, é o que propriamente vem chamado de experiência".

o verbo de uso antigo *periri* que significava tentar, experimentar (*conari*), correr perigo (*pericum facere*; do grego: *peiráo* ou *peiráomai*: fazer experiência, experimentar examinando, pôr à prova, provar alguém)[5]. Experiência (*empería* em grego e *experientia* em latim) está com conexão com perigo (periclitatio), prova (probatio), tentativa (*temptatio*)[6]. *Experimentum* em latim é sinônimo de *periculum* (perigo), *conatus* (tentativa), *inceptum* (iniciativa), *tentatio* (tentativa, tentação). Experiência conecta ainda com *peritia* (perícia, habilidade), *scientia* e *notitia* (conhecimento, informação). Daí vem também a palavra *perito* (*peritus*): pessoa provada no perigo, experimentada e douta ou *experto* (*expertus*), experimentada ou especialista num ramo do saber. *Ex-periri* além de correr perigo, tentar, experimentar significa também suportar, sofrer, aguentar, enfrentar dificuldades (*acerbi*, *molesti*, *duri*, *pati*, *subire*, *tolerare*). Num sentido mais vasto é sinônimo de conhecer, compreender, sentir, ver[7].

Resumindo podemos dizer: a palavra experiência está ligada a dois campos de "experiência" humana: a do perigo (*periculum*, *periclitatio*) e da perícia (*peritia*, *scientia*, *notitia*). Trata-se agora de rastrear o elo semântico de perigo e perícia, por um lado, e por outro a "experiência" que lhes subjaz.

O elo semântico está no *per* (por, através de). O *per* está presente tanto no latim ex-*per*-ientia quanto no grego em-*peiría* que nas línguas germânicas equivale ao *fahr* (fahren: viajar; er-*fahren*: experimentar). Está presente também no *per*-iculum, *per*-igo e em *per*-itus ou ex-*per*-tus: num sentido ativo, quem é hábil em alguma coisa; num sentido passivo

---

5. FORCELLINI. *Thesaurus totius latinitatis*. II, 367a.

6. Cf. a longa comprovação de textos em *Thesaurus linguae latinae* V, 1651-1654.

7. Para tudo isso, cf. no *Thesaurus linguae latinae* V, 1660-1690.

(*expertus*), quem foi provado e surrado pela vida. *Peiro* em grego quer dizer prova, ensaio; aparece na palavra latina *portus* (porto e porta). *Portus* em latim e *póros* em grego significam a saída que se encontra ao caminhar pelas montanhas. Em linguagem marítima deu: passagem por um recife e entrada numa enseada que por isso se chama *porto*. O caminho que leva ao porto ou que faz sair é *opportunus*[8].

No *per* estão presentes ideias mais abstratas como ensaio, prova bem como acepções mais concretas ligadas ao *portus* (porto, entrada e saída, passagem por recifes), sugerindo algo dramático e perigoso, presente na palavra *periculum* (perigo).

No sema *per* de experiência está presente, originariamente, a viagem, o passar por, através de lugares onde não havia caminhos e por isso perigoso. Implica travessia por lugares difíceis e perigosos. Viajar não é tanto ir de um lugar para outro. Viajar é o que nos acontece durante a passagem: encontrar curiosidades, passar por perigos e encontrar saídas. Ortega y Gasset diz certo que "andar enquanto viajar", "atravessar" terras desconhecidas e pouco frequentadas "é a vivência originária que ordena toda a galáxia de fonemas e semantemas"[9] de *per*, ou no dizer de um filósofo brasileiro, G. de Mello Kujawski, "esta ideia de viagem, do perigoso errar pelo mundo sem caminho certo, afrontando riscos e buscando saídas, qualifica originariamente a raiz *per* de experiência"[10].

---

8. Cf. ERNOUT-MEILLET. *Dictionnaire étymologique de la langue latine, Experientia*.

9. "La idea de principio en Leibniz y la evolución de la teoria deductiva". In: *Obras completas*. 8, 177; cf. Id. *El hombre y la gente*. Obras completas 7, 188s.

10. "Experiência e perigo". In: *Introdução à metafísica do perigo*. São Paulo: Convívio, 1974, p. 52-64, aqui p. 57.

Ex-periência possui ainda a preposição *ex* que em latim expressa o sair de, estar para fora, entre outras significações. Esta significação reforça ainda mais o que dissemos do *per*. Vimos o elo semântico que une perigo e perícia presente na palavra experiência. Importa desentranhar a "experiência" que possibilitou unir perícia com perigo resultando a experiência. Seu sentido fundamental se dá no nível existencial e narrativo do homem que, ao sair de si, afrontando-se e confrontando-se com a vida, com os outros, com a realidade interior e exterior, arrostou perigos, suportou provações, teve que fazer um caminho e encontrar uma saída. Há aqui todo um drama que, no fundo, é o drama mesmo da vida humana enquanto esta vida nunca é dada pronta, mas tem que ser feita, tem que se construir o caminho e encontrar uma saída de sentido para ela. Em todo esse processo surgem os perigos; há que se fazerem ensaios; superam-se provações. O homem experiente é aquele que passou pela vida, não em branca nuvem, mas sofreu, foi surrado e atravessou muitos perigos e de tudo isso aprendeu. Seu saber não é livresco, mas ganho e acumulado com o próprio suor e sangue.

Experiência é, pois, um saber que tem sabor; um saber que o homem adquiriu quando saiu de si (ex) e se confrontou com o mundo, com os homens, com toda sorte de realidade, viajando através deles (per), sofrendo, suportando, aprendendo, corrigindo, aperfeiçoando o saber acumulado. Toda experiência é um saber crítico porque resultou de muitas abordagens, originando uma certeza irrevidável e uma imediatez no conhecimento. É bem outra coisa fazer uma viagem de navio e ouvir um relatório sobre ela. Fazer uma experiência nos dá uma evidência tal que não pode ser mediatizada por um relatório racional e por argumentos. Toda existência humana se funda em experiências radicais que cada um faz. Também a fé cristã; não implica somente assumir as experiências que os apóstolos fizeram em contato com o Verbo da vida (cf. 1Jo 1,1: "o que ouvimos, o que vimos com nossos olhos, o que contemplamos e o que nossas mãos palparam tocando o Verbo da vida"; cf. At 2,22s.), mas também fazermos nossas próprias experiências com Deus e sua graça e podermos testemunhar suas maravilhas.

Do que expusemos se depreende que a experiência não está ligada apenas aos sentidos (ver, sentir) – por isso não é somente vivência –; ela abarca toda a vida com seus perigos e saídas, com suas perplexidades e desafios. Não é de se admirar que a narração é o gênero mais comunicador da plenitude da experiência. Quanto mais próxima está da experiência, mais narrativa se torna a fé e a teologia.

Entretanto a experiência não é apenas uma *ciência*; é também uma verdadeira cons*ciência*. Ao sair de si e ao se aproximar do mundo, o homem leva consigo tudo aquilo que é, suas categorias aprioristicas, suas experiências históricas e culturais que herdou. O mundo se mostra à consciência conforme as leis estruturais desta consciência. Daí é que a experiência nunca é sem pressupostos. É sempre modelar, isto é, orientado por um modelo prévio, submetido então ao crivo crítico do embate com a realidade que lhe faz resistência, para se confirmar, aperfeiçoar e corrigir. No encontro do mundo com a consciência surge a experiência. Experiência possui a estrutura de história, como falamos acima, história que é a caminhada pessoal ou social de alguém ou de todo um grupo humano. Hoje nós experimentamos o mundo não como uma grandeza numinosa e mítica, nem como uma grandeza consistente em si mesma metafísica (natureza), mas como uma grandeza histórica

73

que foi se formando lentamente chegando até hoje e aberta ainda para o futuro. Abordamos o mundo técnico-cientificamente, estudando suas leis internas captáveis fenomenologicamente e explicáveis por razões imanentes. É o nosso modo epocal de experimentar o mundo, ao lado de outros que houve no passado e que ainda subsistem atualmente, seja na sociedade, seja como extrato de nosso inconsciente pessoal e coletivo.

Graça só é graça para nós hoje se ela emergir de dentro deste nosso mundo no qual estamos imersos. Só assim ela é significativa e representa aquilo que na linguagem cristã quer significar: o acontecimento do Amor livre de Deus e a presença no mundo do Deus libertador *de* uma situação humana deturpada e libertador *para* uma situação humana plenificada e divinizada. A graça aparece dentro de nosso mundo concreto, que perfaz nossa situação latino-americana. Há que detectar sua presença, quem sabe, encoberta e invisível por nossas categorias mentais. Daí a necessidade de mergulharmos na realidade em que vivemos para experimentar aí dentro sua dimensão de gratuidade e de graça.

3. A correta compreensão da relação entre pessoa e graça como condição para a experiência reflexa da graça

Para abrir caminho a uma autêntica experiência da graça que se autoidentifica como tal, faz-se mister superar um certo tipo de representação da graça como uma ordem ou um mundo à parte (sobrenatural) deste mundo no qual nos cabe viver (natural). Referimo-nos aqui à assim chamada ordem sobrenatural relacionada com a ordem natural, termos que supõem uma determinada metafísica da graça e da criação. Sabemos que a expressão *sobrenatural* é relativamente tardia na teologia; somente a partir das *Quaestiones Disputatae De Veritate* (1256-1259) de Santo Tomás de Aquino começou a vigorar como expressão técnica da teologia. Os primeiros indícios encontram-se nos Padres Gregos que dentro de uma cosmovisão neoplatônica do mundo jerarquizado em esferas descendentes falavam em hipercósmico (*hyperkosmikós*), hiperfísico (*hyperfués*) e hipercelestial (*hyperouranios*); os primeiros testemunhos literários da palavra latina *supernaturale* datam do século VI, incentivando-se nos séculos VIII e IX com a tradução do grego de Dionísio Areopagita, tornando-se mais corrente nos séculos XI e XII[11].

A Bíblia não conhece, bem como toda a literatura cristã antiga, a expressão sobrenatural. O evento do Amor salvífico e gratuito de Deus era expresso dentro de categorias da relação, do encontro, da aliança, do gesto benevolente etc. Neste sentido pertence à graça ser experimentada e cantada.

O tema – experiência da graça – mudou profundamente quando se operou a transposição da experiência bíblica em categorias que lhe eram estranhas[12]. O pensamento bíblico calcado sobre categorias históricas e personalistas foi traduzido para um outro, orientado pelas categorias da *physis* (natureza) grega. Um evento da liberdade (graça) é pensado dentro das categorias da necessidade (natureza). A natureza passa a ser a categoria-chave, orientadora de todas as demais. A graça será compreendida em relação à natu-

---

11. Cf. DE LUBAC, H. "Surnaturel". Paris, 1946.

12. Para toda esta problemática da relação natural-sobrenatural: MUSCHALEK, G. "Criação e aliança como problema de natureza e graça". *Mysterium Salutis*. II/2, p. 131-142. • MÜHLEN, H. "Gnadenlehre". *Bilanz der Theologie im 20. Jahrhundert 3*. Friburgo/Basel/Viena, 1970, p. 163-178.

reza e não em si mesma. Ela só poderá ser sobre-natural. A experiência ocorre no âmbito da natureza; o sobre-natural escapa a toda a experiência.

a) Natural e sobre-natural como duas ordens de ser?

A evolução do pensamento teológico, especialmente na Renascença com a descoberta do homem e da natureza como objetos de ciência e de forma acabada na teologia pós-tridentina, se encaminhou na elaboração do sobrenatural e do natural como duas ordens da realidade, completas, bem-ordenadas e acabadas em si mesmas. Isso teve como consequência que se representou o natural e o sobrenatural como dois andares de uma mesma casa, sendo um exterior ao outro, o que nunca foi aceito totalmente, de modo particular, pela teologia de tradição agostiniana que sempre teve vigência no pensamento cristão ocidental. Segundo esta, natureza e graça são interiores e não exteriores uma à outra. Como dizia um conhecido tratadista neoescolástico, F. Diekamp: "Uma natureza acabada em si mesma e provida com tudo o que lhe é necessário recebe em si o sobrenatural como um *superadditum*"[13] (como algo acrescentado).

Evidentemente, ao nível *teórico*, esta compreensão possui lá suas vantagens: a natureza aparece independente, a razão goza de autonomia e Deus e sua graça não precisam aparecer como tapa-buracos; por sua vez, a graça surge naquilo que lhe é específico, vale dizer, como o gratuito e indevido à natureza. Por outro lado permanece um inconveniente grave que jamais deixará esta compreensão ficar tranquila e postulará sempre de novo um repensamento da

---

13. *Katholische Dogmatik*. II, 47.

questão: a graça aparece como algo exterior, acrescentado e, no fundo, supérfluo.

Basta considerarmos as definições que se davam do natural e sobrenatural para percebermos a predominância da categoria-chave natural e o indisfarçável exteriorismo. "Naturale est, quod vel constitutive, vel consecutive vel exegitive ad naturam pertinet": natural é aquilo que pertence à natureza seja em sua constituição, em suas consequências ou em suas exigências. Trata-se, pois, não de um conceito estático de natureza e natural, mas decididamente dinâmico. Natureza (vem de *nasci*, nascer) é uma essência em ação dentro de um espaço que lhe compete e lhe pertence. Assim, por exemplo, pertence à *constituição* do olho poder ver; isso tem como *consequência* que ele efetivamente vê tudo que é iluminado e cair sob a capacidade do olho; por fim, esse poder-ver e ver efetivo trazem a *exigência* da luz que pertence também à natureza do olho. E o que é o sobrenatural? A resposta é negativa: "supernaturale est id, quod neque constitutive, neque consecutive, neque exegitive ad naturam pertinet": é aquilo que não pertence à natureza nem em sua constituição, nem em suas consequências, nem em suas exigências. Dito de forma positiva: "supernatura est donum naturae indebitum et superadditum": é um dom indevido e acrescentado à natureza. Esse dom não precisa ser passageiro; pode possuir sua durabilidade significando uma elevação da natureza humana à participação da natureza divina (cf. 2Pd 1,4; cf., entretanto, a explicação exegético-teológica mais à frente), constituindo uma nova realidade.

No quadro de semelhante compreensão fica excluída qualquer possibilidade para a experiência da graça. Esta, a graça, pertence ao sobrenatural que excede infinitamente ao natural. Toda e qualquer presumível experiência cai sob o horizonte do natural, não é experiência da graça.

Esta natureza possui uma qualidade curiosa: face ao pecado original nas origens ficou poupada e conservada intacta. Na teologia manualística se dizia: o pecado original despojou o homem do sobrenatural (*spoliatus*) e o vulnerou nos dons preternaturais (*vulneratus* na imortalidade, integridade etc.)[14]. Uma natureza assim preservada não é mais uma natureza histórica, mas uma construção metafísica. Não admira, pois, que esta compreensão tenha originado dentro da Igreja o naturalismo e o racionalismo de uma razão e natureza que se bastam a si mesmas provocando o oposto contrário: a concepção de uma natureza totalmente deturpada, capaz de rejeitar e crucificar o Filho de Deus (Baio, Jansênio, Lutero).

b) O natural concreto sempre é pervadido pelo sobrenatural

Neste século começou a ruir semelhante compreensão teológica da graça e da natureza humana. Primeiro foram motivos de ordem pastoral pelo crescente alheamento entre problemas da sociedade e respostas cristãs, que esta construção provocava. Afinal o homem não se encontra ontologicamente dividido e dilacerado, por um lado o natural nele e por outro o sobrenatural. A ação de Cristo não se restringe

---

14. A Tradição mais antiga diz: espoliado quanto ao sobrenatural e vulnerado quanto ao natural e não como a neoescolástica, vulnerado quanto ao preternatural. Por preternatural se entendia um sobrenatural *secundum quid* (relativo, não absoluto): é um dom que excede a natureza concreta de um ser, como por exemplo a imortalidade para o homem, mas não de forma absoluta porque se pode imaginar um ser que seja essencialmente imortal.

tão somente ao sobrenatural; ele quis salvar o homem todo e todo o homem, atingindo e abraçando a sua dimensão de natureza, de graça e pecado e de capacidade de ser divinizado. Em segundo lugar foi a acurada reflexão teológica não sem tormentosas e atormentadas discussões, explorando e pensando até o fim dados da própria Tradição como o desejo natural do amor de Deus, a pessoa humana como subjetividade transcendental, a estrutura dialogal da graça e da salvação, o caráter histórico-salvífico do oferecimento redentor e deificante de Deus etc. Por exemplo, dentro das categorias de uma filosofia da natureza (*physis*), os medievais definiam a graça como um acidente (*superadditum*). Como deve ser entendido este acidente? A neoescolástica dos manuais o considerou, com demasiada facilidade, como os demais acidentes, pois a graça pode ser perdida, recuperada, aumentada, diminuída etc. Aprofundando, entretanto, a questão muitos chegaram a entendê-lo na linha de São Boaventura: graça é um ser-em-relação para com Deus. Quando uma realidade (natureza) é posta em relação para com Deus aparece o sobrenatural, não como um substantivo, criando paralelamente uma nova realidade, mas como adjetivo, qualificando esta mesma realidade. Evidentemente que esta qualificação possui um caráter ontológico, mas não se constitui como uma porção ou parte da realidade; é um novo modo de ser e de agir que ela assume. Ora, se a graça é um-ser-em-relação para com Deus, então se abre caminho para uma experiência desta relação.

Se graça significa um-ser-em-relação para com Deus, então, estamos já dentro do tema do homem-pessoa, ser, por excelência, relacional; ele é, com efeito, um nó de relações vivas e atuantes. Foi criado para uma relação absoluta com Deus, de sorte que não existe, na presente história, um fim que não seja o sobrenatural.

Como é o homem-espírito? É ele uma natureza tão fechada sobre si mesma como queria a neoescolástica? A fenomenologia do homem-espírito elaborada pelos teólogos cristãos deste século com profundo enraizamento na própria Tradição resultou extremamente frutífera para o tema em questão. E aqui nomes como H. de Lubac, R. Guardini, K. Rahner, H. Urs von Balthasar e *last but not least* o de J. Maréchal se tornaram universalmente conhecidos e reconhecidos. Colocaram-se na devida luz algumas intuições e perspectivas, típicas da antropologia teológica, que na Tradição sempre foi pensada em contexto da graça e da elevação do homem à participação da natureza divina. Assim, por exemplo, o espírito não é uma realidade no homem ao lado da matéria (corpo) e circunscrita aos limites desta. O espírito é o homem todo, portanto, o modo de ser próprio do homem enquanto é transcendência viva, abertura total, panrelacionalidade. O homem-espírito é saudade do Infinito, é ânsia de Deus[15]. Nada do mundo, ninguém da própria humanidade pode pretender plenificá-lo. Não quer apenas isso e aquilo; não pensa somente esta ou aquela realidade; quer tudo e pensa a totalidade. Só Deus aparece como o polo adequado para onde aponta sua bússola interior. Só nele o homem encontra descanso. O desejo natural do amor de Deus está enraizado no mais profundo de seu ser sem o qual o homem histórico que conhecemos – e é o único que nos interessa – se faria ininteligível. Portanto,

---

15. Este tipo de análise foi elaborada magistralmente por LUBAC, H. de. *Surnaturel*. Paris, 1946. • Id. *Le mystère du surnaturel*. Paris, 1956. • RAHNER, K. *Geist in Welt* [METZ, J.B. (org.)]. Munique, 1964. • Id. *Hörer des Wortes* [METZ, J.B. (org.)]. Munique, 1963.

sem a graça (sem o sobrenatural) não atinge sua plenitude de humanidade.

Esta fenomenologia do homem-espírito, que arranca de baixo, conclui que o desejo natural do amor de Deus funda uma exigência no homem. E neste ponto se levanta a pergunta e se acende o debate: se é uma exigência da natureza, então não é mais sobrenatural, mas, consoante a definição exposta acima, tributa-se à natureza. A graça perde o seu ser-de-graça, logo, não é mais graça! Precisamos proceder com calma sem simplificar as coisas! Estamos em teologia e não em física. Teologia não é mera fenomenologia que se articula a partir de baixo. É também e principalmente uma compreensão a partir de cima, de Deus e de seu desígnio transcendente (teo-logia: discurso sobre Deus e a partir de Deus). Para quem lê teo-logicamente o desejo natural do amor de Deus se lhe acende uma luz explicadora: não é sintoma do desmesurado egoísmo humano que quer se apossar de Deus, nem resulta de uma exigência meramente humana. Foi Deus quem criou o homem de tal maneira que somente unido a Ele é plenamente homem e feliz. Foi Deus quem fincou no coração humano a ânsia pelo Infinito e o desejo de amá-lo e de vê-lo face a face[16]. Foi Deus quem estruturou de tal forma o homem que este está permanentemente com os ouvidos abertos para ouvir a voz de Deus que lhe é dirigida por todas as coisas, pela consciência, pelas mediações humanas e por Deus mesmo. "As coisas surgem por mando divino, o homem por chamamento"[17].

---

16. LUBAC, H. de. *Le mystère du surnaturel*. Paris, 1956, p. 106.

17. GUARDINI, R. *Welt und Person*. Würzburg, 1962, p. 113.

O desejo natural do amor de Deus não é uma exigência meramente humana; é o chamamento que Deus colocou dentro do homem e o homem o ouve e grita por Deus. *O grito do homem é apenas o eco da voz de Deus que o chama.* Tudo isso é gratuito e não poderia senão ser gratuito porque a gratuidade é um atributo indissociável da divindade. E esta gratuidade se faz presente na própria criação do homem chamado à gratuidade. Assim como no mérito Deus premia as próprias obras, assim é também com o sobrenatural: ao plenificar a exigência que se faz ouvir em nossa natureza, Deus responde ao seu próprio apelo e retruca à voz que Ele fez gritar dentro do homem.

Portanto, o fenômeno global deve ser pensado de maneira completa: tanto a partir de baixo com uma correta analítica existencial do homem-espírito quanto a partir de cima à luz do desígnio criador de Deus que chamou o homem-espírito ao sobrenatural, vale dizer, ao convívio com Ele. Que esse fenômeno total se inscreve dentro do horizonte da gratuidade e não da necessidade se percebe pela própria estrutura do desejo humano do amor de Deus: o homem anseia pelo Absoluto, mas não como presa sua; anseia aquele Deus que se dá como dom e como liberdade. O homem sente a exigência do amor; mas quer somente o amor livre e gratuito. Se pudesse, por absurdo, apoderar-se violentamente dele, o amor não seria mais plenitude porque deixaria de ser gratuito. Assim é com o sobrenatural.

Do que dissemos se depreende que não existe uma natureza pura constituindo uma ordem própria e à parte. Puramente natural é somente o fato de o homem ser um sujeito pessoal, capaz de receber a graça de Deus. Trata-se de um conceito formal – o ser criado como tal – como condição de possibilidade para uma autocomunicação amorosa de Deus[18]. Para se doar em graça, Deus cria gratuitamente um ser pessoal (sujeito). Esse mínimo é que possibilita a união de Deus com o homem e do homem com Deus, na terra e também na eternidade, de tal forma que jamais a união significa fusão, absorção ou emanação de Deus. Com a união em graça entre Deus e o homem ocorre o que se verifica, analogicamente, com o mistério da encarnação: se dá sem confusão, sem mutação, sem divisão e sem separação. É distinto para que se possa unir e é unido porque é sem confusão[19]. Para além deste aspecto meramente formal, entretanto, na concreção histórica, nos conteúdos concretos da vida, nos atos por mais quotidianos, a natureza vem sempre perpassada pela graça. Por isso jamais se poderá dizer o que nas nossas experiências é "natural" e o que é sobrenatural, porque não se pode, do contexto concreto da vida, destilar em sua pureza um e outro. Se pensarmos toda a criação dentro do projeto cristológico, como o faremos mais adiante, daí fica claro como tudo vem banhado pelo sobrenatural.

Nesta compreensão se recupera a vasta possibilidade da experiência da graça. Evidentemente – e isso se evidenciará ao largo de toda nossa meditação – a experiência da graça é sempre uma experiência mediatizada: num gesto, numa palavra, num encontro, numa oração, numa liturgia etc. alguém pode mergulhar naquela dimensão da graça presente em cada uma destas articulações e conjuntamente com elas fazer a experiência da graça nelas.

---

18. BALTHASAR, H.U. von. *Karl Barth*. Colônia, 1951, p. 295-301. • Id. "Der Begriff der Natur in der Theologie". *Zeitschrift für Katholische Theologie*, 75 (1953), p. 452-464.

19. Cf. MÜHLEN, H. *Gnadenlehre*. Op. cit. (nota 12), p. 174.

Em razão desta interpenetração entre natural e sobrenatural constituindo a unidade, sem confusão e sem separação, da vida humana renunciou-se no pensamento teológico atual mais e mais, como fez consequentemente a *Gaudium et Spes* do Vaticano II à categoria fim natural e fim sobrenatural. Fala-se de vocação integral do homem (GS 10,11,57,59,61,63,91; *Ad Gentes* 8). Mais ainda: devido às incompreensões e falsas associações ligadas às palavras *natural* e *sobrenatural* há muitos que postulam o abandono destas categorias. O maior exemplo foi dado pelo próprio Vaticano II que raramente usou o termo natureza (GS 7,8; *Ad Gentes* 3) e apenas 14 vezes sobrenatural. Sintomático é o fato de que na *Gaudium et Spes*, onde se afronta o mistério do homem no seu inserimento no universo e na história, não se use jamais o termo sobrenatural. Comenta Flick-Alszeghy: "Tal reserva certamente intencional corresponde a uma tendência na teologia contemporânea. Com efeito, em vista dos inconvenientes sabidos, se fazem atualmente diversas tentativas para explicar o dom de Cristo que, sem transcurar a sua transcendência com respeito à criatura (o seu caráter "sobrenatural"), dão maior relevo ao seu aspecto positivo e a sua relação com a totalidade da mensagem cristã"[20]. Juan Alfaro tentou mostrar com sucesso a transcendência e a imanência da graça na pessoa humana, criatura racional, dimensionada para o Infinito, sem precisar recorrer aos registros de natural e sobrenatural[21]. Nosso trabalho visa prolongar semelhantes tentativas.

---

20. FLICK, M. & ALSZEGHY, Z. *Fondamenti di una antropologia teologica.* Florença, 1969, p. 433.

21. "El problema teológico de la transcendencia y de la inmanencia de la gracia". In: *Cristologia y antropologia.* Madri: [s.e.], 1973, p. 227-343. • Id. *Persona y gracia*, p. 345-366.

4. Experiência da graça na fixação da linguagem-graça

O próprio significado e uso da palavra graça contém dentro de si, latente, talvez inconsciente, uma experiência da graça. Convém ressaltar tal dimensão.

a) Graça como atitude de benevolência

Graça significa, originalmente, a benevolência do superior para com o inferior. É uma qualidade do superior que "olha, benevolamente, que se inclina *favor*-avelmente" (significado hebraico de *hén*). Designa uma atitude da pessoa, favorável, aberta, que quer bem e que nutre simpatia para com a outra. Assim Ester, embora proibida, se aproxima de Assuero e é benevolamente acolhida por ele. Diz-se que ela "achou graça a seus olhos" (Est 8,5). De Maria, diz o NT que "achou graça diante de Deus" (Lc 1,30; cf. Gn 18,3; 19,19; 30,27), quer dizer, Deus se voltou amorosamente para ela. A pessoa mostra a graça e o que significa a graça enquanto se relaciona amigavelmente com os outros; é bondosa, carinhosa, favorável, nutre simpatia para com todos; é boa e benevolente não porque os outros o são, mas porque assim é por atitude. É ação que sai de dentro, é modo de ser; não é re-ação face à bondade dos outros. Graça designa a atitude nasciva, originária da pessoa em si mesma e não como resultado e reação da bondade dos outros que a faz tornar-se bondosa. Evidentemente, essa graça deve superar a tentação que encontra pela maldade dos outros, pelo fechamento de situações malévolas. Se apesar disto tudo continua boa, benevolente e aberta a sempre amar e a se relacionar amigavelmente com tudo, então aparece o sentido verdadeiro de graça como ação e atitude fontal que não se deixa determinar pela maldade que vem de fora. Daí o NT poder falar da misericórdia de Deus que não se deixa limitar pela maldade dos outros. Ele é Amor e continua sempre a amar os ingratos e maus (Lc 6,34), permanece em sua "atitude" de graça para com o homem.

b) Graça como pura gratuidade

Este sentido de graça como bondade e benevolência originária e fontal nos abre a compreensão do segundo significado de graça como *gratuidade e ser-de-graça*. A graça fontal é benevolente não porque seja uma resposta à benevolência do outro, mas porque, como dissemos, o é radicalmente como modo de ser. Então a pessoa é graça e benevolência gratuita. Sou benevolente não porque o outro também o é. A beleza e graça do outro não me provocaram a ser benevolente. Sou-o de forma totalmente gratuita e originária. Amo não porque o outro é belo e bom. Mas ele é belo e bom porque eu o amo.

Deus, por exemplo, não ama por causa dos méritos, da beleza e da bondade do homem, mas ama simplesmente porque é esse o seu modo próprio e íntimo de ser. Ele é Amor gratuito; de graça é sua benevolência para com todos, até para com os ingratos e maus (Lc 6,35).

c) Graça como beleza e encanto

Graça significa também *a beleza, o encanto, o charme e a amabilidade* de uma pessoa (Pr 1,9; 3,22; Lc 4,22; Ilíada 14,183; Odisseia 6,237). Uma pessoa é *grácil*, vale dizer, delicada, fina, *graciosa*. Assim dizemos: "que *graça* tem aquela mulher... que *gracinha* é aquela criança... seus gestos e seu andar possuem uma *graça* especial... Engraçado..." Se atentarmos bem o que constitui a graça como beleza e encanto, percebemos que tem sempre a ver com espontaneidade, com ausência de rigidez, com nascividade da vida. Tudo o que está sujeito a leis, ao aprendizado, a regras convencionadas não é encantador. Para ser belo e charmoso deve provir de uma nascividade e abundância interior que transluz e emerge espontaneamente. Talvez as palavras de Péguy sobre o gérmen nos sugiram o que seja graça como beleza:

"O gérmen é o mínimo de resíduo; é o mínimo do que já foi feito; é o mínimo de hábito e de memória. Por conseguinte, é o mínimo de envelhecimento, de rigidez, de endurecimento, de retesamento. Pelo contrário é o máximo de liberdade, de jogo, de agilidade e de graça. O gérmen é o menos habituado que existe. É onde há a menor quantidade de matéria açambarcada, fixada pela memória e pelo hábito. O gérmen é aquilo onde há menos quantidade de matéria consagrada à memória. Onde há menos legados e memórias. Onde há menos papelaria, menos burocracia. Ou melhor ainda, o que está mais próximo à criação, o mais recente no sentido latino da palavra 'recens'. O mais fresco. O mais recente e saído verdadeiramente das mãos de Deus"[22].

No âmbito social das relações humanas aparece de modo límpido o que seja graça: o modo como se fala, como se gesticula, o olhar afável, o andar, o sorriso, a presença e a *mise en scène* podem ser marcados pela graça. De Jesus

---

22. *Nota conjunta sobre Descartes y la filosofia cartesiana.* Buenos Aires, 1946, p. 102, apud SEGUNDO, J.L. *Gracia y condición humana.* Buenos Aires/México, 1969, p. 13.

nos diz Lucas que "as palavras que saíam de sua boca eram cheias de graça" (4,22), isto é, cheias de encanto. A reação à beleza e ao encanto é a admiração e o aplauso (cf. Lc 4,22: todos o aplaudiam e se maravilhavam).

Numa dimensão teológica podemos dizer: a beleza, o encanto, o charme da criação, isto é, a graça é a manifestação da graça que é Deus, de sua benevolência e amor que se concentram graciosamente no homem. A beleza e o encanto humanos são reflexo e presença da graça bela, encantadora de Deus no mundo. A graça de Deus (atitude) gera graça no homem (beleza, encanto). Como dizia admiravelmente Santo Agostinho: "Quia amasti me, fecisti me amabilem": porque me amaste, me fizeste amável.

d) Graça como dom gratuito e favor

Nesta mesma linha, graça vem a significar *dom, presente e favor, algo recebido gratuitamente*, que não é devido ao resultado de meus esforços nem de minha criatividade. Neste sentido dizemos: "recebi a graça de..., Deus agraciou a..., o juiz concedeu a graça da vida ao condenado à morte..."Assim o homem recebe gratuitamente na natureza ou de Deus a beleza e o encanto de seu sorriso ou de seu andar. Se ele com educação, com aprendizado e com treinamento assume modos de beleza e encanto percebemo-lo imediatamente. Aparece o artificialismo, trai a desnaturalidade e a falta de espontaneidade. Perde-se o encanto. Bem notava Aristóteles (*Retórica* 2,7) que graça (*cháris*) significa presente, porque todo presente é sinônimo de abundância, de liberdade e gratuidade. A beleza ou o encanto a gente tem ou não tem. Sente-se que não pode ser produzido; que somos agraciados. Esta experiência nos coloca imediatamente diante do problema teológico: o homem se sente visitado por Alguém; talvez não lhe conheça o nome; sente-se cumulado por dons e presentes que escapam à capacidade de criação humana como a vida, a existência, a consciência, a inteligência, a vontade, o poder refletir, amor, decidir mesmo contra o Absoluto. Tudo isso é dom. Viver nesta consciência é saborear a gratuidade de todas as coisas.

e) Graça como agradecimento

Em consequência da consciência do dom o homem se sente agradecido e provocado a *dar graças*. Graça se paga com graça, assim como amor se paga com amor. Dar graças é devolver a graça, é retribuir o dom; significa mostrar-se agradecido e estar numa dívida de gratidão. A única atitude de um homem que se sente agraciado, cumulado de graças (dons), que se descobre encantador para os outros, amado por Deus (atitude) sem qualquer mérito pessoal é juntar as mãos e render graças.

Resumindo, numa perspectiva teológica, podemos dizer: graça é: *a)* a atitude e a abertura benevolente de Deus que se desdobra em amor para com o homem; *b)* produzindo nele beleza, charme e encanto de toda ordem; *c)* qualidades essas vividas como dons e presentes gratuitos de Deus; *d)* que o provocam a dar e a render graças ao Doador de todos os bens. O Concílio Vaticano II diz excelentemente: "O homem, única criatura terrestre a qual Deus amou por si mesma (graça como atitude de Deus que se dá a si mesmo como dom), não pode encontrar sua própria plenitude senão no dom sincero de si mesmo aos demais (o homem agraciado se faz graça para os outros)" (*Gaudium et Spes*, 24/274).

5. Graça como expressão da experiência originária da cristidade

Por que no NT se usou a expressão graça para exprimir a experiência originária do mistério cristão?[23] Com efeito, a palavra é muito rara nos evangelhos. Mateus e Marcos não a empregam sequer uma vez. João apenas três vezes no prólogo. Em Lucas encontra-se 8 vezes (1,28.30; 2,40.52; 4,22; 6,32-34 três vezes), e 17 nos Atos. Segundo Lc 6,32-34 Cristo teria usado apenas três vezes a palavra, num sentido profano e num mesmo contexto: "Se amais os que vos amam, que graça tem?... Se fizerdes bem aos que vo-lo fazem, que graça tem?... Se emprestardes àqueles de quem esperais receber, que graça tem?" ("poía hymin *cháris* estín"). O sentido é óbvio: um amor assim não é gratuito e espontâneo; recebe-se sempre recompensa (versão de Mt 5,46). O amor ao inimigo é que tem graça (é encantador e belo) porque não se recebe nada em recompensa. Neste emprego por Jesus (caso não seja simplesmente linguagem de Lucas) a palavra graça conserva seu sentido profano de gratuidade e superabundância que encanta a vida. Nos demais casos, onde Lucas emprega a palavra graça, ele conserva o significado típico do AT na versão da Septuaginta: o favor e a benevolência de Deus repousando sobre alguém, no caso, em Jesus e Maria.

Entretanto foi através de São Paulo que entrou no NT a palavra graça (*cháris*) como veículo articulador da novidade cristã. No *corpus paulinum* ela ocorre centenas de vezes nos mais variados sentidos como o expusemos acima (benevolência: 2Cor 8,1; charme, amabilidade: Cl 4,6; dom: Rm 12,6; Ef 4,7; ação de graças: 1Cor 10,30), mas concen-

---

23. Cf. os dados reunidos por FORTMAN, E.J. *Teologia del hombre y de la gracia*. Santander, 1970, p. 34-38.

trando-se numa significação fundamental: o dom do Pai mesmo em Jesus Cristo, o amor gratuito e misericordioso do Pai e de seu Cristo que penetraram o homem, salvando-o, libertando-o de sua perdição e fazendo-o nova criatura (2Cor 5,17; Gl 6,15).

Paulo fala da graça do Pai (2Ts 1,12; 2,16; 1Cor 1,4; 15,10; Gl 1,15; Rm 3,24; Ef 1,6; 2,4-8; 1Tm 1,14; Tt 2,11-14 etc.) ou também da graça de Cristo (2Cor 8,9; 12,9; Rm 5,15; 2Tm 2,1; Tt 3,7). Para Paulo, Deus mesmo se deu em Jesus Cristo por pura gratuidade, sem qualquer mérito do homem, e ainda quando éramos seus inimigos. Pela expressão graça ele exprime a experiência: Deus me amou primeiro; Deus me ama apesar de meu pecado, porque Ele é bom, benevolente e misericordioso. Paulo sente-se agraciado por um dom que é Deus mesmo em Jesus Cristo. Cristo é a graça e o Deus presente. Esta experiência gratificante, de sentir-se cumulado, surpreendido por algo que não esperava, ele a exprime com a palavra graça.

O pano de fundo é constituído pela experiência às portas de Damasco. Na epístola aos gálatas ele recorda: *1º quadro:* "Ouvistes a minha conduta *de outros tempos* no judaísmo, como com grande fúria eu perseguia a Igreja de Deus e a procurava exterminar e me avantajava no zelo pelo judaísmo a muitos companheiros de idade da minha nação, mostrando-me extremamente zeloso das tradições paternas" (1,13-14). *2º quadro:* "Mas quando, ao que me segregou desde o seio de minha mãe e me chamou *pela sua graça,* aprouve revelar em mim seu Filho, para anunciá-lo aos gentios..." (1,15-16). Paulo aqui sublinha um antes e um depois[24]. Nada fazia prever sua conversão ao sentir-se

---

24. Cf. SEGUNDO, J.L. *Gracia y condición humana*, p. 17-18.

agraciado pelo amor de Deus em Cristo que se lhe foi revelado. Era um judeu e fariseu convencido. Para sua conversão tudo veio de Deus como um dom, isto é, como uma graça. O amor de Deus (graça) não começou agora às portas de Damasco. Ele é eterno e "segregou" Paulo, fez dele objeto especial de amor, ainda antes de nascer. A explosiva experiência do chamamento, do amor, da conversão, da graça o fez ser um novo homem.

Graça será preferentemente, a partir de Paulo, Deus mesmo em sua infinita benevolência, totalmente gratuita (primeiro e segundo sentido), que mostra Deus e Jesus Cristo excessivos e cheios de graça (Jo 1,14: terceiro sentido), dando-se a si mesmo ao homem como dom (quarto sentido), levando o homem a sentir-se profundamente agradecido e a render graças (quinto sentido). Sendo Deus mesmo o dom (graça) ao homem significa que este será Nova Criatura, Filho adotivo, Homem novo, terá a Vida eterna, o Espírito habitará em seu coração. Tudo isso fará graciosa, encantadora, cheia de jovialidade e beleza a vida humana. Agora podemos viver na liberdade dos filhos de Deus (Rm 8,14-21; Gl 4,6), como herdeiros e donos do universo (Gl 4,1-3). Tudo isso se encontra presente em São Paulo ao usar a palavra graça, experiência determinante de sua vida.

Estimamos que as reflexões feitas acima abriram a possibilidade para identificarmos, em termos de experiência, a graça que pode ocorrer em nossa vida. Antes, porém, de tentarmos articular semelhante experiência nos vários estratos da realidade nos quais se desdobra nossa existência, gostaríamos de advertir sobre dois dados muito importantes: a lei da encarnação e a presença constante do Espírito Santo.

A encarnação define o modo como Deus quis se aproximar, amorosamente, do mundo. Não no modo da prepotência do seu poder e da majestade de sua glória, mas no modo da humilhação e da pequenez, do silêncio e do retraimento. Não desprezou o mundo que existia anteriormente ao evento histórico da encarnação; mas o assumiu, escondendo-se dentro dele e revelando-se lentamente e com todo o respeito. Esteve e está tão unido ao mundo assumido, que somente se nos dá a conhecer ao preço da aceitação prévia deste mundo. Isso leva como consequência que devemos sofrer com sua relativa ausência, pois que não o vemos face a face, senão na mediação do mundo; por outro, nos alegramos sumamente porque ao abraçarmos o mundo sabemos que estamos abraçando principalmente a Deus. Assim distante e assim próximo, retraído e presente, como silêncio e como palavra, ele nos provoca a sempre buscá-lo, pois no seu conhecimento continua um desconhecimento permanente até que caia a barreira do mundo. Enquanto não cair, a teologia será sempre um decifrar a presença do amor divino e um aprendizado de experiência em experiência. A lei da encarnação bem como as reflexões que fizemos acima sobre a reta compreensão da relação entre pessoa e graça nos dizem que a experiência da graça nunca é pura graça, é também mundo, como a experiência do mundo nunca é só mundo, é também graça. É importante reter esta afirmação fundamental para compreendermos o sentido que conferimos a todas as nossas reflexões posteriores acerca da experiência da graça no mundo científico-técnico, na situação da América Latina e na caminhada pessoal. Jamais se trata de uma epifania da graça; somente de uma dia-fania, mediante e em conexão com outras experiências. As realidades do mundo não são ilustrações da graça; são mediações, vale dizer, sacramentos da graça. Nelas e por elas nos vem a graça.

Se acentuamos a dimensão cristológica (encarnação) não devemos enfatizar menos a dimensão pneumatológica[25]. Cristo e o Espírito Santo constituem, como diziam os Padres, as duas mãos de Deus pelas quais nos alcança, nos toma, nos abraça e nos salva. Se o dado encarnatório-cristológico foi, ao largo da reflexão cristã, minuciosamente, elaborado, o mesmo não podemos dizer do pneumatológico, cuja ausência trouxe graves deformações à compreensão especialmente da graça e de tudo o que concerne à experiência da fé. Tanto a missão do Filho quanto a missão do Espírito – como veremos nos capítulos XVII e XVIII – são determinantes para compreendermos o cristianismo. O Novo Testamento bem o entendeu; por isso colocou na raiz do evento da salvação igualmente o Filho e o Espírito Santo, tanto a Páscoa quanto Pentecostes.

O Espírito Santo mais ainda do que o Filho se ocultou dentro do movimento da história e do mundo com os quais está intimamente ligado. Foi experimentado como uma Força sem nome, um Vigor imperceptível, um Vento que se sente mas é invisível. Após Pentecostes conhecemos-lhe o nome: é o Espírito de Deus e o Espírito de Cristo, é o Espírito Santo. Sua presença se manifesta na experiência de fé, de salvação e de graça dos homens. Atrás disto ele se oculta, não diminuindo as personalidades, mas despertando-as em sua liberdade, em sua fantasia criadora, em suas experiências que fazem andar o carro da

---

25. Cf. o estudo de J. Comblin com extraordinário valor programático: "A missão do Espírito Santo". *REB* 35 (1975), p. 288-325.

história ou trocam-lhe o rumo. Por isso quando falarmos de experiência de graça, poderíamos sempre dizer experiência do Espírito Santo. Tudo que é vida, processo, experiência, sabor, irrupção do novo e ainda-não-experimentado, força, desassombro, rompimento dos limites estanques, horizontes abertos, transcendência, presença secreta, discreta, mas vigorosa, tudo isso e ainda mais tem a ver com o Espírito Santo e com sua atuação no mundo.

Fazer a experiência da graça é deixar-se tomar pela presença sempre presente do Espírito que nos sobre-vem, acontece e nos encontra na medida em que nos ligarmos a Ele.

VI
A graça na experiência de nosso mundo científico e técnico

A experiência típica de nosso tempo se articula na ciência e na técnica. A função da ciência é saber; a função do saber é poder. Ciência (saber) e técnica (poder) caracterizam a epocalidade do homem de hoje, em distinção do homem histórico de outros tempos.

1. Ciência e fé como atitudes fundamentais diferentes

A ciência antes de conteúdos e de uma sistematização construída consiste fundamentalmente numa atitude fundamental. Esta atitude não deve ser entendida psicologicamente, mas ontologicamente, como um modo de ser, vale dizer, como uma visão unificadora e totalizante. A ciência como conjunto sistemático do saber é já corporificação e projeção desta atitude fundamental. Esta se caracteriza pela objetivação. Por ela o homem se afasta da natureza, se aparta de si mesmo com a intenção de se fazer objeto de saber. Pela objetivação rompe-se o acordo imediato do homem com o mundo e se inaugura um dualismo que cinde o sujeito do objeto, mediatizando-os pela linguagem[1].

---

1. Nossas reflexões sobre ciência e técnica devem muito às obras e às aulas de LADRIÈRE, J. *La science, le monde, la foi*. Casterman: [s.e.], 1972; *Vie sociale et destinée*. • Gembloux: Duculot, 1973; *L'articulation du sens. Discours*

a) Natureza do projeto científico

Função primordial da ciência é compreender e explicar, isto é, justificar tudo o que se passa em termos de necessidade, de fornecer a descrição das leis do real e de suprimir a surpresa face aos acontecimentos. A chuva, por exemplo, deixa de ser um fenômeno surpreendente, desde que se conheçam as leis que formam as nuvens e as descargas elétricas, provocando a chuva.

À ciência interessam as razões, as leis, as causas. Os fatos não são senão pontos de partida e os fenômenos pretextos. Ela não se restringe a eles. Sua intenção é captar o sistema inteligível que está para além dos fatos; estes são traços e projeções do sistema. Daí é que compreender e explicar, em ciência, é passar do plano dos fatos para o plano do sistema; é elevar-se ao ponto de vista da *theoria*. Esta exprime o *logos* científico que possui em si mesmo a sua claridade própria, orientando o homem na obscuridade sensível do mundo dos fenômenos.

Porque é unificadora e totalizante, esta atitude gera um mundo próprio que não é a soma de dados particulares, portanto posterior, mas é um estilo de existência e coexistência que permite surgirem os dados particulares e é condição de seu aparecimento. É portanto anterior, nas-

---

scientifique et parole de la foi. Paris: BSR, 1970; cf. ainda THILS, G. *La fête scientifique*: d'une praxéologie scientifique à une analyse de la décision chrétienne. Paris: BSR, 1973. • WHITEHEAD, A.N. *Ciência e mundo moderno*. Lisboa, [s.d.]. • LAKATOS, L. & MUSGRAVE, A. *Criticism and the Growth of knowledge*. Cambridge, 1970. • HABERMAS, J. *Erkenntnis und Interesse*. Frankfurt, 1968, especialmente a parte sobre a técnica e a ciência como ideologia, p. 146-148. Para a problemática de fundo a obra de ROMBACH, H. *Substanz, System, Struktur* – Die Ontologie des Funktionalismus und der philosophische Hintergrund der modernen Wissenschaf. 2 vol., Friburgo/Munique, 1966, permanece, ao nosso ver, ainda como a mais profunda e pertinente com as reflexões que desenvolvemos em nosso artigo. Importante é também o livro de ROQUEPLO, R. *L'énergie de la foi* – Science-foi-politique. Paris, 1973.

cendo da própria atitude fundamental. O aprofundamento epistemológico dos últimos tempos nos tem mostrado que a ciência surge da interação do sujeito, do objeto e da linguagem. Nela se articula o *logos* (a compreensibilidade) do mundo. Este utiliza o homem como o veículo de seu desvelamento. O *logos* do mundo desperta o *logos* do homem, a ciência se transforma em cons-ciência: o encontro de ambos numa experiência dialetizada gera a atitude científica que se concretiza na ciência como sistema de saber. Sem a ação do *logos* sobre o homem, este não desperta. Sem o despertar do homem, o *logos* não sai de seu anonimato. Por isso o homem é responsável por seu mundo e pela transparência da inteligibilidade do mundo.

Embora seja epocal em nosso tempo, a ciência tem suas origens nos meandros escuros das mitologias onde se tratava sempre de um saber sobre os princípios de todas as coisas. Ela é hoje a portadora e a explicitadora dos anelos das magias mais estranhas, no secreto desejo do homem de querer dominar pelo saber e pelo poder os mistérios da terra. A ciência não desbancou os outros mundos anteriores a ela, o mítico e o metafísico. Constitui-se em prolongamento e na superação dialética deles. Embora não mais epocais, eles continuam a manter sua vigência: são janelas pelas quais contemplamos e construímos a realidade. Nosso pensamento, em sua profundidade, continua e será sempre *sauvage et primitif* e metafísico. Qual seja o significado pleno da emergência do saber científico nos escapa, porque ele ainda está em processo de sua historização. Mas revela uma possibilidade do humano se desdobrar historicamente.

b) Natureza do projeto técnico

A técnica consiste na transformação do saber em poder modificador do mundo. É um verdadeiro projeto coletivo que possui sua marcha e suas metas. Em outras palavras, a técnica não é uma série de invenções e modificações, mas uma verdadeira empresa que possui unidade e significado próprio. A plenitude de sentido da técnica, bem como da ciência, não pode ser adequadamente detectado pelo fato de estarmos inseridos em sua implementação. O caráter potencial do mundo funda o projeto técnico. Na natureza há elementos não estabilizados que são possibilidades abertas, às quais o homem pode ter acesso e utilizá-las para o seu bem. O interesse e a utilidade formam os objetivos do projeto técnico. Estes objetivos, entretanto, provocam uma verdadeira espiral de novas necessidades e interesses, gerando uma aceleração cada vez mais desesperada das aplicações técnicas. Para onde caminhará tudo isso? É uma pergunta totalmente em aberto. A tendência da manipulação técnica é extrapolar de sua aplicação à natureza para sua utilização no ajustamento e controle dos mecanismos sociais. Os abusos que aí se anunciam assumem em alguns campos, como o da manipulação genética, aspectos verdadeiramente apocalípticos.

2. Estatuto epistemológico da ciência e estatuto epistemológico da fé

Falar em fé dentro do mundo técnico-científico é já situar-se num outro corte epistemológico, ou para usar uma expressão pascaliana, numa outra ordem do saber. Para a ciência não existe a categoria fé. Por isso ela, ao nível científico, não pode ser negada nem afirmada. Simplesmente ela não entra no horizonte de sua tematização. A fé é significativa dentro de uma outra atitude fundamental.

A fé exprime aquela atitude fundamental do homem que se sente referido a um Transcendente, a Algo de definitivamente importante e ligado a um Mistério que as religiões chamaram de Deus e o cristianismo de Jesus Cristo e Santíssima Trindade. A partir desta atitude todas as coisas do mundo começam a aparecer como revelações do Transcendente e do Mistério. Fé é acolher jovialmente a dependência de um Transcendente e interpretar as realidades do mundo como suas manifestações.

A atitude fundamental do espírito científico não se orienta a partir do Mistério, mas a partir do *logos* da racionalidade e do poder. Para ela não há nenhuma instância misteriosa que não possa ser violada pela razão e pelos processos de manipulação. À luz disso, transparece a diferença dos cortes epistemológicos entre ciência e fé.

Cada qual possui sua legítima autonomia e seu tipo próprio de inteligibilidade. O Concílio Vaticano II, superando séculos de polêmicas, podia ensinar: "Este santo Sínodo, retomando os ensinamentos do Concílio Vaticano I, declara que há 'duas ordens de conhecimento' distintas, a saber: a da fé e a da razão. Portanto a Igreja não se opõe absolutamente que as artes e disciplinas humanas usem de princípios e métodos próprios, cada uma em seu campo. Por isso, reconhecendo a justa liberdade, afirma a legítima autonomia da cultura humana e particularmente das ciências"[2].

Estas afirmações do Concílio não significam um recurso de desespero apologético que concede razão ao outro quando já se esgotaram todos os caminhos da persuasão. Representam um avanço objetivo no sentido da verdadeira colocação do problema, não mais situado ao nível dos conteúdos, mas ao nível das atitudes fundamentais.

---

2. *Constituição Pastoral Gaudium et Spes*, n. 59/395.

Eis que se anuncia um problema: que unidade existe entre as várias ordens, cada qual legítima e autônoma? É o homem condenado a viver insulado em vários continentes epistemológicos? Afinal é sempre o homem concreto que vive numa simultaneidade vital as diferentes atitudes fundamentais: o projeto científico, o projeto político, o projeto da fé etc. Pergunta-se: Cada projeto é um absoluto em si mesmo com seus modos próprios de totalização ou vigora uma interação entre eles, estando todos abertos uns aos outros? Como deve-se entender esta abertura?

Esposamos aqui a tese de que, na radicalização de cada uma das ordens, aparece o denominador comum de todas: o desembocar num não saber, num não poder, num mistério escuro que constitui a forma como aparece o Mistério de Deus ou o Deus do mistério, como fundamento ontológico e abertura permanente de todos os cortes epistemológicos do humano. Tentaremos mostrar isso na atitude fundamental da ciência. Na busca da dimensão de seus fundamentos a ciência e a técnica se defrontam com seu limite e com a emergência de uma realidade não mais científica, mas fundante da atitude científica.

3. A radicalização da ordem do saber científico como possível emergência da ordem da fé e da graça

A atitude científica realizou já largamente seu projeto inicial de saber e poder sobre a natureza: explicitou o que estava implícito, apropriou-se de seus próprios métodos, confirmou-se em suas ambições, tornou-se muito mais rigorosa e constitui-se a seus próprios olhos como uma dimensão constitutiva da própria consciência humana. Por isso a ciência pôde ser exportada para todo o mundo, porque satisfazia às exigências da consciência humana, seja ocidental, seja oriental. Ela se articulou no Ocidente, mas não é ocidental; é simplesmente humana. A ciência, entretanto, não ficou apenas saber operatório, isto é, técnica transformadora. Já a partir do século XIX, antes até, a partir de Kant, sempre esteve presente uma dupla preocupação: a cientificidade e a tecnicidade. Em outras palavras: sempre houve, particularmente no pensamento europeu, a preocupação pela dimensão dos fundamentos da ciência (cientificidade) e pela dimensão ética do poder e de seus limites (tecnicidade). Estas duas características próprias da atitude fundamental científico-técnica parecem levar a ciência e a técnica a extrapolar de sua própria dimensão. A ciência e a técnica mostram assim ter chegado, pelo menos em setores importantes de sua atividade, a uma suficiente maturidade de se preocuparem na conquista reflexiva de seus fundamentos e de seus limites e do horizonte próprio (corte epistemológico) a partir do qual operam. A ciência mesma se interroga sobre as condições de possibilidade de sua instauração, sobre as ambições que atualiza, tenta explicitar os componentes do movimento que articula. Fazendo isso, ela questiona os próprios conceitos, entra num processo de radicalização para a qual a filosofia oferecera já o primeiro modelo[3]. A ciência assumiu em si mesma a preocupação filosófica, distanciou-se de si mesma e por isso criou a possibilidade real de uma autossuperação, ao reconhecer o próprio limite e o quadro de validade de seu discurso. Nomes como Einstein, Max Born, Heisenberg, von

---

3. Cf. LADRIÈRE, J. Intégration de la recherche scientifique dans la vie chrétienne. *La science, le monde, la foi*, p. 35-53 esp. p. 37-38; também: "Les sciences humaines et le problème du fondement". *Vie sociale et destinée*, p. 198-210.

Waizsäcker, Jordan, Wittgenstein, J. Monod, apenas para citar alguns famosos, revelaram-se mestres da consciência crítica de seu próprio horizonte científico.

Primeiramente constatou-se que o fato científico é sempre feito, isto é, é projeção do modelo hermenêutico prévio: encontramos somente aquilo que anteriormente procurávamos. O modelo é sempre projeção do homem, das suas perguntas, do interesse social. Colocado o modelo, vigora objetividade, porque se estabelece uma correlação entre modelo e experiência. Mas o modelo é produzido pelo homem. Por isso a ciência, em que pese sua objetividade científica, possui sempre um ingrediente antropológico, político e social. Hoje mais do que em qualquer outra fase da história, a ciência é controlada pelo poder político. Para se fazerem grandes pesquisas – não se pode mais imaginar o cientista em seu gabinete privado – precisam-se grandes recursos que são decididos em função dos interesses políticos. É a política que condiciona a ciência, marca-lhe as tarefas e prescreve-lhe os objetivos.

Esta constatação fenomenológica vem confirmar que a ciência é uma atitude fundamental do homem, um modo de ser e de viver no mundo. Por isso não é mero instrumento. É também instrumento, mas antes de tudo é uma atitude humana que produz o instrumento. Daí dizer-se que a bomba atômica é antes de mais nada uma atitude de espírito: uma atmosfera espiritual, capaz de produzir a bomba atômica. Não é tanto a bomba atômica um perigo e um problema: o espírito capaz de produzir a bomba atômica é que é problemático. Por que o homem se dimensionou historicamente em termos de saber, distanciamento da natureza e manipulação sobre ela e sobre ele mesmo?

É porque certamente via um sentido nisso e buscava uma realização humana. Que realização humana aí se anuncia? A ciência e a técnica mostram o homem como um ser perfectível, transcendente ao mundo e capaz de interrogar o mundo e a si mesmo. Sua interrogação é universal: já atingiu o mundo, alastrou-se sobre si mesmo e tudo indica que não se satisfaz jamais. Ele é uma interrogação aberta. Donde lhe vem a resposta que o sacia e por isso realiza o sentido de sua busca? Poderá a ciência responder a isso? L. Wittgenstein, no final do seu *Tractatus logico-philosophicus*, onde submeteu ao crivo crítico o discurso científico, de uma forma até hoje insuperável, concluía: "Mesmo quando tivermos respondido a todas as possíveis interrogações científicas, perceberemos que nossos problemas vitais ainda nem sequer foram tocados" (sentença 6,52)[4]. A ciência pode ex-plicar todos os fenômenos do mundo, o mundo mesmo é mistério[5].

O próprio saber supõe o não saber; a pesquisa pressupõe a ignorância. Que é que faz o homem permanentemente saber e lançar-se na domesticação do mundo? Ele é dominado por um demônio que o atira incessantemente na conquista científica e técnica. Entretanto não pode apanhar esse demônio nas malhas de sua própria ciência, porque precisa dele para fazer ciência sobre ele. A ciência nunca consegue abarcar o próprio fundamento. Constrói sobre ele, mas não sabe o que ele é. Quando tenta saber e apreendê-lo numa fórmula, já o supõe no esforço mesmo de querer apanhá-lo numa fórmula. Ela sempre vem depois. Daí poder dizer-se que a ciência tem como fundamento um não saber, um mistério que é a-racional. Ela busca a racionalidade absoluta, as razões explicativas de tudo, mas

---

4. WITTGENSTEIN, L. *Schriften* I. Frankfurt a.M., 1969, p. 82.

5. Id., p. 84.

não consegue racionalizar o fundamento. A própria razão, fundamento próximo da ciência, é a-racional. Quer dizer: as razões começam com a razão; ela mesma é sem razão; não há nenhum motivo de razão que exija a existência da razão. Ela é absolutamente gratuita. Está aí, como um fato bruto, fundando racionalidade sobre uma base a-racional. Existe pois o a-racional. Isto é visualizado como limite pela própria ciência. Ela se confronta com o Mistério. O Mistério aqui não é o resíduo daquilo que não pôde ser conhecido, mas aquilo que antecede a todo o conhecimento e permanece mesmo depois de se processar o conhecimento. É o fundamento que possibilita o saber e a ciência.

A mesma experiência emerge a partir da experiência da técnica como geradora de poder e de transformação do mundo e do homem. Quais são seus limites? De repente o projeto técnico foi se articulando e expandindo de tal maneira que o homem se deu conta do perigo terrível e destruidor que ele significa. O poder destruidor está passando de uma pequena elite que decidia e podia ser ainda controlada para mãos cada vez mais numerosas. As armas físicas, químicas, bacteriológicas podem pôr em perigo o planeta; o desfrute das riquezas naturais chegou a um ponto em que se pode calcular seu esgotamento; o desequilíbrio ecológico e a ruptura do homem com a natureza chegam a um ponto de trazer malefícios para populações inteiras. Surge o problema de limitar e controlar o poder da técnica. Com que critérios?[6] A técnica é tanto mais perfeita e excelente quanto mais atingir seu fim que é poder. Se lograr uma arma absoluta que dispense todas as demais, por destruir tudo, isso é considerado um sucesso científico-técnico. Quem poderá limitar o

---

6. Cf. LIMA VAZ, H. de. "O ethos da atividade científica". *REB* 34 (1974), p. 45-73.

poder? Não podem ser critérios científico-técnicos porque esses se orientam por uma eficácia cada vez mais coerente. Aí a própria atitude fundamental científica se sente convocada a opções inspiradas de outra atitude fundamental, de um humanismo ou de uma fé. Sente o seu próprio limite e deve acolher outra posição diferente da dela. Pode emergir então, na radicalização, do projeto científico-técnico a dimensão em que se torna significativo falar em graça e não mais em ciência e poder e que pode ser até um auxílio e corretivo para a própria ciência. Surge então não mais a explicação mas a busca de um sentido.

A ciência tem a ver com o *como* deste mundo; como ele surgiu; como se manifestam os fenômenos, como são suas leis estruturantes. Mas não tem a ver com o fato de que o mundo existe. Supõe já o mundo existente. A existência do mundo não tem nenhuma explicação científica. Não há nenhuma razão que exija a existência do mundo. Ele está aí como um dado gratuito também para a ciência. Posso estudar a rosa *como* ela floresce as suas cores, *como* são as suas estruturas interiores. Entretanto a flor floresce sem porquê, floresce por florescer, não cuida que a olhem (A. Silesius). Posso estudar e pesquisar exaustivamente a seringueira, ver como se forma a seringa, que utilização técnica posso lograr. Mas suponho sempre a existência dela. Não há razão para que ela exista. Ela é gratuidade da criação.

Para a ciência mesma, o mundo é mistério e a existência das coisas que pesquisa uma graça, suposta, não refletida, nem tematizada. Mas a ciência, que se tornou consciência e reflete, reflexamente, sobre o que ela faz, elabora e busca conquistar seus próprios fundamentos, topa com aquilo que graça significa e que se traduz no horizonte da ordem da fé.

Não é a teologia que faz semelhante radicalização científica. A própria ciência se radicalizou a si mesma e se deu conta de seu limite. Pode então compreender a emergência de uma outra ordem onde se tematiza aquilo que se vislumbrou no corte científico-técnico, isto é, a graça e a fé. Na radicalização, pois, do horizonte, no ponto em que ele se autossupera, se dá a possibilidade de uma comunhão e de um discurso significativo que fale de Deus no mundo, de sua graça, do pecado e da perdição, numa palavra, da fé.

4. A ordem da graça: a ciência e a técnica como graça e des-graça

A ordem da fé tematiza exatamente aquilo que emergiu no limite do corte científico: o mistério e o sem nome que se anuncia como fundamento de todas as coisas. Para a fé, Deus é o vigor instaurante da ciência e da técnica e de todas as coisas do mundo. Ele não é um fenômeno e um ente como todos que são encontrados na experiência humana. Se assim fora, ele seria parte do mundo, daí fenômeno. Seria analisável, descritível e seria o conteúdo do discurso científico. Ele não existe como as coisas existem. Ele é o fundamento da existência. Seu modo de ser é o do mistério. O modo de ser do mistério é ser indizível, inatingível pelo discurso, sempre transcendente, sempre presente, sempre fundamento também do esforço de tematizar o fundamento e da tentativa de dizê-lo. Deus aparece assim como Absoluto, não fora e acima do mundo, mas na raiz mesma do mundo. O mundo é manifestação de Deus. Deus está presente nele, mas não entra nele como se fosse uma parte do mundo. Algo semelhante ocorre com o homem e isso seja dito para explicar o que significa que Deus não entra no mundo como parte ou porção e que o mundo é manifestação de Deus: o homem pode produzir um livro, uma estátua, um discurso. Todas estas coisas não são o homem. São manifestações dele. Ele não entra. Conserva sua permanente transcendência. As coisas vêm dele, elas o revelam, vivem a partir do vigor do homem, mas não são o homem. Algo semelhante ocorre com Deus: gera tudo, está presente como fundamento de todas as coisas; mas Ele mesmo permanece sempre transcendente.

O mundo como totalidade, os fenômenos que ocorrem nele, são revelações e manifestações de Deus. São pura gratuidade do Mistério que assim se projeta na história. A ordem da fé vê tudo a partir de Deus. Daí é que todas as coisas são fundamentalmente sacramentos de Deus, sinais e imagens do Mistério. Para a ordem da fé, o mundo, antes que coisa, é símbolo. Sua realidade mais fundamental é ser sinal revelador de Deus. Ele é ponte para Deus. Num ágrafo, diz Jesus Cristo: o mundo é ponte. Passe por ele. Não more nele. O mundo é passagem para Deus. Aqui, em Deus, o homem pode morar, porque nele encontra sua identidade.

À luz da ordem da fé, de repente, tudo é graça. Esta expressão, usada por Bernanos e tirada de Santa Teresinha do Menino Jesus, deve ser bem interpretada: não se diz que na dimensão histórica tudo é graça. Nesta dimensão há também desgraça. Mas, na consideração do fundamento ontológico, tudo é graça porque tudo vem sustentado e gerado pelo Mistério: tanto o bem quanto o mal, tanto a graça quanto a desgraça. Se há um só fundamento e um só Absoluto, então tudo o que existe, também o inferno e a desgraça, vem sustentado por ele. Isso não significa que o Mistério é responsável por tudo: pensar assim seria pensar o Mistério como uma causa segunda, seria representar o fundamento como uma coisa no mundo que produz o mal. O fundamento, Deus, não produz o mal, mas dá o vigor para que o mau faça o seu mal. O mal é do homem, mas o *poder* da liberdade de fazer o mal não é do homem; é dado por Deus.

Neste sentido ontológico onde tudo é considerado a partir de Deus onipotente, ao qual nada escapa, nem o inferno, pode-se entender a frase: tudo é graça. Errado, entretanto, seria, se entendêssemos a frase num sentido histórico: tanto faz graça ou des-graça, tudo é graça. Como se Deus fosse autor da graça e da des-graça, num sentido epifânico e intramundano. Deus não aparece intramundanamente: Ele é sempre transcendente e fundamento e não fenômeno. A expressão tudo é graça, quando não bem compreendida, pode levar a uma legitimação de todas as calamidades históricas. Por isso convém advertir: porque Deus é o fundamento tanto da graça quanto da des-graça, é possível ao homem fazer da des-graça motivo de ascender a Deus. Nenhuma des-graça é de tal maneira des-graça, absolutamente des-graça, que não contenha um apelo ao fundamento que é Deus. Se fora absoluta des-graça então seria autofundante. Seria um Absoluto. Ela é só relativamente des-graça. É des-graça da criatura e não de Deus. A criatura, por pior que seja, nunca consegue independentizar-se de Deus, nunca logra romper o laço ontológico com o Criador. Daí ser a própria des-graça, para quem puder consegui-lo, também um motivo de experimentar a graça de Deus. A des-graça não é geradora de graça. É motivo para o homem ver, na profundidade da des-graça, o suporte transcendente que a possibilita: Deus. É certamente a partir desta consideração que o NT e Jesus Cristo ensinam o amor ao inimigo. Isso não é mero mandamento voluntarístico. Há nele, implícito, um motivo de ordem ontológica: por pior que seja o inimigo, ele não consegue ofuscar o brilho de Deus e afogar Sua misteriosa presença. Por isso ele é sempre amável e adorável. Por isso é que também Deus ama os ingratos e maus (Lc 6,35), porque se ama a si mesmo, refletido nos ingratos e maus. O mau nunca deixa de ser motivo de experimentar Deus. A des-graça, por mais aviltante que seja, nunca deixa de ser também, apesar de ser des-graça, uma convocação para a experiência da graça. Isso não funda nenhum motivo para mantermos a des-graça ou deixá-la reinar no mundo. Devemos combatê-la e tentar superá-la com todas as forças. Mas, não obstante isso, ela confirma a supremacia da graça porque não consegue limitar a graça ou absorvê-la totalmente no horizonte da des-graça.

Concluindo repetimos: à luz do último fundamento, Deus, tudo é graça porque tudo é remetido a Deus; tudo é sustentado por ele; tudo encontra nele o apoio ontológico.

5. Como aparece a graça e a des-graça historicamente na ciência e técnica?

A consideração ontológica é importante para conservarmos o caráter absoluto de Deus que não tem concorrentes e cuja graça é sempre vitoriosa, mesmo no mal. Graça não é um conteúdo, algo ao lado de outra coisa, conteúdo definível e detectável no mundo. Caso assim fora, graça seria uma determinação fenomenológica e cairia sob a ótica da ciência. Como dizíamos anteriormente, graça é a presença e atuação de Deus no mundo; é Deus enquanto comunicação à criatura, enquanto é esplendor no mundo e beleza

110

no cosmos. Como aparece? Vimos que ele aparece sempre como fundamento. O fundamento surge na radicalização de qualquer articulação, no caso vertente de nossa análise, na radicalização da ordem da ciência e da técnica. Entretanto, o fundamento não é algo estático, algo que se oculta e vive no recolhimento. Ele se historiza e aparece na ciência e na técnica como *modo* de se fazer ciência e de se processar a técnica. Graça não é outra coisa ao lado das coisas do mundo. É um modo divino das coisas do mundo. Como aparece o modo divino, gracioso, benevolente das coisas do mundo? Perguntar por isso é perguntar pelas concreções da graça ou pelas mediações da presença de Deus na criação. Como e de que modo aparece a presença de Deus no mundo?

O modo divino e gracioso não é mecânico nem epifânico. Ele se dá como oferecimento à liberdade humana. Não é imposição de um poder, mas é o diálogo de um amor. Aparece daí em termos de história e de encontro, de um re-conhecimento e de uma aceitação. Não esmaga o homem, mas o con-voca a se exprimir; a pro-posta divina apela para uma res-posta. Esse encontro é que é o brilho de Deus no mundo e a graça se manifestando em todas as coisas.

Se o homem se negar ao encontro, a graça não se historiza. Ela só se dá como fundamento, até da possibilidade do rechaço. A graça, portanto, sempre está presente, mas uma vez recalcada como fundamento recolhido, outra vez como aceita, explicitada, acolhida na vida humana. A aceitação gera um tipo de vida que podemos chamar graciosa e bela; a rejeição gera um tipo de vida autossuficiente, cheia de orgulho e de *hybris*, falsa, violenta e dominadora. É a manifestação da des-graça. A outra é a visibilização e sacramentalização da graça no mundo.

Como aparece a graça em termos de ciência e de técnica? Como se historiza a des-graça? Vejamos primeiro a manifestação da des-graça na ciência e na técnica.

a) Des-graça como *hybris* e autossuficiência

A des-graça na atitude científica aparece quando a ciência se apresenta como o único continente epistemológico e a única ordem verdadeiramente humana, verdadeiramente justificada e fecunda, não como uma ao lado de outras, mas como a única razoável e possível hoje em dia. O sentido que ela projeta no mundo seria o único possível: o saber cada vez mais completo e satisfeito. Reduz tudo a um sentido unívoco; nivela todas as demais diferenças, violenta todas as demais ordens de experimentar, possíveis na vida humana. Apresenta-se como uma empresa totalitária, como a única realizadora de sentido: ou subjuga todos a ela, ou descarta-os como anacrônicos e peso morto na história dos homens.

Esse perigo é imanente ao *logos* científico que intenciona a máxima racionabilidade e inteligibilidade. O *logos* científico, por sua natureza própria, prescinde de qualquer referência a um Transcendente ou a uma destinação superior. Analisa e quer entender tudo o que se lhe apresenta. Há, portanto, uma permanente possibilidade de fechamento sobre si mesmo. Quando isso acontece surge o cientista cheio de autossuficiência, carregado de soberba, insolente, que não conhece limites, recusando-se a reconhecer outros modos de ser e de viver, fazendo do próprio homem a medida de todas as coisas, afirmando incondicionalmente a si mesmo, até a magnificação divina do humano. O método científico objetivamente nada mais respeita: destrói os equilíbrios da vida e submete tudo ao seu poder de analisar e manipular. O modelo científico fechado em si mesmo cria uma caricatura do Reino de Deus. A graça está presente apenas como fundamento que até essa atitude permite, mas vive totalmente recalcada, não se historiza, não gera encontro, beleza, suavidade, graciosidade. Violência, tédio do homogêneo e do igual, insolência da imposição do homem são manifestações da ausência da graça.

As consequências são mais des-graçadas no nível técnico: a des-graça se manifesta no acúmulo do saber e do poder técnico na mão de poucas nações que se impõem sobre outras, mantendo-as submissas ou dependentes; homens que detêm o saber e o poder tecnológico para desfrutar abusivamente em detrimento de outros que são explorados e marginalizados; a des-graça aparece na forma de empobrecimento de continentes inteiros aos quais é tirado o acesso à liberdade, à saúde, aos benesses do progresso, para que um pequeno grupo possa desfrutar maximamente e engordar mais à semelhança de animais selvagens. A destruição da ecologia, a utilização das descobertas mais avançadas para fins militares de aniquilação; a manipulação do homem, considerado um objeto entre outros da natureza, manipulável e condicionável como um animal, roubando-lhe a dimensão espiritual e ética; a utilização dos meios de comunicação de massa como o rádio, a TV, os meios de transporte para manter o homem escravo de um esquema de valores de pura produção e consumo, esquema introjetado subliminarmente no inconsciente humano para de dentro fazer o homem pensar e agir conforme os valores da elite de poder exploradora e insensata: estas e tantas outras são formas como aparece a des-graça encarnada num modo de organização e utilização do mundo técnico.

Esta utilização desumanizadora supõe uma atitude espiritual do homem fechado a qualquer referência mais digna e superior que já não se pergunta mais por que produzir tanto. Em vista de que tanto poder? O poder manipulador se basta a si mesmo, gera mais poder nas mãos de cada vez menos grupos de pessoas ou nações que se tornam cada vez mais violentos na medida em que sentem a fragilidade do próprio poder. Surge então uma situação espiritual como nos tempos mais antigos dos heróis e poetas sem nome; surgem então homens sem nome, sem rosto, sociedades anônimas de técnicos, de físicos, de economistas, de homens do átomo, de psicanalistas, de matemáticos, de estatísticos, de estrategistas, fantasmas sem voz num mundo feito deserto, onde o sentido sumiu e os deuses, no dizer de Hölderlin, desapareceram sem deixar sequer um rastro, mundo de ilusão e de uma homogeneidade universal tediosa e morta. Estas manifestações são o desvelamento da des-graça. A des-graça não é algo ao lado da técnica e da ciência: é a ciência e a técnica enquanto se fazem autofundantes, se fecham sobre si mesmas e se constituem princípio único totalizante da experiência e por isso instrumentos de uma ambição desmesurada de poder. Dentro de semelhante sintetização violenta, o homem se faz cego a qualquer outro apelo que não seja científico-técnico. É homem de uma dimensão só. Assim ele se perde como homem e como abertura. Antecipa aquilo que na ordem da fé se chama absoluta frustração e inferno.

b) Graça como poesia, liberdade, libertação e respeito

A ciência aparece como graça a partir do momento em que ela supera seu próprio círculo fechado do *logos* da objetividade e se sente permanentemente remetida ao Mistério. Ela então não é orgulho autossuficiente, mas humilde aceitação de si mesma dentro do horizonte mais vasto do Fundamento que a possibilita e a instaura que é Deus.

A ciência, dentro de semelhante atitude, que é a *atitude* da fé, se entende como uma possibilidade e uma ordem, ao lado de outras, ordem de saber e de poder que permite ao homem se apoderar do mundo, desvelar o *logos* da natureza e tornar-se realmente senhor livre e responsável do mundo. Na perspectiva da ordem da fé, a ciência é o meio pelo qual o homem revela o *logos* escondido do mundo; o homem torna-se como que uma espécie de demiurgo pelo qual vem à tona a estrutura de inteligibilidade do mundo. O mundo é aperfeiçoado e completo pela atividade do homem. Esse vir a ser do mundo através do homem faz com que ele participe do homem e pelo homem seja elevado à esfera do Divino. O desvelamento científico do mundo é obra da graça que passa pelo trabalho do homem; sem ele as virtualidades originárias do mundo jamais chegariam por si sós a se explicitar e a se historizar. A ciência é perfeição do mundo: é graça que redime e eleva e manifesta concretamente o desígnio, a sabedoria e o amor de Deus. A ciência, como empresa coletiva, é assim desveladora da verdade do mundo, mesmo que ela venha exercida por homens que tenham outras intenções ou desconheçam totalmente esta dimensão da ciência. Ela segue seu caminho de perfeição que é graça: só à fé é dado ver e admirar o sentido da obra que vai se moldando pela ordem da ciência.

Não é irrelevante à ciência a busca e a conscientização de seu fundamento último; na aceitação de seu limite, do Mistério, da gratuidade do mundo e da própria razão, se articula um outro modo de ser da ciência e do cientista: ele não é mais tomado pelo demoníaco da soberba e pelo poder tenebroso e onipotente da técnica. Ele é livre: sabe que a ciência é um dos modos de o homem se acercar e criar realidade. Conscientiza-se da tentação que ela significa para o homem em termos de autossuficiência, de objetivação, de espírito agressivo que ela contém. Pode distanciar-se do perigo que habita em todo *logos*. Graça significa poder escapar do mal que habita como possibilidade dentro do estatuto epistemológico da ciência. Graça é superar a tentação de autofechamento. Graça não é só libertação dos perigos imanentes. É também gozo da liberdade científica que confere à ciência um frescor próprio e uma transparência nativa. A graça faz com que a ciência conserve sua destinação própria, como revelação da racionalidade do real; procederá sua investigação com respeito, como quem recebe um presente; haverá um estilo próprio de pesquisar, de fazer opções, de formular e atacar um problema que humaniza o homem e o mundo e não apenas os instrumentaliza em vista de um poder interessado[7]. Uma ciência fiel às suas próprias exigências, não totalitária, mas respeitosa de outras atitudes face ao real, gera não apenas o cientista, mas também o sábio. Este está na ciência, mas saboreia nela a desvelação do Mistério escondido do mundo. Mistério que ele não cria, mas do qual se sente como o polo articulador e revelador. O homem se sente então o órgão que Deus usa para manifestar sua presença no mundo como ordem, racionalidade, virtualidades latentes etc. Aqui há o lugar para a poesia que é a dimensão contemplativa do homem

---

7. Cf. as reflexões muito pertinentes de LADRIÈRE, J. "Fonction propre de la grâce à l'égard de la science". *La science, le monde, la foi*, p. 45-53.

face ao mundo. O mundo fica mundo; a ciência fica ciência, mas numa dimensão mais profunda tanto o mundo quanto a ciência são figurativas de outra realidade que brilha neles: o amor de Deus, sua bondade, sua racionalidade, sua ordem, enfim, numa palavra, sua presença no mundo que se chama graça.

A técnica, instrumentalização da ciência, é por sua vez também uma forma como pode aparecer a graça no mundo. Não esquecendo os perigos que ela contém, e que foram tematizados acima, ela significa um poder imenso de criação de mais justiça, de libertação do homem das injunções pelas quais o mundo o detinha preso, doente, faminto, ameaçado pelas forças naturais. A técnica pode criar a realidade de um mundo mais habitável, fraterno, justo, livre, sadio. São formas como se encarna o amor de Deus e sua amabilidade para com os homens. A técnica é instrumento deste amor dos homens e de Deus.

A técnica cria também as raízes de um novo humanismo: ela permite transformar o mundo circunstante e estabelecer um outro tipo de relacionamento do homem para com a natureza. Isso não é algo meramente exterior. Determina também o homem. Conscientizando o poder da técnica como um poder dado e suportado por Deus, o homem pode modificar a face da terra, de maneira racional, coerente e humana, segundo as leis que ele descobre. A técnica pode aparecer em seu aspecto humanizador, como instrumento gerador de bondade e relacionamento entre os homens e, pelas transformações que opera, pode criar uma imagem do que seja a antecipação do Reino de Deus. Tudo isso ela pode atualizar e assim corporificar o que seja graça no mundo.

6. A graça não vinga sobre a ruína do mundo e do homem

Concluindo, voltamos a ressaltar: graça em si não pode ser dita, nem existe, como outras realidades existem. Sendo Deus-mesmo-no-mundo, ela possui o modo de ser de Deus. Deus somente é real se emergir como o Sentido radical deste mundo, como seu fundamento, seu futuro totalmente em aberto e provocador. Semelhantemente a graça: ela emerge no mundo, podemos visualizá-la e pronunciá-la enquanto ela se anuncia como bondade, beleza, gratuidade, transparência, retidão de todas as coisas. Essa retidão, beleza e transparência de todas as coisas possui um valor em si; pode ser detectado e saboreado, tanto mais quanto seu contrário não é apenas possível, mas também se historiza no mundo. Entretanto a beleza concreta, a transparência das coisas e a nascividade de ordem, quando contempladas à luz da ordem da fé e de Deus, transformam-se em figurações e manifestações da graça de Deus ou de Deus mesmo quando se autocomunica no mundo. A graça não vinga sobre a ruína do mundo e do homem. Ela supõe o humano e o histórico. Como dizia um clássico adágio escolástico: *gratia suponit naturam*: a graça supõe a natureza[8]. A natureza em sua reta ordem, quando vista em profundidade, no horizonte da fé, aparece como gratuidade, como manifestação daquilo que Deus significa originariamente no mundo, isto é, aparece como graça.

A graça, portanto, não é uma coisa, mas é um modo de ser de todas as coisas, vendo-as a partir do último funda-

---

8. RATZINGER, J. "Gratia suponit naturam". *Dogma und Verkündigung*. Munique/Friburgo: [s.e.], 1973, p. 161-182.

mento, *sub specie Dei*: então elas, além de sua naturalidade criacional, revelam Deus mesmo presente e comunicado à criação. A naturalidade das coisas entra no horizonte científico-técnico; a graça desta naturalidade, no horizonte próprio da fé.

Só quem vive e opera a partir desta atitude fundamental da fé e da graça pode ver graça no mundo, e também sua ausência na forma de des-graça. Vê então que a assim chamada humanização da ciência, geração de poder técnico revelador do *logos* do mundo e senhorio responsável do mundo sobre a natureza não são apenas dados naturais, são, em sua raiz mais profunda, manifestações de Deus mesmo aparecendo e operando no mundo. Opera usando mediações humanas e os artefatos científico-técnicos que o homem produz, não aniquilando o homem, mas exaltando-o e fazendo-o participar de seu bem, de sua beleza, de sua dignidade e amor para com todas as coisas. Na medida em que o homem conscientiza esta dimensão, e se insere praxisticamente nela, nesta mesma medida ele vive na graça e da graça. Vivendo na graça e da graça, o homem eleva e santifica a própria atividade científica e técnica e faz com que elas encontrem e se mantenham em sua destinação autêntica como contribuições para preparar o mundo à sua transfiguração no Reino.

VII
A experiência da graça na realidade latino-americana: desafios

As ponderações feitas sobre a experiência da graça no mundo científico-técnico encontram uma encarnação típica na realidade latino-americana, conferindo uma forma própria à manifestação da graça e da des-graça nesta parte do mundo. A ciência e a técnica, como experiência originária de nosso tempo e modo de ser epocal do homem moderno, inserem-se dentro de um horizonte concreto que caracteriza a América Latina. É o horizonte da dependência, da dominação e da periferia dos grandes centros. A ciência e a técnica, no seu exercício concreto, são instrumentos poderosos pelos quais o Império e o Centro mantêm seu regime de satelização do continente sul-americano. Sem a tomada de consciência deste fator de dependência e de dominação, que sobre-determina os principais fatores do subdesenvolvimento, corremos o risco de ser vítimas de uma falsa consciência e de nos tornar incapazes de detectar, à luz da fé e da profecia, as verdadeiras manifestações daquilo que é graça ou daquilo que significa des-graça ou até de confundi-las totalmente.

1. A importância do lugar a partir donde se reflete

Mais do que em outras abordagens, nesta se mostra, de modo todo particular, a importância do lugar a partir donde se elabora a reflexão teológica. O lugar hermenêutico não se situa dentro do sistema imperante, mas na sua periferia. A reflexão se faz a partir de um lugar considerado rebelde e criticizador; não aceita o tipo de sociedade implantada e a forma de regime vigente. Isso não por uma tomada de posição prévia, mas como resultado de uma análise a mais pertinente possível da realidade. A reflexão teológica não parte somente de si mesma, desdobrando suas fontes clássicas, quais sejam a Bíblia, a Tradição, o Magistério Eclesiástico e a razão teológica. Arranca também da realidade cultural na qual está inserida, lida e interpelada à luz da fé cristã. A teologia é neste sentido sempre ato segundo. Recebe um certo tipo de leitura da realidade. Acolhe criticamente esta interpretação por lhe parecer mais pertinente com a própria realidade e com a fé do que outras interpretações vindas dos grupos comprometidos com a sustentação do sistema estabelecido. Sobre esta leitura socioanalítica opera sua reflexão teológica, detectando aí manifestações de graça ou de des-graça. A leitura teológica que fazemos vem, portanto, mediatizada por uma leitura cultural elaborada especialmente no âmbito da sociologia, economia, politologia rebeldes.

O fenômeno do subdesenvolvimento de todo o continente latino-americano tem desafiado os melhores analistas no sentido de detectar-lhe seu verdadeiro mecanismo gerador, a lógica de seu funcionamento e as suas possíveis saídas. Acolhemos neste ensaio a leitura feita pela assim chamada teoria da dependência[1]. Ela é uma teoria e não uma verdade conquistada e por isso uma etapa da pesquisa. Possui seus limites internos: diagnostica bem a estrutura do subdesenvolvimento, mas não logra adequadamente mostrar como se possa sair dele por caminhos viáveis. O que nos interessa fundamentalmente para nossas considerações é a explicação que esta teoria dá sobre o subdesenvolvimento. Este vem definido como um processo social global e dialético, consequência do desenvolvimento do capitalismo industrial cujo mecanismo básico consiste – para engendrar e sustentar seu progresso científico-técnico e o seu crescente bem-estar – em criar um centro ou uma metrópole e uma periferia ou sucursal onde se instaura a dependência, o estancamento econômico, os desequilíbrios sociais e as tensões políticas sem saídas autônomas. Desenvolvimento e subdesenvolvimento são duas faces da mesma medalha. Ocorrem sempre juntos e há uma estreita inter-relação entre eles. O subdesenvolvimento não é, fundamentalmente, um problema de atraso técnico, e por isso uma fase anterior ao desenvolvimento; é um problema político e por isso uma consequência do desenvolvimento dentro do sistema capitalista. As economias não são independentes. As metrópoles dos países mais avançados absorveram as

---

1. A bibliografia no assunto é imensa, donde sobressai a colaboração dada pelo pensamento brasileiro com os nomes como Fernando Henrique Cardoso, Gunder Frank, Floristán Fernandez, Celso Furtado, Hélio Jaguaribe, e outros; cf. uma boa orientação, ARROYO, G. "Pensamiento latino-americano sobre el subdesarrollo y dependencia externa". • Id. "Consideraciones sobre el subdesarrollo de América Latina". *Fe cristiana y cambio social en América Latina*. Salamanca: Sígueme, 1973, p. 305-322; p. 323-334. • COMBLIN, J. *Théologie de la pratique révolutionnaire*. Paris: E. Universitaires, 1974, p. 118-127. • PROBLETE, R. "La teoria de la dependencia: análisis crítico". *Liberación*: diálogos en el CELAM. Bogotá 1974, p. 201-220.

economias dos países dependentes em termos de ciência e técnica. Estabeleceu-se destarte um centro e uma periferia com um sistema de troca desigual e gerador de desequilíbrios: a periferia fornece matérias-primas baratas e o centro lhe fornece a ciência e técnica avançadas. O desenvolvimento não tende a fazer sair do subdesenvolvimento, mas de manter a relação de dependência. Pode ocorrer um grande desenvolvimento dentro do regime de subdesenvolvimento, mantendo-se sempre a estrutura de dependência. O império mantém países satélites, internando dentro deles o modo de produção e de consumo e o etos cultural que organiza todas as manifestações da vida, impedindo assim os países de encontrarem seu próprio caminho de autonomia através de um projeto nacional autossustentado. A dependência mostra sua face de dominação.

Semelhante tipo de interpretação da realidade latino-americana envolve consequências teológicas profundas: denuncia o modelo de convivência imperante como opressor e manifestador de pecado e de injustiça ao nível mundial. Anuncia a urgência do rompimento dos laços da dependência opressora, prega a libertação e tende a favorecer aquelas forças que se articulam para sacudir estas servidões[2]. Embora as saídas viáveis se tornem problemáticas e estrategicamente não possam sonhar com o rompimento dos laços de dependência, propõe entretanto a libertação como um ideal e uma meta a ser alcançada dentro de um longo e penoso processo histórico.

Um outro tipo de leitura teológica calcada sobre a defesa ou a exaltação da sociedade vigente poderia ver como graça

---

2. Cf. GUTIÉRREZ, G. "Teologia da libertação". Petrópolis: Vozes, 1975. •
BOFF, L. "Teologia da libertação". *Grande Sinal* 1964, p. 10, artigos sobre o assunto.

aquilo que nós denunciaremos como des-graça e a convocar para uma adesão onde nós aconselharíamos uma distância crítica. Daí não ser irrelevante o lugar hermenêutico a partir donde se vê e se interpreta a realidade na qual vivemos. Não há uma terceira posição. Ou a teologia pensa criticamente a realidade e é libertadora ou ela deixa de ser teologia para se enfileirar às forças ideológicas sustentadoras do *status quo*, tido equivocamente como mais justo e mais equitativo.

Com semelhante declaração de posição, a teologia reconhece seu lugar no mundo, dilacerado por conflitos; toma partido; não se enclausura numa instância pretensamente neutra ou transcendente. Na realidade esta pretensão revela sua verdadeira posição em favor das forças estabelecidas e do lado da ordem que privilegia uma pequena porção da população enquanto marginaliza a maior parte[3].

Esclarecida nossa postura hermenêutica, delinearemos, na brevidade coagida de um capítulo, os traços que deixam transparecer a graça ou a des-graça na nossa realidade latino-americana.

2. Realidade Latino-Americana como realidade-reflexo e dependente

O signo sob o qual vive a América Latina, antes mesmo de seu descobrimento, é o da dependência de sucessivos centros hegemônicos. Em 1494 pelo tratado de Tordesilhas, o Papa Alexandre VI entregou-nos, antes mesmo de existirmos para a consciência europeia, a Portugal e à

---

3. ASSMANN, H. "La dimensión política de la fe como praxis de liberación histórica del hombre". *Teologia desde la praxis de la liberación*. Salamanca: Sígueme, 1973, p. 15-26.

Espanha, os grandes Impérios dos séculos XV e XVI. A atmosfera cultural que aqui se impôs, com a destruição dos povos-testemunhos (astecas, maias, incas e indígenas), não constitui uma realidade-fonte, mas uma realidade-reflexo. O sistema produtivo, a divisão do trabalho, as formas de convivência social e política, a religião e os costumes, numa palavra, o etos cultural que tudo isso engloba, não nasceram aqui. Foram implantados a partir das metrópoles imperialistas. Fizeram-nos assim chegar atrasados em tudo[4].

Exportaram-se para cá, na universalização da atitude científico-técnica inexorável, os ideais do progresso quantitativo, da produção e do consumo em massa, da apropriação privada dos bens da natureza e de produção. Isso gerou uma mentalidade progressista em termos de desfrute do mundo, da aceleração da história e de uma corrida desenfreada para desfazer, sem significativo sucesso, a distância que separa os países opulentos dos países pobres, os desenvolvidos e os mantidos subdesenvolvidos. Todo o continente se sente na periferia do mundo técnico, cultural e também religioso.

A independência política conquistada no século XIX apenas representou uma etapa parcial do processo longo da verdadeira libertação. Em quase todos os países representou a internação do sistema de dependência das antigas metrópoles, até de forma mais aperfeiçoada porque se servia dos próprios governos nacionais para manter a estrutura de dominação. Não se logrou a soberania da nação pela autodeterminação do povo. Este foi e é ainda manipulado pelas elites e oligarquias nacionais conjugadas com as elites imperiais.

---

4. Cf. COBIAN, R.A. "Factores económicos y fuerzas políticas en el proceso de liberación". *Fe cristiana y cambio social en América Latina*, p. 33-64.

A situação atual de dependência é prolongamento histórico da dependência imposta pelo imperialismo expansionista ocidental do século XVI que encontrou sua forma mais acabada no moderno capitalismo industrial. Esse processo configurou e totalizou as manifestações da vida no subcontinente pelas decisões tomadas nas metrópoles: como devemos pensar, o que devemos aprender, o que temos que produzir, como devemos produzir, sob que regime social de relações de produção, como deve ser a divisão internacional do trabalho na periferia e no centro. Esta infraestrutura condicionou as ideologias e as formas de cultura que se entrosavam com a empresa de dominação, legitimando-a e convencendo o povo de que a única forma de concretizar o desenvolvimento econômico e social é ainda mediante a aliança e submissão aos centros hegemônicos do imperialismo.

O sistema imperante de dependência constitui um processo global. Por razões de clareza destacamos três eixos fundamentais onde se densifica o sistema de dependência. Consideramos acadêmica e, no fundo, inócua a discussão de qual dos eixos é o primado, se do econômico, se do cultural ou do político. Vigora entre eles uma relação dialética. A saída não reside, assim nos parece, numa transformação de uma das prioridades. Mas na criação de bases populares com uma nova consciência, capaz de elaborar um projeto alternativo e implementá-lo através de uma nova práxis libertadora.

a) A dependência no sistema econômico e na divisão do trabalho

A dependência econômica não pode ser pensada senão em termos estruturais, vale dizer, na configuração da estrutura de produção. Esta foi sendo gestada historicamente, desde a descoberta. Primeiramente com a derrota militar dos povos-testemunho o eixo se orientava para o saque brutal das riquezas da colônia, levadas para as metrópoles ibéricas. Estas serviam de intermediárias de outras metrópoles como Inglaterra e Países-Baixos, onde exatamente nasceu o capitalismo industrial. Em seguida, se configurou a fase do pacto neocolonial do crescimento para fora: a metrópole determina o que produzir para ser exportado e consumido pelo centro. Depois se passa à consolidação do mercado interno pela internação de capitais e dos bens de produção que substituem as importações, mas estreita o regime de dependência com a coligação das oligarquias nacionais com as cêntricas, controlando o Estado. Por fim a fase atual se caracteriza, na feliz expressão de Darcy Ribeiro, pela industrialização recolonizadora ou pela internacionalização do mercado. Por esta, grandes conglomerados transnacionais, cujos centros de decisão se situam nos países imperiais, determinam, na esfera da estrutura de produção, o que se deve produzir, quem vai produzir, com que técnicas e para que país deverão ser exportados os produtos. Os países metropolitanos determinam para si e para os satélites que necessidades num determinado momento devem ser suscitadas e satisfeitas por bens a serem produzidos.

Sintetizando a análise diz Celso Furtado: "O traço característico do capitalismo na sua fase evolutiva atual está em que ele prescinde de um Estado, nacional ou multinacional, com a pretensão de estabelecer critérios de interesse geral disciplinadores do conjunto das atividades econômicas. Não que os Estados se preocupem menos, hoje em dia, com o interesse coletivo. Na medida em que as economias

127

ganharam em estabilidade, a ação do Estado no plano social pôde ampliar-se. Mas, como tanto a estabilidade e a expansão dessas economias depende, fundamentalmente, das transações internacionais, e estas estão sob o controle das grandes empresas, as relações dos Estados nacionais com estas últimas tenderam a ser relações de poder. Em primeiro lugar, a grande empresa controla a inovação – a introdução de novos processos e novos produtos – dentro das economias nacionais, que certamente constitui o principal instrumento de expansão internacional. Em segundo lugar, elas são responsáveis por grande parte das transações internacionais e detêm praticamente a iniciativa nesse terreno; em terceiro lugar, operam internacionalmente sob orientação que escapa em grande parte à ação isolada de qualquer governo; em quarto, mantêm uma grande liquidez fora do controle dos bancos centrais e têm fácil acesso ao mercado financeiro internacional"[5].

Nesta última fase, o capitalismo impõe a mesma cesta de produtos para todo mundo e hábitos internacionais de consumo. Os países cêntricos detêm a produção da ciência e da técnica, exportam-nas e mantêm dependentes os países que pagam pesados *royalties* pelas licenças. Devido aos salários baixos e farta mão de obra a tendência dos países metropolitanos é instalar suas fábricas nos países satélites e daí exportar para o próprio centro ou para outros países. Aqui surge o fato estrutural da dependência econômica, muito mais do que em termos de desigualdade de intercâmbio. É um etos cultural imposto com as expressões maciçamente homogêneas em todo o âmbito do sistema capitalista.

---

5. FURTADO, C. "O mito do desenvolvimento econômico". Rio de Janeiro: Paz e Terra, 1974, p. 34.

A população do mundo capitalista está formada atualmente por 2,5 bilhões de indivíduos. Desse total, cerca de 800 milhões vivem no centro do sistema e 1,7 bilhão em sua periferia. O produto bruto do centro equivale a 1,6 trilhão de dólares enquanto o da periferia seria da ordem de 340 bilhões, correspondendo mais ou menos, de forma arredondada, a 2.000 dólares do produto *per capita* às populações dos países cêntricos e a 200 dólares às dos países dependentes[6].

Estes dados revelam atrás de si um drama humano de fome, miséria, exploração e marginalidade.

b) A dependência sociocultural

A implantação de certo tipo de desenvolvimento produtivo determina também a configuração das classes sociais. As classes privilegiadas pelo regime de dependência mimetizam os valores e os hábitos das metrópoles. Sua cultura é antipopulista, elitista e mero espelhismo[7]. Houve gerações das quais ainda há remanescentes no Brasil que se envergonhavam de ser brasileiras e de falar a língua da província, o português. Mandavam até lavar suas roupas em Londres. A industrialização, extensão da sociedade de consumo metropolitana, marginalizou as capas majoritárias da população. Desbancadas de seus arcaicos métodos de produção, foram seduzidas pelo fascínio das grandes cidades, formando ao redor delas um cinturão de miséria. Não foram inseridas na dinâmica industrial e a ideologia do consumo as ignora por não terem poder aquisitivo.

---

6. Id., p. 38, nota 21.

7. LLACH, J.J. "Dependencia cultural y creación de cultura en América Latina". *Stromatta* 30 (1974), p. 5-23.

A marginalização de imensa porção da população latino-americana é consequência imediata do sistema capitalista de industrialização recolonizadora. Os governos dos países periféricos alimentam a ilusão de poder alcançar o bem-estar atingido pelo centro. A aceleração da história que então se impõe tem prazos fixos. É como um avião na pista, na figura sugestiva do sociólogo Fernando Bastos de Ávila: "na medida em que ganha condições de decolagem, na mesma medida vê se aproximar o final da pista. Como o avião, um país em desenvolvimento se aproxima cada vez mais rapidamente do ponto fatal no qual, inexoravelmente, ou decola ou capota"[8]. Há prazos que precisam ser mantidos sem os quais o processo de desenvolvimento não se efetua, provocando o agravamento da distância entre países afluentes e emergentes.

Todo progresso e toda a aceleração exigem um preço a ser pago. Há conflitos iniludíveis: não se pode ao mesmo tempo lograr altas taxas de crescimento econômico e fazer significativos investimentos sociais. A opção por um acelerado crescimento econômico, base para o bem-estar social de todos, postula uma determinada taxa de iniquidade social, que muitas vezes transborda dos limites toleráveis pela justiça e pela humanidade.

O preço social do crescimento não é justo porque gera enorme marginalidade e pobreza. No Brasil 75% da população vive na faixa da marginalidade relativa[9]. O modelo

---

8. "A missão social da Igreja hoje". *Missão da Igreja no Brasil*. São Paulo: Loyola, 1973, p. 159.

9. Cf. LANGONI, C.G. *Distribuição da renda econômica do Brasil*. Rio de Janeiro: Expressão e Cultura, 1973, p. 64. • JAGUARIBE, H. *Brasil*: crise e alternativas. Rio de Janeiro: Zahar, 1974, p. 52-66.

político-econômico brasileiro não beneficia diretamente a grande parte da população. Exige a participação de todos na construção econômico-social mas não permite participação proporcional de todos na riqueza produzida, nem nas liberdades criadas e em outros benesses gerados.

A taxa de iniquidade social não é equitativamente distribuída entre todos, mas recai pesadamente sobre aquela classe que já há séculos vinha sofrendo privações de toda ordem, a dos assalariados. Esse sacrifício não lhes é pedido, mas imposto coercitivamente sem a possibilidade de poder erguer sua voz e conscientizar o *status* de sua situação inumana através dos instrumentos de manifestação de classe.

A urgência dos prazos levou quase todos os países da América Latina a uma visível distorção da intenção originária de seus governos. Esses visavam o desenvolvimento social através do crescimento econômico. A distorção reside na total concentração sobre o desenvolvimento econômico, não mais considerado meio para o desenvolvimento social, mas fim em si mesmo, na convicção de que ele possua em si mesmo o dinamismo de desembocar no desenvolvimento social. Tal distorção se manifestou classicamente na fala do ex-presidente Médici (1970-1974) ao exclamar entre espantado e perplexo: "A economia brasileira vai bem e o povo vai mal"!

Há dores e sacrifícios que inexoravelmente devem ser pagos para todo verdadeiro crescimento seja espiritual, seja econômico ou social. Mas há também sofrimentos, pobreza, miséria e dores humanas que são fruto da injustiça, de uma ordem desumana na convivência e na repartição dos bens e de uma incomensurável fome de poder.

Significativos setores pensantes do mundo rico já conscientizaram a iniquidade do sistema cultural implantado já há séculos no Ocidente em bases quantitativas e no totalitarismo do poder econômico, da ciência e da técnica, colocados a seu serviço. A náusea gerada, a insanidade social das megalópoles e vida anêmica que produzem revelam à evidência os limites de semelhante *etos* cultural. Não basta um ter exacerbado sem uma dimensão espiritual do ser humano, de uma ascese criadora e de um senso de equidade social. A des-graça social do mundo moderno em regime capitalista mostrou sua face diabólica e desumanizante.

Na América Latina a implantação sem crítica dos modelos importados, agora já em crise e em larga contestação pelas melhores inteligências, produziu maiores contradições intrassistêmicas que nas próprias metrópoles.

c) A dependência política

A dependência política se mostra no arranjo que a metrópole consegue para continuar a governar utilizando-se das elites internas dos países satélites. Numa fase eram as oligarquias nacionais ligadas ao capital externo que controlavam o aparato do Estado; este era considerado um feudo a ser disputado pelos grupos em concorrência, mas sempre vinculados aos interesses econômicos e políticos do exterior. O processo, entretanto, não se dá na limpidez de como aqui é descrito. Ele está cheio de meandros. Há especialmente o ingrediente ideológico e cultural que funciona como um lubrificante para fazer passar os interesses econômicos escusos. A ideologia da ordem estabelecida, os meios de convencimento de que o sistema dispõe, os valores que veicula por todos os canais, a forma do ensino do primário ao universitário despojado de sua função crítica e instrumentalizado para os valores da classe dominante, todos esses e outros elementos são empenhados em convencer a população de que os interesses do grupo são os interesses nacionais e populares e que a única via de acesso ao progresso é o modelo político-econômico implantado. O decisivo é gerar uma integração e um consenso geral ao nível econômico, social e político para secundar semelhante aliança entre as elites nacionais e estrangeiras.

Entretanto a conscientização política dos anos de 1960, o surgimento dos populismos obrigaram as elites a não mais buscar um consenso e uma integração. Implantaram-se em quase todos os países do continente regimes militares de força, inaugurando um terceiro pacto colonial – o complexo militar-industrial-universitário. O Brasil tornou-se um caso típico deste novo pacto colonial com características fortes, mas com grande desenvolvimento econômico, mantendo entretanto a estrutura de dependência e de subdesenvolvimento. As forças armadas e a burguesia entregaram às grandes empresas o projeto nacional de desenvolvimento. A metrópole fornece às elites nacionais a tecnologia, os capitais e a formação dos melhores cérebros dentro dos ditames da ideologia do sistema. O crescimento do produto nacional bruto cresce em níveis de *record* internacional, o que fornece material ideológico farto para justificar o regime de exceção, embora a distribuição da renda continue vergonhosamente desigual e discricionária. A função do exército não é mais moderadora, mas eminentemente política. É considerado como a última reserva do mundo ocidental no combate ao comunismo e às forças subversivas, já conscientizadas da iniquidade do sistema imposto. A aliança tecnocrático-militar-universitária que caracteriza ultimamente o regime nos

Estados Unidos foi exportada pelo Pentágono aos países sucursais. Os oficiais do exército, cientificamente preparados, sentem-se qualificados para assumir o poder político face à presumida incapacidade e infidelidade ideológica dos civis. Não são mais chefes pretorianos, mas uma verdadeira classe bem preparada e ideologicamente compacta.

A função do exército é garantir a ordem e a segurança para que a tecnologia possa gerar o salto econômico. O Pentágono elaborou uma ideologia, em seus termos básicos, extremamente simplista e maniqueia, mas que por isso mesmo é prenhe de força ideológica: é a doutrina da segurança nacional. O mundo está dividido em duas partes: de um lado o mundo ocidental, livre e cristão; do outro, o mundo comunista-socialista opressor e ateu. Reina guerra entre as partes. Os países latino-americanos fazendo parte do mundo ocidental têm que se alinhar à estratégia de guerra do mundo ocidental. A política é também uma forma de guerra. Aos exércitos latino-americanos cabe debelar o comunismo que se infiltra aqui sob a capa da subversão, da conscientização, do populismo e do progressismo das Igrejas. Essa guerra é levada a efeito por uma metodologia política, cultural e social extremamente eficaz. Trata-se de tempo de guerra; por isso vigoram métodos de exceção. A classe média e burguesa se beneficia desta pacificação implacável porque lhe cria a tranquilidade necessária para fazer grandes investimentos e lograr vultosos lucros[10].

O regime é de tutela. O povo possui restritíssima participação: foram-lhe tirados quase todos os instrumentos

---

10. Cf. COMBLIN, J. "Movimientos e ideologías en América Latina". *Fe y cambio social en América Latina*, p. 101-127 (111-113).

básicos para fazer ouvir seus justos reclamos. Falar, neste contexto, em modificações estruturais é situar-se fora do sistema e numa posição perigosa por suas consequências. Os regimes tecnocrático-militares temem a liberdade do povo e o exercício da democracia.

Em conclusão podemos dizer: o regime de dominação que caracteriza a América Latina se estruturou através de sua história sempre em dependência do sistema hegemônico mundial, primeiro com Portugal e Espanha, depois com a Inglaterra e por fim com os Estados Unidos. O etos cultural com suas expressões na economia, na política, nos valores, hábitos e na cosmovisão foram condicionados por esta articulação de dependência. Não raro ela pode se apresentar sob os trajes de nacionalismo, progressismo etc. parecendo muitas vezes até libertadores; na verdade constituem formas refinadas pelas quais a dominação assimila o vocabulário contestador e continua a se manter vigente e operante.

3. América Latina, continente de cristandade colonial e ideologicamente manipulada

O regime geral de dependência afeta também o cristianismo que aqui se plantou e implantou. Não devemos jamais esquecer que a América Latina constituiu a única cristandade colonial existente na história, com todas as consequências do colonialismo. A cristandade europeia não foi colonial, mas colonialista com a mentalidade que o colonialismo histórico gerou de absolutismo face à verdade, às formas religiosas e políticas. Um olhar retrospectivo sobre os séculos de vivência cristã no continente não apresenta um saldo evangélico animador. A exploração e a miséria ocorrem num continente católico. A Igreja Católica, como tantos textos oficiais o confessam, é corresponsável pela atual situação de dominação e dependência. A inspiração messiânica, a esperança escatológica, os valores revolucionários da fraternidade universal, inerentes ao cerne da fé cristã, foram aqui cooptados pela ideologia imperialista. Esta transformou a Igreja em forma religiosa da ideologia expansionista do Ocidente cristão.

a) A Igreja, companheira da dominação

Apesar dos inestimáveis méritos da Igreja que missionou as terras e enfrentou a imensidão das selvas e plantou a fé nos indígenas e a manteve nas populações colonizadoras, não podemos desconhecer seu conluio com o império que aqui veio não para constituir uma etnia e estruturar uma nação, mas para explorar as riquezas nativas e servir a interesses alheios. Dilatar a fé e o império caracterizam a empresa da conquista. A evangelização se fez nos moldes do catolicismo reacionário, antirreformista e guerreiro da Península Ibérica. O índio equivalia ao infiel a quem cabia dobrar e combater. A missão era uma guerra santa. Não houve encontro: a totalidade constantiniana imperante há séculos na Europa cristã se impôs a ferro e fogo. Não se leram teologicamente as religiões dos aborígines ou das populações autóctones civilizadas como as astecas, maias e incas: elas eram vistas como obra satânica que se havia de exorcizar, senão liquidar. O índio fora considerado, não raro, como um não homem, um ser irracional e bestial, como atestam testemunhos do tempo[11]. Submetê-los e ar-

---

11. DUSSEL, E.D. "Historia de la fe cristiana y cambio social en América Latina". *Fe y cambio social*, p. 65-99.

136

rancar-lhes a riqueza estava dentro do projeto do homem europeu que para cá vinha. Como o diz numa denúncia profética corajosa Bartolomeu de las Casas: "A causa final por que os cristãos mataram e destruíram tantas e tais e tão infinito número de almas foi unicamente o fato de terem por fim último o ouro e o ideal de encher-se de riqueza em poucos dias e subir a estados mais altos e sem proporção com suas pessoas"[12].

A Igreja foi companheira da colonização dominadora. Transplantou para cá as instituições eclesiásticas da Europa[13]. Não fez nenhum ensaio de eclesiogênese. A dependência face à metrópole que constatamos como uma constante da história político-econômica da América Latina encontra sua contrapartida na Igreja Católica, numa forma ainda mais acentuada porque sacralizada e dogmatizada.

b) A Igreja, cúmplice com a dominação

Não se pode negar que durante grande parte da história latino-americana a Igreja oficial esteve do lado das elites do poder e favorecia os poderes estabelecidos e as classes não populares. Medellín confessa: "A Igreja reconhece que ao largo de sua história nem sempre todos os seus membros, clérigos e leigos, foram fiéis ao Espírito de Deus" (Introdução às conclusões, n. 2). Ela não esteve, em sua oficialidade, à frente dos movimentos de libertação da metrópole, nem da libertação dos escravos, nem moderna-

---

12. *Brevísima relación de la destrucción de las Indias,* al comienzo casi. Buenos Aires: [s.e.], 1966, p. 36.

13. Cf. HOORNAERT, E. *Formação do Catolicismo Brasileiro* 1550-1800. Petrópolis: Vozes, 1974. • WETZEL, H.E. "O condicionamento histórico étnico-cultural da Igreja no Brasil". *Missão da Igreja no Brasil*, p. 27-47.

mente secundou os movimentos populistas e trabalhistas em prol de mais participação e justiça social. Sua situação de classe lhe impedia até de tomar consciência evangélica acerca da situação do pobre e do marginalizado. Foi cúmplice do regime de dependência e ajudou a sedimentar a estratificação social discricionária.

No Sínodo dos Bispos em Roma em 1974 dizia Dom Helder Câmara: "Sem julgar nossos predecessores, os bispos e padres, nem da América Latina nem dos países ricos, devemos reconhecer que, de forma geral, estávamos (e, em parte, ainda estamos) de tal sorte preocupados com a manutenção tanto da autoridade como da ordem social, que já não podíamos descobrir que a assim chamada 'ordem social' era, antes de tudo, uma desordem estratificada"[14].

O povo cristão, entretanto, semiabandonado e desprezado pelo oficialismo da ortodoxia clerical, viveu a sua maneira a fé cristã. Criou, segundo o historiador Eduardo Hoornaert, o ensaio mais original de encarnação do cristianismo da história do Brasil que foi a religiosidade popular católica[15]. Esta não é decadência da oficial, mas uma forma autônoma e legítima de viver o Evangelho, à revelia do elitismo abstracionista do clero. Se possui ambiguidades e dimensões alienantes, contém entretanto valores profundamente libertadores. Foi pela religiosidade popular que o povo, na expressão forte de Capistrano de Abreu, "capado e recapado, sangrado e ressangrado" pôde encontrar sentido e haurir forças para sobreviver, continuar sendo cristão e não cair no desespero ou na revolta.

---

14. *REB* 34 (1974), p. 976.

15. Cf. HOORNAERT, E. *Formação do Catolicismo Brasileiro*, p. 98-136.

c) A Igreja, solidária com a libertação

Presente no drama continental, a Igreja não podia deixar também de estar presente no processo de libertação. Em todos os momentos, a despeito de seu compromisso e cumplicidade com os poderes metropolitanos, manteve-se viva a memória evangélica da dignidade humana do índio, do negro, dos pobres e a semente de libertação. Em todo o continente há uma legendária tradição de patriotas de batina que se batiam pelas liberdades, muitas vezes com o sacrifício da própria vida, desde Las Casas e Vieira, até Camillo Torres e Dom Helder Câmara[16]. "Um povo abandonado pelas metrópoles, desilustrado, não educado pelo governo, o pouco que aprendeu deve-o ao clero", escreve um dos grandes historiadores brasileiros, José Honório Rodrigues[17]. O baixo clero, integrado no meio do povo, vivendo seus problemas, conhecendo suas necessidades e inquietações, foi um dos propugnadores mais eficazes das ideias libertárias e de justiça social.

A grande virada em Medellín se situa dentro de uma tradição que, se não era sempre a determinante, estava entretanto sempre presente: a adesão maciça ao projeto da libertação integral do continente. A identidade da nova Igreja buscada entre os pobres e injustiçados conferiu ao processo de libertação um impulso e uma publicidade antes não imaginado. A Igreja tomou consciência que seu destino evangélico está profundamente vinculado com o destino humano e político das classes marginalizadas. Se estas não acederem aos seus direitos fundamentais, a própria Igreja

---

16. Id. "A tradição lascasiana no Brasil". *REB* 35 (1975).

17. "O Clero e a Independência". *REB* 32 (1972), p. 309-320, aqui 309.

entende que ela mesma fracassou evangelicamente. A salvação que proclama se concretiza também nestas dimensões intra-históricas muito concretas. Só a partir delas é que tem sentido anunciar uma libertação mais plena no Reino de Deus. Foi em função disso que a reflexão teológica continental articulou a teologia da libertação que visa traduzir a práxis da fé numa solidariedade com o processo de libertação que se está implementando em todos os países.

VIII
Ainda a experiência da graça na realidade latino-americana: respostas

1. Reação face à realidade: consciência e práxis libertadoras

As reflexões do capítulo anterior se caracterizam por um diagnóstico fortemente negativo. Mas isso constitui apenas uma face da realidade. A tomada de consciência de nossa realidade dependente provocou uma reação em todos os níveis da reflexão e da práxis. Detalhemos isso brevemente.

a) Elaboração de uma análise crítica a partir da periferia

O primeiro passo foi uma tomada decisiva de consciência da realidade latino-americana face à sociedade mundial. Descobriram-se as dimensões do atraso, da miséria, da pobreza e da marginalidade. As análises foram perfilando o diagnóstico, percorrendo vários tipos de interpretação desde aquela que avalia o subdesenvolvimento em termos de atraso técnico e sugeria a industrialização, passando para uma interpretação política em termos de interdependência dos vários países dentro do mesmo sistema econômico e político e postulava grande ajuda vinda de fora para debelar o subdesenvolvimento até a teoria da dependência que vê o subdesenvolvimento como consequência do desenvolvimento indecente das regiões metropolitanas. A teoria da dependência constitui a primeira grande tentativa de pensar sociologicamente a partir da própria periferia. Ela detecta o caráter estrutural do subdesenvolvimento como um processo global e dialético do próprio sistema ocidental. A dependência não é apenas externa; ela se interniza, criando também dentro do próprio país a articulação centro-periferia.

Os teóricos latino-americanos da estrutura de dependência propuseram estratégias políticas que levassem a romper com os laços opressores e encaminhassem a um processo libertador. O desenvolvimento supõe a mutação da própria estrutura social e a criação de uma nova sociedade. Essa exigência levou a um interesse muito grande no conhecimento dos valores nativos, do *ethos* cultural popular, dos movimentos históricos do passado que anteciparam, embora sempre frustrados, saídas libertadoras[1]. A criação de novas normas de convivência implica a mobilização de todas as forças sociais e uma nova planificação das fontes econômicas e das forças de produção. Não se pode nem se deve esperar que as metrópoles abdiquem de sua dominação. A estratégia proposta é evidentemente revolucionária. A nova independência está ligada à libertação latino-americana. Em consequência desta compreensão se processou uma vasta conscientização política em todo o continente. Grupos arrojados passaram a práticas revolucionárias de tipo guerrilhas urbanas e campesinas. Redundaram num

---

1. Cf. todo o número 1/2 da revista *Stromata* de 1974 sobre *Dependencia cultural y creación de cultura en América Latina*.

grande impasse, pois não levaram senão a exacerbar as forças repressivas. Não se fazem revoluções voluntaristicamente. "Os homens não fazem senão as revoluções que se fazem"[2]. Devem submeter-se às suas leis e às suas condições objetivas e não aos imperativos voluntarísticos de uma ideologia revolucionária.

Os mais moderados da teoria da dependência, com muito mais senso histórico e conscientes das mediações políticas e estratégicas de toda revolução, propuseram a mudança *do* sistema pelo caminho de mudanças *no* sistema. Isso não significa uma renúncia ao ideal libertário, mas uma estratégia para sua realização em termos históricos e processuais. É já uma libertação em processo.

Os impasses da alternativa apresentada pela teoria da dependência não podem ser desconhecidos. Não basta diagnosticar a estrutura de dependência e opressão e propor outra. Existem os fatores históricos objetivos que a viabilizam? Uma revolução regionalizada no continente é politicamente impraticável. O sistema possui força de coação suficiente para alinhar as nações que dele quiserem se desviar. O caso do Chile ficou paradigmático. A alternativa política dos teóricos da dependência não foi ainda praticada por insuficiente. O império como tantos outros do passado pode refazer o equilíbrio interno e prolongar por muito tempo sua vigência.

O desafio do modelo político-econômico brasileiro representa grave dificuldade à teoria da dependência. Aceitando o regime de associado às áreas metropolitanas e aceitando generosamente a ajuda externa e a presença das

---

2. COMBLIN, J. *Théologie de la pratique révolutionnaire*. Paris: Universitaires, 1974, p. 65.

multinacionais pode alcançar inegável progresso. A taxa de iniquidade social é o preço consciente a ser pago. O bolo deve primeiro crescer para poder ser equitativamente repartido pelo maior número possível. O crescimento econômico pode ser de tal ordem que permita ao país concorrer poderosamente com alguns centros metropolitanos e gerar um subimpério. A melhoria considerável das classes dominantes transborda também para as demais classes. Os teóricos da integração no império falam com simpatia da canadização do Brasil, como modelo válido para todo o continente. É o mais pragmático e apresenta uma viabilidade imediata.

A teoria da dependência capta adequadamente o *fato* da dependência; esta, porém, não pode ser reduzida apenas ao fator econômico, como causa responsável totalizante do subdesenvolvimento. Há outras variáveis sociais e culturais que também entram na determinação do subdesenvolvimento sem estarem relacionadas diretamente com a dependência econômica. Há populações que vivem ainda numa cultura tradicional; as categorias do progresso, das reformas e da libertação não possuem para elas contexto cultural e valorativo. Elas valem para povos inseridos na cultura tipicamente ocidental. Há um problema de cosmovisão e de *ethos* cultural diverso que não é adequadamente pensado pela teoria da dependência. Existem ainda problemas de ordem biológica e sanitária: como poderá manter um progresso acelerado e libertador um povo do qual 70%, como é o caso do Brasil, se afigura doente? Antes de mais nada faz-se mister uma consciência nacional que possa elaborar seu próprio projeto e então lançar-se num processo de libertação, tomando em conta a total intercomunicação do mundo moderno e a vinculação do destino de um país com o de outros.

Tanto no mundo capitalista como no comunista-socialista vigora uma sociedade industrial de consumo. Ela exige técnicas sofisticadas e captação de grandes capitais. A libertação lograda conduz certamente à independência, mas não ainda ao desenvolvimento, porque os países satélites (agora libertados e não mais satélites) não dispõem de tecnologia própria. Nenhum país pode se desenvolver sozinho. Como observa Comblin: "chega-se ao dilema: libertar-se e não se desenvolver ou então escolher o desenvolvimento e se submeter; eis o impasse. O terceiro termo não é senão um compromisso: limitar o desenvolvimento para manter uma certa autonomia, limitar a dependência escolhendo setores a serem desenvolvidos. Isto, porém, nos leva bem mais além do que a simples teoria da dependência"[3].

Toda mutação social é também um problema de racionalidade científica e de viabilidade histórica que, não raro, contradizem os ideais humanitários de plena e integral libertação. Há reformas profundas que não são desenvolvimentismo e sedimentação do regime de dependência e opressão; são verdadeiras reformas revolucionárias que preparam a lenta superação de todo um tipo de sociedade.

b) Elaboração de uma teologia autóctone em regime de captividade

A reflexão teológico-pastoral na América Latina aceitou o desafio vindo da realidade analisada com o instrumentário científico. Conseguiu a muito custo se libertar dos esquemas de uma teologia orientada para a ortodoxia e para a limpidez das fórmulas sem vinculação com a práxis

---

3. Id., p. 127.

histórica da fé cristã e começou a pensar seus próprios problemas concretos[4]. A marginalidade e pobreza de milhões não é apenas uma constatação sociológica. Para a fé significa a corporificação do pecado e da injustiça. Vê na história e na sociedade latino-americana recusa do desígnio de Deus que é de fraternidade, participação, justiça e solidariedade. Fazer teologia não é mais buscar a racionalidade presente na fé como adesão a verdades abstratas. Fazer teologia significa refletir criticamente sobre a práxis da fé cristã. Como acenamos acima, no continente houve uma práxis da fé que não levou a transformações sociais mais humanitárias; ela foi facilmente manipulada para sacralizar uma situação discricionária. Como dizia Barbara Ward no Sínodo dos Bispos em Roma em 1971: "A formação das consciências entre os cristãos se limitou muitas vezes à observância da missa no domingo e às leis da Igreja concernentes à sexualidade e ao matrimônio. Mas o fato de viver como o rico do evangelho com o pobre Lázaro em sua porta não foi considerado uma falta"!

Medellín (1968) tomou consciência da necessidade de uma nova práxis da fé cristã que fosse fator de transformação e de libertação. Daí nasceu, tematicamente, a teologia da libertação. É uma tentativa de articular criticamente o engajamento eficaz do amor cristão em termos de libertação sócio-econômico-político-religiosa. Esse tipo de teologia,

---

4. Cf. ALONSO, A. "Una nueva forma de hacer teologia". *Iglesia y Praxis de liberación*. Salamanca: Sígueme, p. 50-88. • VIDALES, V. *Cuestiones en torno al método de la teologia de la liberación* (MIEC-JECI, Documento 9). Lima, 1972. • DUSSEL, E.D. *Método para una filosofia de la liberación*. Salamanca: Sígueme, 1974. • ELLACURÍA, I. "Tesis sobre la posibilidad, necesidad y sentido de una teologia latino-americana". *Teologia y Mundo moderno* (Homenaje a K. Rahner). Madri: Cristiandad, 1975, p. 325-350. • BOFF, L. "Que é fazer teologia a partir da América Latina em cativeiro". *Teologia do cativeiro e da libertação*. Lisboa, 1976, p. 26-56.

típica de nosso continente, articula-se em alguns passos que conviria, brevemente, ressaltar:

aa) *Leitura sócio-analítico-estrutural da realidade*

Arranca-se da realidade mediatizada por uma leitura o mais séria e científica possível. Aceitou-se largamente a análise feita pela teoria da dependência com os enriquecimentos críticos que relevamos acima. Levou esta análise de corte sociológico um passo além, mediante uma meditação de caráter filosófico-cultural. Não basta um diagnóstico sociológico, mostrando os mecanismos de dependência, a marginalização gerada e as desigualdades gritantes. O capitalismo, a industrialização e mesmo o regime socialista são figurações de uma opção mais fundamental do homem, de um etos cultural que possui sua história de concretizações. O homem optou por um sentido de viver orientado pelo saber e pelo poder sobre o mundo e os outros. Esse sentido se historizou em muitas formas, desde os primórdios gregos até os dias de hoje. Atualmente ele assumiu a forma do capitalismo industrial das grandes empresas multinacionais. Qualquer revolução que não afetar e trocar esse sentido de ser como saber (racionalidade) e poder (vontade de dominação) sobre tudo o que se antolhar ao homem, não será uma verdadeira revolução, como foi o caso do socialismo do Império russo. Vivemos cativos de um etos cultural com seu peso de instituições e de realizações históricas que não permitem o homem desabrochar humanamente. O progresso exige um custo social iníquo e o sangue dos que devem ser sacrificados para que alguns poucos possam se beneficiar. Esta opressão despertou as ânsias de libertação. É um projeto utópico no sentido de tudo englobar e implicar com uma dimensão escatológica em termos de libertação total do pecado e da morte.

Não basta, porém, o diagnóstico ajustado à realidade e a elaboração da saída utópica. Faz-se mister plantear o problema da estratégia de sua implementação. Como realizar a libertação dentro das atuais condições de captividade do mundo? As saídas revolucionárias, como chamamos atenção anteriormente, situam-se no âmbito do utópico e do politicamente inviável. As transformações revolucionárias no sistema podem desencadear um processo histórico que leve lentamente à superação do *ethos* cultural para um outro, talvez menos injusto e iníquo.

bb) *Leitura teológica*

Sobre esta leitura da realidade, a teologia procede sua leitura à luz da Palavra de Deus. Detecta aí manifestações de graça e de pecado; vê no intrincado dos interesses dos homens se realizar a acolhida ou a recusa do desígnio de Deus. A consciência cristã sente-se convocada a uma ação eficaz que ajude a sair desta situação que ofende a Deus e ao irmão. O acento cai sobre o sentido da práxis de fé libertadora. A teologia será ato segundo como reflexão sobre esta práxis para que seja mais autêntica e eficaz.

Dupla será a tarefa de semelhante teologia: primeiro deverá libertar a teologia de certo tipo de "teologia" universalizante e ligada a uma práxis de fé sem crítica de seus pressupostos econômicos e políticos. A partir daí, deverá desentranhar as dimensões libertadoras presentes na própria fé cristã e nos seus grandes temas teológicos, dimensões encobertas por um certo tipo de compreensão e de estilo de vida cristã. Assim a dimensão social e política da temática do Reino de Deus, da escatologia do pecado, da graça, da libertação trazida por Jesus Cristo, as dimensões libertadoras da catequese, da homilia e dos sacramentos.

Em segundo lugar, deverá poder resgatar e reforçar a perspectiva teológica presente em todo verdadeiro processo de libertação, embora seja executado por agentes que nem sequer guardem referência à fé cristã. O teológico de sua ação não depende da interpretação ideológica que lhe conferem, mas de sua dimensão objetiva de libertação e de criação de mais humanidade. A própria práxis em si mesma carrega uma densidade cristã, desde que seja realmente uma práxis libertadora. A libertação integral é uma realidade escatológica e cai sob a dimensão do utópico. Entretanto, pelo fato mesmo de ser escatológica, ela já se antecipa na história e se mediatiza nas libertações setorizadas, constituindo um processo. Nenhuma das libertações parciais é a libertação integral, mas sem elas a libertação integral seria pura fantasmagoria e não uma realidade escatológica que se prepara e antecipa na história. Por isso a libertação escatológica encontra suas concretizações na política, na economia, na cultura, na religião etc. Tudo tem a ver com o Reino; por isso tudo pode possuir uma dimensão de salvação ou de perdição. Como diz com acerto um excelente teólogo latino-americano: "A salvação de Deus, escatológica, não vem somente pelo processo de libertação da dimensão política da história; porém não vem tampouco sem este processo: a dimensão política não é tudo, mas é algo que pertence ao quadro da salvação"[5].

---

5. Cf. SCANNONE, J.C. "La liberación latinoamericana, ontología del proceso auténticamente liberador". *Stromata* 28 (1972), p. 107-150; ou *Teología de la liberación y praxis popular.* Salamanca, 1976, p. 133-186.

cc) *Pistas de ação pastoral*

A teologia da libertação culmina numa práxis nova da fé que ajude o homem em seu processo de libertação. Evidentemente não cabe à fé e à Igreja detalhar estratégias e táticas no campo político, pois que não respeitaria a dimensão própria da política. Assume isto sim as opções fundamentais de libertação que cristãos e outros homens vivem. Em seu campo específico teológico-pastoral concretiza sua ação numa estratégia de ação que permita tornar eficaz as dimensões políticas e sociais da fé, do anúncio evangélico, da caridade etc.[6] Como deverá organizar a catequese, por exemplo, para que seja eficaz e não se restrinja a uma ilustração religiosa? Que passos concretos deve dar a Igreja para ajudar a superar situações injustas que ela, teologicamente, lê como ruptura com Deus e com o irmão? É missão da fé ir até a raiz dos problemas e, respeitando os vários níveis de racionalidade, deixar claro que não é suficiente uma solução política e econômica sem a busca de um homem novo e de uma atitude diferente face à realidade em termos mais fraternos e justos. Além desse anúncio, deverá buscar as mediações que tornam tal projeto historicamente viável[7]. E aqui entra um sem número de variáveis e uma estratégia que exige senso histórico. Pode ser que não haja condições objetivas para propor um salto qualitativo. Não se pode querer, sem o risco de agravar a situação de oprimido, ser libertado a todo custo. Existe um sentido de espera para não esvaziar a ação de sua eficácia. Por isso, especial-

---

6. Cf. GUTIÉRREZ, G. "Praxis de la liberación, teología y evangelización". *Liberación*: diálogos en el Celam. Bogotá 1974, p. 68-100.

7. Cf. para um conspecto geral desta problemática na teologia latino-americana: *Panorama de la teologia latinoamericana I e II*. Equipo Seladoc. Salamanca: Sígueme, 1975.

mente à fé cabe elaborar e viver uma dimensão mística da libertação mesmo dentro do regime geral de opressão.

2. Graça com a des-graça na realidade Latino-Americana

Tarefa da reflexão teológica é tentar discernir nas situações históricas o desígnio de Deus: no nosso caso, a dimensão de graça e de des-graça na realidade latino-americana. Até que ponto se antecipa e se realiza no tempo a graça escatológica e até que ponto, recusada sua acolhida, se traduz a perdição? As reflexões conduzidas até aqui nos induziram, quiçá, a ver o fiel da balança pesando decisivamente para o lado da des-graça. É verdadeiramente assim? Donde sabe a teologia que aquilo que socioanaliticamente aparece como des-graça é também teologicamente des-graça? Essa pergunta nos obriga, embora rapidamente, a colocar o problema dos critérios da leitura teológica. Esse tema exigiria um aprofundamento rigoroso. Não é lugar para fazê-lo aqui. Apesar disso, apontamos algumas pistas que deverão orientar nossas reflexões.

a) Alguns marcos para a leitura teológica

Não há duas realidades, uma objeto da consideração socioanalítica e outra da teológica. A realidade é uma só. Por isso não há dois fins, um da Igreja e outro do mundo. A meta escatológica do mundo é também a meta escatológica da Igreja. Em consequência disso podemos dizer: graça e des-graça não se dão à parte (dentro dos limites do espaço eclesial), mas são dimensões da única e mesma realidade. O que ocorre é uma diferença de ótica e de experiência que origina uma diferente leitura. A ótica socioanalítica vê o mundo em sua conflitividade; detecta pobreza, miséria, exploração em suas causas mais profundas; elas são consequências de um modo de o homem se relacionar com os bens da terra em regime de detenção privada dos bens de produção. É o egoísmo, o individualismo instaurado em sistema econômico que está na base do drama que caracteriza as sociedades ocidentais e particularmente a América Latina.

A fé contempla a realidade mediatizada por esta leitura sociopolítica. Onde esta vê taxa de iniquidade social, marginalidade, empobrecimento etc., a fé vê presença de pecado, distorção do relacionamento do homem com o outro homem, ruptura com a dimensão de Deus vivida dentro da história. Entretanto a leitura da fé não se esgota nesta mediação socioanalítica. Ela possui seu horizonte próprio. Possui uma leitura que não necessariamente precisa passar pela leitura científica. A percepção da realidade se faz por uma via própria da fé, que é de natureza, para usar uma expressão de Lúcio Gera, simbólica e sacramental[8]. Vale dizer, o povo de Deus intui, como de um golpe, o significado salvífico ou não da situação. Vê que a situação contradiz o desígnio de Deus. A pobreza, a humilhação, a violação dos direitos humanos, a exploração do trabalho não se coadunam com o projeto de salvação de Deus. Mais ainda: sabe que os anelos de libertação e da criação de uma sociedade mais fraterna e justa é graça de Deus, movendo os homens à práxis transformadora. Nestes sinais dos tempos (sacramentos e símbolos) entrevê o caminho por onde a vontade de Deus quer conduzir os homens. A fé sabe, a partir de

---

8. "Cultura y dependencia, a la luz de la reflexión teológica". *Stromata* 30 (1974), p. 169-193. • Id. "La Iglesia frente a la situación de dependencia". *Teología pastoral y dependencia*. Buenos Aires: Guadalupe, 1974, p. 18-19.

suas próprias fontes (a reflexão da comunidade histórica que sempre procurou ver a realidade à luz de Deus ou de Jesus Cristo, conservada na Escritura e na Tradição viva até hoje), da permanência do mal no mundo, de sua estruturação na pessoa e na sociedade bem como da presença iniludível da graça como libertação histórica. À luz da fé, o cristão também sabe que, apesar de toda a ambiguidade de pecado-graça, há uma plusvalia da graça. Esta não tem concorrente, mas é, finalmente, sempre vitoriosa. Em outras palavras, a capacidade de recusa e de pecado do homem não sobrepuja a capacidade de oferecimento gracioso e a realização do sentido absoluto. A graça é sempre maior, porque a própria negação vive de uma gratuidade: de *poder* negar. Esse poder foi dado ao homem e é respeitado por Deus. A graça então procura outros caminhos e o sentido se realiza por outras saídas. É como a água que não se deixa sustar pelos obstáculos; ou se infiltra e segue seu rumo ou se acumula até sobrepujar a barreira ou, como diz o ditado, se põe a cavar a pedra, não com violência, mas com perseverança, até triunfar. Tal atitude da fé gera esperança invencível. O que deve ser tem força. Ninguém pode deter. Um dia vencerá a justiça e frutificará a graça histórica no meio dos homens[9].

Devido à sobreexcelência da graça sobre o pecado, a fé conta com uma espécie de reconversão do mal e da des-graça em bem e graça[10]. Tudo depende da atitude do homem face ao mal, à miséria e ao pecado. Porque é mais forte do que o pecado, a graça no homem pode fazer até da miséria caminho de engrandecimento humano. Isso não é nenhum

---

9. Cf. MESTERS, C. "O futuro do nosso passado. O que deve ser, tem força". *REB* 35 (1975).

10. Cf. GERA, L. Cultura y dependencia (nota 3), p. 174.

argumento para deixar campear o mal no mundo. Devemos criar as condições para que não se perpetue na história a cruz de Cristo e o martírio dos humilhados e ofendidos. Mas, se mesmo assim eles perdurarem, o homem pode ser maior do que eles: pode assumi-los na liberdade e vencê-los, revelando uma grandeza na própria humilhação que destrói todas as grandezas construídas pela vontade de poder dos homens. É neste sentido que Santo Agostinho podia cantar o "felix culpa". Não é nenhuma justificação do pecado. É uma apologia da graça que não pode ser limitada pelo pecado. Por isso a reconversão do mal pode ser para a fé um critério de interpretação histórica. O sofrimento do povo latino-americano ao largo de todos esses séculos deve ter um sentido. Deve estar gestando uma grande virada histórica, uma humanidade mais humana e fraterna. Não pode ser totalmente absurdo.

A realidade latino-americana torna clara a simultaneidade da graça com a des-graça. Somente uma análise ideológica e superficial procede a uma divisão de águas: graça aqui e desgraça acolá. Historicamente, onde se interpermeiam libertação e opressão, salvação e perdição, joio e trigo, a graça também se dá com a des-graça e vice-versa. Nenhuma situação histórica por pior que seja é só opressão, e não permite a graça aparecer; nenhuma situação por melhor que seja é só graça e libertação sem presença de pecado e opressão. Em face disso, uma leitura teológica coerente consigo mesma não poderá dividir os homens em oprimidos e opressores e os países em desenvolvidos e mantidos subdesenvolvidos. Não deixará de ver a pertinência de um certo tipo de análise sociológica, mas deverá conscientizar também os limites de sua vigência. A fé transcende tais limites. Não pode, sem perder sua natureza de fé, se exaurir dentro de semelhante divisão. Deverá dizer, por mais escandaloso que possa parecer para o homem político, interessado em identificar quem é quem, que todo homem é simultaneamente oprimido e opressor, agraciado e des-graçado. Ninguém é tão opressor que se possa esquivar da graça libertadora. Ninguém é tão agraciado que não hospede dentro de si o pecado opressor. Em outras palavras: por mais oprimida que tenha sido e continue a sê-lo a história latino-americana, ela possui em seu seio também a presença da liberdade e da libertação. Talvez não possa ser encontrada ao nível político e econômico; mas deverá ser buscada em outras articulações da existência humana, onde o povo pôde ser ele mesmo, viver de uma liberdade negada pelos poderosos, mas saboreada lá onde não podia alcançar o controle imperial, como é o caso da religiosidade popular, da música, dos costumes populares, do relacionamento humano caloroso que caracteriza todos os povos latino-americanos, a densidade de generosidade, a capacidade de poder suportar, de ainda alegrar-se, de saltar suas festas e celebrar seu carnaval[11].

Tais manifestações são para a fé canais por onde o sentido fez sua comunicação e sinais por onde a graça se manifesta no mundo, apesar de tudo.

Mais do que outras realidades, a situação latino-americana deixa transparecer o caráter estrutural da graça-desgraça. A reflexão cristã padece de uma grave deficiência: a ausência da articulação dos problemas em seu aspecto estrutural. Fez, na tradição teológica, minuciosas análises sobre a dimensão pessoal, os meandros da vida consciente no processo

---

11. Cf. HOORNAERT, E. *Formação do catolicismo brasileiro 1500-1800*. Petrópolis: Vozes, 1974, p. 98-136.

de rejeição e de conversão. Mas pouco vertebrou as implicações institucionais e estruturais. Por isso é ou ingênua ou voluntarista quando aborda a problemática em termos de transformação social. Na América Latina, o drama humano se apresenta em sua densidade estrutural, independendo da vontade concreta das pessoas. Pode haver pessoas boníssimas e bem-intencionadas vivendo dentro de uma estrutura geradora de opressão. Intencionalmente são contra toda sorte de privilégios; entretanto ocupam uma situação de classe que os situa dentro dos privilegiados da sociedade discricionária, favorecendo, inconscientemente e contra sua vontade, a injustiça estrutural. Por aí transparece como, uma vez mais, a condição presente do homem é simultaneamente de oprimido e opressor, a um tempo de justo e de pecador.

A consideração destes marcos teológicos deverá nos auxiliar a interpretar a realidade latino-americana em termos de graça e des-graça.

b) Des-graça como dependência e opressão estrutural

Para a ótica da fé a situação de dependência e subdesenvolvimento do continente sul-americano não deixa de aparecer como um grande pecado social e estrutural. Os sintomas que configuram a dependência são iniludíveis: fome, mortalidade infantil, doenças endêmicas, mão de obra barata, deteriorização dos salários, deserção escolar porque os filhos têm de ajudar a família a sobreviver, ausência de participação e de liberdade na reivindicação dos direitos fundamentais, corrupção política, detenção de grande porção da riqueza nacional nas mãos de pequenas elites que controlam também o Estado etc. Semelhante situação gera um modo inumano de vida; a marginalização não permite o homem ser mais homem. Tais sintomas que de per si são manifestação de pecado e estruturam o pecado no mundo, não são fatais e naturais. Resultam de um pecado ainda maior, uma opção fundamental que se orienta para o acúmulo de riqueza e poder nas mãos de minorias egoístas sem sentido social dos bens da terra e da cultura. O etos cultural que informa estruturalmente a mentalidade capitalista é profundamente antievangélico e inumano. Os sintomas referidos acima são corporificações de um modo-de-ser que, para a perspectiva da fé, não pode ser secundado, mas deve ser denunciado porque ofende os homens e nega a Deus, embora o tenha frequentemente nos lábios.

Este pecado estrutural assume forma ainda mais refinada quando é introjetado no próprio oprimido que passa a hospedar o opressor dentro de si, aceitando inconscientemente os valores do sistema montado, a imagem de homem proposto pelos regimes imperiais e seus agentes. A ideologia da classe dominante passa a vigorar como um valor nacional, sendo ensinada na escola e difundida por todos os canais de comunicação. A *intelligentzia*, sem suficiente crítica, encampa seus ideais e, sem o saber conscientemente, faz o jogo da opressão. Pessoalmente as pessoas podem viver na maior das boas intenções; estruturalmente são agentes herodianos do pecado do mundo. Onde situar a graça? No nível pessoal ou estrutural? Como advertimos acima, o homem vive ambas as dimensões; por isso, concretamente, emerge como justo e pecador; é herdeiro de uma história de pecado que ele não criou, mas que foi se gestando sob várias formas desde os primórdios da formação do continente latino-americano sob a dependência dos centros hegemônicos europeus e é também herdeiro da graça que se deu e se comunicou dentro de semelhante situação mediante o estilo do povo viver, dos valores que historicamente se cristalizaram, dos anseios de libertação e promoção humana etc.

Um cristão que se dá conta da vinculação do pessoal com o estrutural não poderá mais se contentar com uma santidade pessoal e com uma conversão apenas do coração. Perceberá que para ser pessoalmente agraciado deverá lutar para que a estrutura social se converta, se transforme em sua raiz, vale dizer, se abra à graça de Deus[12]; enquanto isso não ocorrer, sua bondade pessoal viverá uma terrível ambiguidade; é geradora de graça e de des-graça, até contra a sua própria vontade. Consequentemente, sentir-se-á necessitado de diuturno perdão e não poderá repousar, farisaicamente, sobre uma vivência cristã intimista e privatizante.

Esta contradição se torna ainda mais patente quando se verifica dentro do espaço eclesial, onde se poderia esperar mais agudeza de consciência do caráter estruturalmente pecaminoso do etos cultural vivido no continente. Como apontamos acima, a Igreja viveu e pregou o Evangelho dentro dos condicionamentos político-imperiais, mais se integrando dentro deles do que distanciando-se criticamente. Este fato torna o pecado estrutural ainda mais grave. O mal assume sua forma mais perfeita quando é feito por cristãos de boa vontade, mas ingênuos e acríticos.

---

12. Cf. FALLA, R. "La conversión desde la antropología política". *Teología y mundo contemporáneo*, p. 393-418.

c) Graça como anseio de liberdade e processo de libertação

A fé contempla como irrupção da graça a tomada de consciência continental acerca do regime de dependência e opressão que caracteriza nossas sociedades. Vê como graça a conscientização, isto é, a ação que tenta traduzir a tomada de consciência numa práxis transformadora, visando ao encaminhamento de um processo de libertação, onde o oprimido e o opressor são superados por um homem novo mais capaz de amor, de comunhão e de justiça social. É graça de Deus que, um pouco por toda a parte no Continente, haja uma efervescência contestatária ao modo de viver implantado há séculos; é graça de Deus que despertou nos jovens, nas inteligências o sentido da injustiça social e da urgência de uma transformação libertadora; é graça de Deus que surgiu uma reflexão sociológica desmascaradora das ideologias imperiais e animadora de um ideal libertário; é graça de Deus que emergiu uma pedagogia do oprimido para que possa se libertar a si mesmo, não para, revanchisticamente, também oprimir, mas para ser mais homem, mais livre, mais sujeito da história e mais responsável pelo destino coletivo; é graça de Deus o sentimento de solidariedade para com os humílimos da terra, os marginalizados, vistos como pessoas humanas com as quais há de se lutar para que seja menos difícil o amor entre os homens; é graça de Deus a consciência nova da Igreja latino-americana que se penitencia de seus compromissos históricos com os regimes instalados e que se faz solidária no processo de libertação; é graça de Deus a descoberta dos valores do povo, de sua cultura popular, do cerne de seu etos não contaminado pela ideologia oficial imperante, de sua religiosidade, pela qual deu sentido à sua existência e alimentou a esperança contra todas as esperanças terrestres; é graça de Deus a emergência de tantos profetas, apaixonados pela justiça que se tornaram mártires porque foram silenciados, perseguidos, torturados e até mortos por uma causa maior do que a vida, em favor dos sem voz nem vez; é graça de Deus o caminho da teologia e da Igreja que procuram ser fiéis aos clamores que vêm do povo, buscam uma nova encarnação do Evangelho dentro da cultura que aqui se vai plasmando e ensaiam uma nova práxis da fé engajada na construção do mundo, para que possa preparar e antecipar o mundo novo que Deus trará para todos os homens.

É vitória da graça de Deus que o povo pôde ser livre apesar de ser oprimido social e politicamente, livre na forma como criou sua cultura popular, a religiosidade, sua música, sua cozinha, sua linguagem. A opressão não conseguiu desumanizá-lo; aprendeu a suportar com uma longanimidade que recorda o Deus de Nosso Senhor Jesus Cristo; não deixou de ser hospitaleiro, bondoso, jovial no amor às festas, à música, ao convívio. Aquilo que para a cosmovisão pequeno-burguesa e secularizada podia parecer resignação e mentalidade fatalista, pode bem ser a forma como o povo haure forças para continuar a suportar e a sobreviver: "Deus é Pai, Deus é bom; faça-se a vontade de Deus!"

É por fim da graça de Deus a invencível certeza de que estamos gestando um novo tipo de sociedade mais digna dos homens e de Deus que nascerá das contradições do presente, onde haverá maior participação de todos com todos e onde florescerá mais liberdade e justiça.

Nos melhores espíritos existem aqueles sentimentos de profunda reconciliação acima de todas as contradições que um judeu deixou escrito num papel de embrulho antes de entrar na câmara de gás e que reproduzem excelentemente o que ocorre na América Latina:

"Senhor, quando vieres na tua glória, não te recordes apenas dos homens de boa vontade. Lembra-te também dos homens de má vontade. Não te lembres, então, de suas crueldades, de suas sevícias, de suas violências. Lembra-te dos frutos que nós produzimos por causa daquilo que eles nos fizeram. Lembra-te da paciência de uns, da coragem dos outros, da camaradagem, da humildade, da grandeza de alma, da fidelidade que eles despertaram em nós. E faze, Senhor, que os frutos que nós produzimos sejam um dia a sua redenção".

IX
A experiência da graça na vida de cada pessoa

Até o presente nossa meditação tentou articular a experiência da graça no vasto horizonte científico-técnico de nosso tempo. A seguir descemos a um nível mais concreto, à nossa realidade latino-americana e brasileira. Agora queremos nos concentrar no concreto-concretíssimo que é a existência de cada pessoa particular. Embora imersa em seu contexto sociocultural, a pessoa emerge sempre como individualidade irredutível. Cada um é, de certa forma, uma totalização do universo. Por isso possui um sentido absoluto em si mesmo. Cada qual vive a sua experiência da graça pela qual traduz seu Sim pessoal e único ao Mistério do Amor.

Para fazermos a experiência da graça – isso deve ter transparecido ao largo de nossas reflexões precedentes – devemos superar um empecilho característico da modernidade: o espírito de geometria. Por ele nos habituamos a dividir e a dissecar em compartimentos toda a realidade: por um lado Deus, por outro o mundo, entre eles, o homem; a experiência cristã vem afanosamente traduzida em dogmas, cânones, normas, tradições. Este espírito é útil para as ciências exatas. Mas pode ser desastroso para a teologia. Deus, certamente, entra nos compartimentos conceptuais humanos. Mas também os faz explodir. Para as coisas santas precisamos de outro espírito: espírito de fineza, de cordialidade e de cortesia. Ao intelecto há que estar junto o coração (cor-dialidade, cor-tesia); ao saber, o sabor; à razão instrumental, a razão sapiencial e sacramental. Pelo espírito de fineza e de cor-dialidade transcendemos, assumindo, as divisões do espírito de geometria. Começamos a perceber e a saborear o sentido das coisas que ultrapassa as finalidades práticas e os interesses humanos. Descemos a uma dimensão que, respeitando a verdade científica do mundo, nos abre para a verdade derradeira do universo. Pelo espírito de fineza contempla-se o mundo ligado e religado a um Mistério que na Tradição cristã se chamou de gratuidade e graça divina das e nas coisas. Este espírito gera a cordialidade, a cortesia para com cada manifestação da vida e do mundo. Ele nos abre os olhos para outras dimensões presentes em todos os fenômenos: as coisas deixam de ser meramente coisas e passam a ser sacramentos de Deus e de seu Amor. A opacidade da imanência do mundo e a abstrata transcendência de Deus dão lugar à transparência de Deus no mundo. Quando falamos em graça, os cristãos visualizamos semelhante fenômeno. Deus presente no mundo transfigura o mundo. Conservando sua densidade própria, torna-se sacramento e veículo da comunicação concreta de Deus.

As reflexões anteriores tentaram deixar claro a realidade teológica do mundo. Este sempre vem imbuído e penetrado pela graça de Deus, porque, a despeito da presença do pecado e da recusa humana, o Amor divino jamais se nega e deixa de se autocomunicar. Deus está sempre presente de forma plena no mundo. O mundo, porém, nem sempre está presente de forma plena em Deus. Nem sempre o mundo e o homem deixam Deus transparecer. Podem impedir que a presença de Deus apareça e emirja fenomenologicamente. Os obstáculos não destroem a presença de Deus. Impedem que ela se historize no mundo. Dificultam a experiência da graça.

O homem vive permanentemente dentro do meio divino da graça. É como a vida dentro da qual o homem se encontra. Que é a vida? Como a experimentamos? Não podemos definir a vida, porque não podemos sair dela. Ao defini-la, já a supomos porque para definir precisamos primeiro viver. O que podemos fazer é conscientizar as estruturas da vida que estão em nós, situar-nos dentro da vida. Não para definir a vida, mas para definir nossa posição face à vida. Algo semelhante ocorre com a graça e sua experiência. Não podemos contê-la nas nossas malhas, porque é ela que nos contém e envolve. Experimentar a graça é experimentar a atmosfera salvífico-vital que nos penetra, deixar sobrevir a gratuidade na qual nos movemos. Por tudo o que pensamos e fazemos, experimentamos, implicitamente, Deus e sua graça. Mas nem sempre temos consciência disso. Nossa ignorância, no entanto, não destrói esta realidade. A realidade é maior que o âmbito da consciência. Esta, a consciência, se opera no interior da realidade, captando-a, representando-a, assumindo-a, rejeitando-a, modificando-a, historizando-se com ela. Uma das falácias da Modernidade consiste em ter reduzido a realidade à consciência. O ontológico começou a predominar sobre o ôntico. Com isso o Mistério foi reduzido pela consciência a um simples problema ou a um mero enigma. A consequência é a irrupção da angústia. Esta é a forma como o Mistério pode estar presente na consciência como inconsciente e anônimo, contudo sempre presente. O Mistério acolhido, a realidade aceita como alteridade para a consciência gera o diálogo, a troca, o amor, o êxodo de um para o outro como doação e mútuo enriquecimento, alegria e jovialidade da novidade.

Se vivemos e nos movemos dentro do meio divino da graça (cf. At 17,28), então qualquer situação é apta a nos introduzir à experiência da graça. Foi o que intentamos mostrar nos capítulos anteriores. Agora queremos escolher (e toda escolha é fruto de critérios subjetivos) algumas articulações fortes da vida pessoal, onde se manifesta mais limpidamente a presença daquilo que graça significa. Repetimos: não que a graça só se encontre nestes nós existenciais. Ela repleta toda a vida e a vida toda. Mas nestes momentos marcantes ela transparece com convincente resplendor[1].

1. A experiência do especificamente espiritual no homem como experiência da graça

Este tipo de experiência foi elaborado de modo muito fino por Karl Rahner[2]. Fizemos alguma vez a experiência daquilo que é tipicamente espiritual no homem? Não pensamos tanto na experiência de pensar, de apreciar uma obra de arte, de saborear uma música ou de gozar de uma amizade. Evidentemente nestes modos de ser aparece de forma clara o que seja o espírito. Mas existem outras articulações,

---

1. Cf. a principal bibliografia sobre o assunto: GUARDINI, R. *Freiheit, Gnade, Schicksal* – Drei Kapitel zur Deutung des Daseins. Munique, 1948, p. 125-189. • Id. *Unterscheidung des Christlichen*. Mainz, 1935, p. 335-360: Der Glaube an die Gnade und das Bewusstsein der Schuld. • LANGEMEYER, B. "Die Frage nach dem gnädigen Gott heute". *Geist und Leben* 43 (1970), p. 125-135. • Id. "Das Phänomen Zufall und die Frage nach der göttlichen Vorsehung". *Geist und Leben*, 45 (1972), p. 25-41. • FRANSEN, P. "Pour une psychologie de la grâce divine". *Lumen vitae*, 12 (1957), p. 209-240. • MEISNER, W.W. *Foundations for a Psychology of Grace*. Glen Rock, 1965. • LEWIS, H.D. *Our Experience of God*. Londres, 1959. • RABUT, O. *L'expérience mystique fondamentale*. Tournai, 1969. • MARÉCHAL, J. "A propos du sentiment de présence de Dieu chez les profanes et chez les mystiques". *Études sur la psychologie des mystiques 1*. Bruges 1929, p. 69-129. • BOFF, L. *A atualidade da experiência de Deus*. Rio de Janeiro, 1974.

2. "Uber die Erfahrung der Gnade". *Schriften zur Theologie IV*. Einsiedeln, 1964, p. 105-109.

nas quais, quiçá, transparece mais genuinamente o que é e pode o espírito como liberdade e determinação interior. Situações que aparentemente são menos humanas mostram mais verdadeiramente humano no homem. Não fizemos, alguma vez, a experiência de calar quando, incompreendidos, nos poderíamos ter justificado? De silenciar quando, injustamente, fomos feridos no íntimo? Não fizemos a experiência de perdoar com toda a sinceridade e por pura gratuidade? Não fizemos, por acaso, a experiência de ter seguido penosamente nossa consciência e conservado a pureza do coração quando bem poderíamos ter tergiversado e compactuado e até conseguirmos vantagens pessoais? Não temos renunciado livremente a benefícios de ordem pessoal, saudados e aplaudidos por outros, mas que comprometiam uma senda abraçada na vida? Não tentamos amar e ser fiéis a Deus, numa opção fundamental do coração, mesmo nada mais sentindo, superando a tentação da acomodação e da escolha de um caminho menos árduo embora honesto? Não temos, quem sabe, aceito nossa limitação interior de ordem intelectual, emotiva e de comunicação, alguma doença ou até falta moral, sem revolta nem lamúrias, mas abraçando e vivendo com coragem a onerosa existência?

Quando tivermos experimentado tudo isso, então fizemos a experiência daquilo que é o especificamente espiritual no homem, daquilo que é a transcendência viva, que não é um pedaço do mundo, ao contrário, que é maior do que mundo, mais excelente do que o sucesso e mais plenificador do que a simples felicidade. Espírito não constitui uma parte do homem. É o homem todo inteiro no modo de ser de transcendência, de capacidade de superação e de poder se orientar para além do princípio de prazer. Para quem vive em radicalidade este modo de ser (espírito) até a calamidade e a desgraça são meios de crescimento. O homem espiritual se aperfeiçoa com a desgraça. O insensato se lamuria, se acovarda e se confirma na insensatez.

Ao experimentarmos assim o espírito, experimentamos juntamente aquilo que graça e sobrenatural significam. O espírito aqui já não é mais simplesmente espírito. É o Espírito Santo que está em nós e nos move.

Quando nos entregamos ao mistério da vida, quando não nos pertencemos mais, quando não nos colocamos mais em primeiro lugar, quando nos fazemos serviço e doação aos demais, quando cremos e esperamos que, apesar de tudo, nada escapa ao desígnio do Mistério e que por isso nenhum mal e nenhuma desgraça, por mais cruel que se antolhar, nos podem separar do Amor de Deus, então experimentamos aquela realidade que o cristianismo chama de graça.

Semelhante experiência não nos legitima dizer: eis que tenho a graça! Quem assim diz já se situa fora da dimensão da graça porque não possuímos a graça, senão que somos possuídos por ela. Só podemos buscá-la e encontrá-la, ou melhor, somente seremos encontrados por ela se nos esquecermos de nós mesmos.

2. Que alguma coisa exista, é graça

Não há nenhuma razão para que algo exista. Nada no mundo, nem mesmo o próprio mundo, é necessário. E contudo existe o mundo com todas as suas coisas e fatos. Ele é pura gratuidade que está aí como um fato bruto, apelando por uma razão transcendente ao próprio mundo que justifique sua existência. Esta experiência é feita com mais profundidade ao nível do mundo pessoal. A pessoa não emerge como um em-si. Não se autocria. Depende de outros para entrar no mundo. Outros a amaram e a aceitaram no mundo ao nascer. Sempre encontra-se criada, porquanto, como pessoa, vive humanamente na medida em que entra no jogo de trocas ao dar e receber amizade, amor, serviços, informações etc. Na dimensão da liberdade, onde aparece melhor o próprio do homem, faz-se a experiência irredutível da gratuidade do encontro, da fortuidade do amor e do não planejamento da reciprocidade humana. Que o homem-pessoa assim exista é absolutamente gratuito. Todos fazemos a experiência de nossa contingência. Nenhuma razão do mundo exige que eu, com estas características pessoais, raciais, culturais, religiosas, físicas, psicológicas, hormonais, exista e deva existir. E contudo existe o fato de que existo.

Num sentido dinâmico e histórico a pessoa não possui a natureza em plenitude desde a origem. Tem um percurso a fazer, no qual vai conquistando sua identidade, no confronto com os múltiplos diferentes que encontra. A liberdade é a forma pela qual e na qual a pessoa se exprimindo no mundo se constrói e se conquista a si mesma. A natureza pessoal completa (sempre num sentido histórico) somente se logrará no termo da caminhada e não no seu começo. Resulta do empenho e do exercício da liberdade, pelos quais a pessoa cria sua personalidade. Esta criação não é fatal. Não é consequência mecânica de um plano fixo. Mas dimana do jogo das liberdades doadas por outros, dos encontros imprevisíveis, enfim da história, cujo futuro nem sempre é controlável. Daí emerge a dimensão de gratuidade que compõe cada existência pessoal.

O homem moderno não tem dificuldades em experimentar semelhante gratuidade ao nível pessoal. Para ele o problema surge na referência com o mundo, representado com o instrumentário científico a nossa disposição[3]. A imagem do mundo veiculado pela física clássica dos sistemas fechados se orientava pela ordem, pela necessidade física e pelas leis imutáveis da natureza. O acaso constituía um problema para a filosofia das ciências e para a religião. Procurava-se enquadrá-lo no horizonte do sentido ainda não descoberto das leis da natureza. Acaso constituía ignorância da verdadeira causa. A ciência moderna dos sistemas abertos especialmente no âmbito da física atômica e da bioquímica, da teoria quântica (Planck) e da teoria da indeterminabilidade dos elementos subatômicos (Heisenberg) nos põe em contato com outro tipo de experiência. A experiência mais fundamental é a do acaso e das probabilidades. Neste horizonte cobram sentido as expressões "sorte" e "azar". A partir deste pano de fundo do acaso devemos interpretar as leis naturais e o sentido. As leis físicas são leis estatísticas e a concretização de uma probabilidade entre mil outras. A manipulação e a factibilidade do mundo supõe o acaso e a probabilidade. Em outras palavras: o mundo não está feito uma vez por todas, nem é dominado por uma necessidade cega e interior. Ele é factível. Em condições artificialmente estabelecidas se podem produzir novas configurações de átomos e moléculas. O processo atômico se realiza aos saltos, de forma descontínua, em quantas (Max Planck). As combinações não podem ser totalmente previstas; vigora um princípio de indeterminabilidade que torna possível uma combinação casual. Isso vale

---

3. Cf. o tratamento muito pertinente da questão por LANGEMEYER, B. O.F.M. Das Phänomen Zufall (nota 1). • MONOD, J. *Acaso e necessidade.* Petrópolis: Vozes, 1973. • VV.AA. (G. Eder, W. Wickler, W. Kern). *Gesetzmässigkeit und Zufall der Natur.* Würzburg: [s.e.], 1968. • MUSSARD, J. *Gott und der Zufall.* 3 vols. Zurique: [s.e.], 1970.

especialmente para a combinação que responde pela vida sobre a terra: a cadeia-DNS. Num determinado momento de nosso planeta se realizou efetivamente uma probabilidade entre milhões. Surgiu a vida que se caracteriza pela duplicação exata da cadeia. A diversificação em espécies de vida diferentes (vegetal, animal etc.) se deve a irregularidades na transmissão da cadeia-DNS que por sua vez se estabeleceram como necessidades. Este acaso físico, presente na origem da vida, acompanha permanentemente o percurso da vida, no crescer, envelhecer e morrer. Embora a tendência da cadeia-DNS seja de se manter, vão se acumulando irregularidades casuais de tal monta que o organismo começa a se decompor até fenecer totalmente.

À luz desta verificação científica, não são poucos os que proclamam o acaso e a indeterminabilidade como as categorias mais universais e adequadas para a interpretação do mundo do que aquelas da ordem e da harmonia.

Entretanto, o acaso constitui somente uma faceta da realidade. As combinações casuais tendem a constituir uma ordem e um sistema com relativa estabilidade. Por isso dizia o grande teórico da Teoria Geral dos Sistemas Ludwig von Bertalanffy: "Podemos declarar, como característica da ciência moderna, que o esquema de unidades isoláveis atuando segundo a casualidade em um único sentido mostrou-se insuficiente. Daí o aparecimento em todos os campos da ciência de noções tais como totalidade, holístico, organísmico, Gestalt etc., significando todas que, em última instância, temos de pensar em termos de sistemas de elementos em interação mútua. De modo semelhante, as noções de teleologia e finalidade pareciam estar fora do âmbito da ciência... sendo interpretadas como um pseudoproblema, intrinsecamente estranho à ciência, sendo meramente uma equivocada projeção do espírito do observador numa natureza governada por leis sem finalidade. Contudo, estes aspectos existem e não se pode conceber um organismo vivo, já não falando do comportamento e da sociedade humana, sem levar em conta aquilo que de maneira variada e um tanto imprecisa é chamado adaptação, finalidade, intencionalidade etc."[4] Estes sistemas, entretanto, não podem ser deduzidos de um princípio ou de uma lei inexorável. Perdura a indeterminabilidade de elementos imprevisíveis, fazendo emergir unidades novas que possuem sua finalidade, mas que só pode ser analisada *a posteriori*.

A fé num Deus pessoal e previdente não se sente ameaçada por esta imagem do mundo. Deus não é uma categoria imediatamente explicadora dos fenômenos intramundanos. É a palavra para o Mistério da existência do fato total do mundo que, como fato, não é um problema científico, embora fique a reclamar um sentido e uma explicação de sua existência. Para a fé, Deus é Aquele que colocou tudo em movimento. O movimento, entretanto, pode muito bem processar-se pelas combinações do acaso, tendendo a formar sistemas e unidades cada vez mais complexas. Estes sistemas e unidades levantam a questão de uma unidade final e escatológica. Para onde vai a viagem? Para uma total desordem ou para um fim bom e ordenado? O sentido do acaso não é a anarquia cósmica, mas a ordem aberta a novas sínteses e a novos sistemas. Isso constitui antecipação de uma possível ordem derradeira. Fé em Deus é fé num sentido último. Crer em Deus não é substituir o acaso dos

---

4. *Teoria Geral dos Sistemas*. Petrópolis: Vozes, 1973, p. 71-72. • Cf. CHURCHMAN, C.W. *Introdução à teoria dos sistemas*. Petrópolis: Vozes, 1972, p. 229-296.

fenômenos intramundanos por uma Providência superior. A Providência divina não se situa no mesmo nível que os fenômenos. Crer em Deus implica que Deus deixa o mundo em sua autonomia e no jogo de suas combinações. Isso não deve ser entendido deisticamente, mas numa reta teologia da secularização. Deus não entra diretamente como fenômeno mundano. Ele entra como princípio e fundamento que tudo possibilita. Mas a atuação concreta e imediata dos fenômenos se processa dentro do jogo das probabilidades. Por ele se formam os sistemas e as unidades que corporificam um sentido e uma finalidade. Crer em Deus significa que tais sentidos gerados intramundanos não se frustram de forma absoluta, mas antecipam um Sentido derradeiro para todo o cosmos. Jesus chama de Reino de Deus a esta última totalização da realidade com o Sentido último. A sorte e o azar intramundanos são assim abarcados por um Sentido superior. Por eles se concretizam ou falham os sentidos captáveis pelo saber científico. Entretanto, o saber não se esgota nesta possibilidade científica. Ele lança também a pergunta pelo futuro e pela totalidade e aí se defronta com a dimensão da gratuidade: o mundo como fato total é gratuito; os fenômenos intramundanos se regem por uma gratuidade científica que se chama acaso; este, por sua vez, se orienta na composição de unidades com características teleológicas e sistêmicas que sugerem a emergência provável de um sentido e fim bom de toda a criação. A fé cristã conta ainda com um precedente excepcional que rompe a cadeia férrea da vida-morte: a ressurreição de Jesus Cristo. Por ela cobra esperança e certeza do desembocar feliz de toda a realidade. A graça do começo se con-graça com a graça do fim. Mas para se perceber isso precisa-se a razão sapiencial que transcende a razão analítico-instrumental.

3. A experiência da gratuidade do imprevisível

Jorge Faria Lima dirigia seu carro pela rua, debaixo de um pesado viaduto. De repente, alguém o ultrapassa e freia a sua frente. Tem que frear também ele violentamente. Nem lhe sobrou tempo para dizer um costumeiro palavrão e eis que parte do viaduto se precipita à sua frente. Esmaga o carro e seu ocupante que o havia ultrapassado. Jorge é assaltado por um único sentimento: Por que exatamente eu deveria escapar?! Por que exatamente naquele momento fui ultrapassado e a violenta freada me libertou da morte? Por que precisamente *eu*? Vive o fato não como fruto de um acaso. Experimenta uma Providência. Quer agradecer a Alguém. Sente que deve agradecer. Sente-se agraciado e precisa devolver graça com graça, vale dizer, render ações de graças. Jorge agradece a Deus e ao desígnio de seu Mistério. Fez a experiência do absolutamente gratuito e do evento como vinculado não a uma força neutra, casual, mas a uma Pessoa que tudo ordena. Por aí se entendem as palavras de G.K. Chesterton: "O pior momento para o ateu é aquele em que sente que deve agradecer e não sabe a quem". Há fatos que vêm carregados de tal densidade de sentido que não se deixam adequadamente explicar como "sorte", ou como "acaso". Transparece uma atuação de uma grandeza de ordem pessoal e transcendente. Aqui conviria distinguir "sorte" de graça. A sorte, como asseveramos acima, pode ocorrer no jogo casual das possibilidades. Que alguém ganhe na loteria esportiva não precisa ser vivenciado como graça. Geralmente o é como sorte ou azar. A interpretação como graça no caso pode possuir um caráter meramente subjetivo; não se deixa comunicar univocamente como graça; o outro sempre pode interpretar o fato como conjunção feliz do acaso. A dimensão de graça emerge quando o evento possui densidade humana e existencial tal que provoca o homem para uma decisão para Deus. O sentido plenificador se torna tão lúcido que remete logo a uma Instância transcendente e convida para a ação de graças. Para que graça seja graça, por mais paradoxal que possa parecer, precisa irromper como coroação de um empenho, de uma busca e de uma dolorida espera. Assim Abraão e Sara, Elcana e Ana, Zacarias e Isabel, que não possuíam filhos, celebram o nascimento de Isaac, de Samuel e de João Batista como graça de Deus. Possuir um filho para um casal fértil situa-se no horizonte das possibilidades concretas. Não assim para um casal estéril. Aqui há um limite intransponível e ultrapassa as possibilidades concretas. Eis que nasce o filho das lágrimas, das longas vigílias e da grande espera: o impossível concreto (não metafísico) se tornou possível. É a graça de Deus. Graça que não exime o homem de se empenhar e de buscar. Paternalismo é a "graça" dada sem ter sido pelejada e sofrida. Não engrandece o homem nem o abre para o hino de ação de graças. Antes pelo contrário, humilha-o porque o deixa na anterior situação de dependência e de assistencialismo. Graça que eleva o homem precisa ser o dom de uma conquista. Então a obra que surge é totalmente de Deus e também totalmente do homem. Ambos celebram um encontro gratificante. É a graça.

4. A experiência da gratuidade nos relacionamentos legais

A gratuidade presente na vida se manifesta também através dos relacionamentos sociais e legais de uma comunidade. Um criminoso é condenado por seus crimes. Aplica-se a justiça penal. Se o legislador, fazendo uso de suas atribuições, perdoa, comuta ou abrevia a pena por ocasião do Natal, o condenado se sente agraciado. Usamos até a expressão agraciamento ou agraciação. O legislador não estava obrigado por lei a agraciar; se agracia, o faz por gratuidade. Semelhante experiência é vivida também na burocracia civil. As leis têm sua vigência. Mas sempre dependem de um "jeitinho" e de uma interpretação benévola. A pessoa sente-se agraciada quando vê seu problema resolvido, apesar da clareza das leis. É que o exator pode, maldosamente, protelar os despachos, complicar as vias burocráticas, interpretar num sentido restritivo o teor da lei. Diz-se com razão: aos inimigos aplicamos as leis, aos amigos fazemos justiça. Esta sentença salienta a diferença entre legalidade (concordância da letra da lei com sua execução) e justiça (concordância do espírito da lei com o problema da pessoa concreta). A verdadeira justiça não se exaure numa codificação legal; atende àquilo que escapa ao texto da lei: a particularidade de cada pessoa com a peculiaridade de seu problema. Quando a pessoa se sente atendida nos seus reclamos de justiça e de respeito à sua personalidade, a despeito da vigência da lei, sente-se agradecida. É porque experimentou o que seja gratuidade.

5. A experiência da gratuidade no âmbito da criatividade

Um dos campos da experiência humana onde melhor aparece a gratuidade é certamente aquele da espontânea criatividade como na poesia, na música, nas artes, nos dons da inteligência e do coração etc. Admiramos estupefactos como o poeta popular e analfabeto pode trovar horas a fio numa sucessão inimaginável de combinações de palavras, pensamentos e situações. A ideia e a rima fluem com absoluta espontaneidade. As pinceladas ágeis do pintor ou os dedos do tocador de violão criam, em poucos momentos, um universo novo de cores e de sons. Esta criatividade nasce como uma fonte. Não pode ser forçada nem produzida voluntaristicamente. A pessoa é como o lugar onde um "daimon" ou um "gênio" atua. Por isso é que chamamos, comumente, as pessoas de grande e espontânea criatividade de gênios. O poeta, o músico ou o escritor sentem-se tomados pela inspiração. Por um lado é ele quem produz; suas forças e seu eu mais profundo estão num absoluto empenho; a expressão os toma totalmente, não raro, até a exaustão. Por outro lado, sentem-se possuídos por algo que está acima, dentro, fora deles, empurrando-os a criar, sacudindo-os a extrojetar a experiência interior. O poeta pode exclamar: a palavra me engole; o pintor: a forma e a cor se apoderaram de mim; o músico: a música, a suavidade me arrebataram. É a experiência da gratuidade.

A criatividade artística não dispensa o trabalho, a preparação e a ascese. Funcionam como preparação para a inspiração. A inspiração mesma não pode ser produzida. Ela irrompe. Por isso a importância da boa hora, da conjunção de fatores imponderáveis para preparar a emergência explosiva da criatividade. Por aí se distingue a técnica da criatividade. A técnica pode ser exercida a toda hora e em qualquer momento; a criatividade precisa de uma determinada hora e não pode ser forçada a se manifestar em qualquer momento. O que o homem produz com o seu empenho voluntarístico é o trabalho. O resultado da criatividade é a obra. A obra, como acenamos acima, não dispensa o trabalho. Mas o trabalho ocupa uma outra função: a de dar forma à criatividade, a de canalizá-la, submetê-la ao rigor de uma ascese ordenadora pela qual o artista consegue expressar tudo o que pode, sem diluir-se no gozo dionisíaco daquilo que o possui. Pelo trabalho assíduo os gênios puderam alçar-se para uma verdadeira universalidade e chegar a falar para todos os homens e para todos os tempos. Ligada à criatividade está a fantasia e a imaginação criadora. Os modernos estudos[5] mostraram convincentemente que fantasia não é mero devaneio e mecanismo de fuga da realidade conflitual. É a chave explicadora da verdadeira criatividade também em ciência. Pela imaginação e fantasia rompem-se as evidências imediatas ou científicas, abandonam-se os pressupostos aceitos e começa-se a pensar heterodoxamente e a ensaiar o caminho por uma outra direção. Pela fantasia se desmascaram os limites da realidade. Esta é a concretização de uma probabilidade, como escrevemos acima. Mas não são afogadas as outras infindas probabilidades. Com eles o homem pode sonhar e construir o ainda-não-experimentado. E podem se fazer realidade, porque a vida é mais forte que as estruturas que a suportam e os esteios que a escoram. Assim a palavra decisiva não cabe aos fatos brutos; a palavra verdadeiramente criadora não foi ainda pronunciada; a libertação ainda não se operou totalmente; pela fantasia se conserva a primazia do futuro e da esperança sobre a brutalidade dos fatos e o peso do presente. Por ela o homem manifesta sua essência

---

5. SARTRE, J.P. *L'imaginaire, Psychologie phénoménologique de l'imagination*. Paris, 1940. • ROY, L. *Hart, Unfinished Man and the Imagination*. Nova York, 1968. • LYNCH, W.F. S.J. *Christ and Apollo*: The Dimensions of the Literary Imagination. Nova York, 1960. • KELSEY, M.T. *Dreams, the Dark Speech of the Spirits*: A Christian Interpretation. Nova York, 1968. • COX, H. *A festa dos foliões* – Um ensaio teológico sobre festividade e fantasia. Petrópolis, 1974; ALVES, R. *Il figlio del domani*. Brescia, 1974, p. 59-184.

íntima: sua capacidade de transcender e viver sempre para além de todos os limites. Como dizia Harvey Cox: "A fantasia é como que um húmus do qual brota a habilidade do homem de inventar e inovar. A fantasia é a fonte mais rica da criatividade humana. Teologicamente falando, é a fantasia a imagem do Deus criador no homem. Como Deus, cria o homem, na fantasia, mundos inteiros *ex nihilo*, do nada"[6]. É a fantasia que alimenta no homem o princípio-esperança e sua dimensão utópica pela qual faz mover a história, se abre sempre para o futuro e se renova continuamente, libertando-se das esclerotizações de suas próprias construções. É no horizonte da imaginação e da fantasia que a gratuidade se mostra assim como é, gratuitamente.

6. Experiência da gratuidade no sucesso

O sucesso é fruto do dom e da conquista humana. Sem o dom e o motor inicial não há vontade criadora. Sem empenho, trabalho, luta não há vitória. A conjunção feliz do dom e do esforço torna a vida gratificante e confere-lhe plenitude, vivida como realização pessoal, felicidade de viver e densidade de sentido. A gratuidade se revela, pois para o sucesso entram tantas variáveis que escapam ao poder manipulador do homem, que este é levado a agradecer. Alegra-se pela plenitude lograda. Comparte no círculo de amigos. Festeja e joga.

A graça da gratuidade, no entanto, aparece quando o homem reconhece o dom presente no seu esforço. Dizia Pelé, o rei do futebol mundial: "Deixem-me, por favor, jogar o futebol que Deus me deu". Cruyff, astro do futebol

---

6. *A festa dos foliões*, p. 63.

europeu e criador de um novo estilo de jogo: "Ganhei dotes indispensáveis para ser um bom jogador". Este re-conhecimento gera humildade, simplicidade, sentimento de ser habitado por Alguém maior. O sucesso não ensoberbece nem fecha para dimensões mais fundamentais da vida como abertura para todos, saber perder tempo com os amigos, conservar o olhar para o desinteressado da beleza, da carícia e da quotidianidade em sua obscura opacidade. Tal atitude cria em contrapartida a simpatia dos outros, a admiração verdadeiramente humana, a transparência pessoal.

A gratuidade não re-conhecida e a atribuição do sucesso unicamente ao esforço humano origina ostentação, inflação do eu, soberba que faz a pessoa se colocar sempre em primeiro lugar; surge o artificial, o teatral, as máscaras, a complicação no trato e a preocupação neurótica pela própria imagem. Podemos admirar o sucesso, mas começamos a nos antipatizar com a pessoa; esta perde o brilho, o fascínio, a comunicação. O isolamento e a solidão sofrida é o castigo para o bem-sucedido vaidoso e orgulhoso. Nisso transparece pesadamente o que seja des-graça no interior de um dom não re-conhecido.

7. A experiência da gratuidade na festa e no jogo

Um momento-forte da vida, no qual aparece lidimamente a gratuidade, reside na festa[7]. A festa não é marcada por interesses e utilidades práticas, mas pela pura gratuidade. Ela possui sentido em si mesma, como celebração da alegria de viver. Festejar é afirmar a bondade do mundo. É

---

7. COX, H. *A festa dos foliões*, p. 25-60. • PIEPER, J. *Zustimmung zur Welt. Eine Theorie des Festes.* Munique, 1963. • CAILLOIS, R. *L'homme et le sacré.* Paris, 1950, p. 121-162; mais bibliografia cf. BOFF, L. *A oração no mundo secular.* 3. ed. Petrópolis, 1975, p. 41-44.

viver, no tempo circunscrito à festa, uma reconciliação dos homens e de todas as coisas. Suspende-se o tempo dos relógios; cessa, por uns momentos, a conflitividade humana. Goza-se a antecipação de um paraíso. Um dia de festa é um dia livre, livre do trabalho servil, onde se articulam os interesses. Festejar supõe ruptura do quotidiano. Por isso a festa é um dia diferente dos outros dias. Esta ruptura é feita para se poder celebrar. A celebração implica num excesso, na ruptura das medidas comuns, das formalidades, da economia. A festa é um fenômeno da riqueza. Riqueza não significa ainda possuir dinheiro. Riqueza da festa é a riqueza do coração, da alegria, da afirmação da bondade do mundo. Somente este tipo de riqueza impede que o excesso degenere – o que é comum aos ricos em dinheiro – em orgia. O motivo da alegria da festa, nos diz o grande estudioso do fenômeno Joseph Pieper, é sempre o mesmo: "o fato de que alguém possui ou recebe aquilo que ama. A alegria é uma expressão do amor. Quem não ama nada ou a ninguém não pode se alegrar, mesmo que o suspire de forma desesperada. A alegria é a resposta do amor que se reparte com a pessoa amada"[8]. "Ubi caritas gaudet, ibi est festivitas", escreveu São João Crisóstomo[9].

O homem procura sempre ocasiões para festejar. A liturgia o entendeu bem. Fez de cada dia motivo para festejar a bondade do mundo, dos homens, da redenção e da presença de Deus. Por isso tudo culmina na ação de graças.

A festividade da festa não depende dos preparos da festa. Nem da vontade dos participantes. Ela é gratuidade. Surge na medida da pureza das intenções e da capacidade

---

8. PIEPER, J. *Über das Phänomen des Festes*. Köln/Opladen, 1963, p. 10.

9. *De sancta Pentecostes, hom.* 1: PG 50, 455.

de cada um se deixar captar pela própria gratuidade. Então a festa revela o seu dom, o gosto de estar juntos, de comer e de beber, de cantar e de dançar, de trocar sentimentos e de abrir os corações.

8. Graça como felicidade na alegria e na dor

Poucas realidades manifestam mais a graça do que a própria vida em sua espontaneidade, contradição e riqueza. Num primeiro momento a vida é alegria de viver, exuberância, agilidade, flexibilidade, liberdade e espontaneidade que desponta nas plantas, nos animais, nas crianças, enfim, em tudo o que é vivo. É explosão, conquista de espaço, alegria de ser. Num segundo momento a vida encontra obstáculos. Topa com a contradição; tem que superar resistências; defronta-se com a dor; faz-se presente a morte. Tudo pertence à vida; a vida é alegria, a vida é dor. Custa ao homem acolher a ambas simultaneamente como dimensões do mesmo fenômeno-vida; quer uma e foge da outra. A graça surge como força de síntese de ambas na riqueza da vida. Há graça na alegria, como é fácil de se ver; na dor não está ausente a graça, como poucos creem. Como dizia Leonardo Coimbra: "A graça é, antes da dor, o sorriso da alegria; é, depois da dor, a unidade reconquistada"[10].

Compreende que na dor pode haver graça aquele que não busca a alegria e a felicidade em si mesmas e a todo custo. A alegria e a felicidade são sempre fruto. Deve-se buscar o reto, o justo, o bom e o verdadeiro. Como resultado virá a felicidade e a alegria. Não pode haver felicidade e alegria se previamente não se houver construído o justo e o

---

10. *A alegria, a dor e a graça*. Porto, 1916, p. 170.

verdadeiro. No afã desta construção podem aparecer contradições e obstáculos que causam sofrimento e dor. Mas é uma dor e um sofrimento dignos, os únicos que possuem um sentido evidente, porque nascem da luta pela superação daqueles motivos que geram o sofrimento. Poder suportá-los com sentido e valentia é obra da graça.

No cristianismo fez-se sempre estreita ligação entre dor e amor. Na verdade, amor só faz rima verdadeira com dor. Entretanto, não é o amor que se enraíza na dor, mas a dor no amor. Por isso não é a comunidade da cruz que cria a comunidade do amor, mas esta fundamenta aquela. Daí não possuir a ascese um significado em si, não ser uma norma, mas uma técnica: saber suportar a dor se o amor o exigir; esse amor assim sofrido traz felicidade e uma secreta alegria. É a presença da graça.

Somente um homem agraciado, afeiçoado ao mistério de Deus entende como pode haver um suportar feliz da dor, como se nota por exemplo nas epístolas de São Paulo e nos mártires que cantavam na tortura; não porque tinham uma ideia da recompensa, senão porque estavam na posse do Deus gracioso que os fazia felizes. Isso vai contra todo o eudemonismo (busca da felicidade em si). O eudemonista busca a felicidade e encontra lágrimas. O cristão possui a felicidade (Deus) e suporta a dor que resulta das lutas contra as tentações que lhe querem roubar Deus e busca a dor para fortalecer-se e purificar-se. Essa dor é gratificante; é habitada pelo amor. Dante intuiu esta dimensão da graça quando a cantou como "luce intellettual piena d'amore; amor di vero ben pien di letizia; letizia che trascende ogni dolzore" (Paraíso 30,40-42).

9. A experiência da gratuidade no encontro humano

A festa essencial para o homem reside no encontro[11]. Talvez seja este o fenômeno que mais deixa transparecer a graça. No encontro nada há de premeditado e montado. É fruto de um "acaso", de uma banalidade como o atraso de um ônibus ou de uma informação dada na rua. Pode acontecer que daí surja uma mútua abertura e comece uma história de duas liberdades que se abrem uma à outra e plenifiquem a existência. No encontro não se trata de qualquer forma de estar juntos. Só ocorre quando as pessoas não são mais umas entre outras tantas no mundo, mas se fizeram únicas. Então pode acontecer a mútua troca de confiança, de pensamentos e sentimentos. Posso entregar-me nos meus segredos, na certeza da compreensão, de juntos carregar o fardo da vida e de poder receber também o perdão. O encontro se verifica realmente quando as pessoas vivem o encontro como mútua doação e engajamento e não apenas como simpatia e irradiação de bondade pessoal. A atmosfera que se cria é de liberdade que deixa o outro ser outro. A abertura mútua, porque não é exigida nem forçada, é vivida como gratuidade. Cria as possibilidades de uma libertação do meu próprio eu, de um enriquecimento e alargamento dos horizontes da comunicação. Experimenta-se uma plenitude de sentido, uma alegria que liberta energias para o sacrifício e para a aceitação dos outros e da vida.

---

11. Cf. BOLLNOW, O.F. "O Encontro". *Pedagogia e filosofia da existência*. Petrópolis, 1974, p. 139-204. "Todo encontro é no fundo um dom que cabe ao homem como que por sorte. Como Buber o exprime no conceito tirado da esfera religiosa, todo encontro é graça. Nesse sentido, pode ele assim resumir suas considerações: "O Tu me encontra a partir da graça – pela procura não se pode encontrá-lo" (143).

O encontro pode se dar em muitos níveis, no pessoal, familiar, profissional, com toda uma situação humana ou uma classe social. Mesmo no quotidiano pode ocorrer a experiência de uma hora plena, de uma verdadeira aceitação do outro, de um sincero perdão ou de um gesto nobre de ajuda. Pode haver também encontros com pessoas maduras, humana e espiritualmente, cuja vida se tornou marco orientador para muitos. Em contato com tais pessoas podemos ver decifrados caminhos para nossos problemas interiores ou cobramos luz e força para a nossa caminhada. Em tais situações podemos fazer a graciosa experiência da enlevação espiritual, da certeza de outro mundo vivo e pessoal, de uma profunda afeição e de um agradecimento desinteressado.

O encontro-graça encontra sua forma mais convincente no amor, onde o que se goza reside na mútua doação e na vinculação livre de ambos num mesmo destino.

Todo encontro de duas pessoas acontece numa situação, num espaço e num tempo cheios de conteúdos. Há uma inegável dimensão cosmológica, social e econômica em todo o encontro, elementos esses que compõem a concretude da pessoa. Pode ocorrer, como é o caso na América Latina, que alguém se encontre com toda uma situação de pobreza e miséria. Ame e se una ao destino de uma classe oprimida. Esse encontro pode significar uma verdadeira conversão, onde a pessoa se abre a um mundo insuspeitado de novos valores, de outros desafios e novas exigências. Esse tipo de encontro desmascara uma forma de encontro celebrado efusivamente por sociedades fartas em seu egoísmo e que reduziram a fé cristã ao espaço da intimidade e da privatização, evadindo-se do compromisso que uma práxis da fé exige em termos de um amor que se engaja na libertação dos outros, de situações inumanas e injustas[12]. Esse amor encontra sua referência não a um tu isolado, mas a um tu situado, aos muitos que participam de um mesmo drama. Foi esse o encontro típico vivido por Jesus Cristo que se entregou e morreu por todos e não apenas por alguns de suas relações íntimas. Nesta entrega transparece em sua forma plena a gratuidade do amor e aquilo que significa graça libertadora.

10. A experiência do amor como gratuidade

A forma mais densa de encontro é o amor. No amor a graça não só transparece como no encontro; a graça mesma aparece porque se identifica com o próprio amor. Ou o amor é gratuito ou não é amor. Por isso a graça é definida como a comunicação do amor de Deus aos homens. O amor humano é consequência do amor divino; é resposta que a natureza humana dá ao Amor que a criou. Ama porque foi amada primeiro. Porque Deus é amor, todo amor é divino. Como se dizia em tempos de Homero: em todo o amor há um deus. Por isso o amor é fascinante, enlouquece e coloca a pessoa fora de si. Porque rompe o meramente humano. Aparece o Divino no homem.

No amor há sempre uma alteridade; amar é sempre amar o outro e, no fundo, o grande Outro, Deus; e o amor busca a união com o outro. Um místico antigo dizia: "o amor é uma força unitiva e concretiva"[13]. Mas para unir é preciso que os dois permaneçam dois; embora dois, se fa-

---

12. Cf. ASSMANN, H. *Teología desde la praxis de la liberación*. Salamanca, 1973, p. 67-70.

13. DIONÍSIO AREOPAGITA. *De Divinis nominibus*, 15, p. 180.

zem como que um. A alteridade no amor não está fora da própria pessoa. O outro está dentro da pessoa; é ela mesma. Amar é, primeiramente, um amar-se a si mesmo. Esse amor que temos para conosco mesmo é a medida do amor para com os demais. É o Senhor quem o diz: "Ama o próximo como a ti mesmo"! O pre-suposto ao "ama o próximo" é o "ama a ti mesmo"! Por que a ti mesmo? Porque o próximo mais próximo, o outro mais à mão é o "a ti mesmo". Quem *se* ama, faz do eu um *tu*. Por isso, o amor é inicialmente um amor-próprio. Em Santo Agostinho lemos: "Se não soube-res te amar a ti mesmo, não poderás amar verdadeiramente o outro"[14]. *Pondus meum, amor meus*:[15] carrego o meu próprio peso e é por amor a mim mesmo que o carrego. Amar a si mesmo é saudar a própria existência[16] dizendo: que bom que tu (eu) existes! Que felicidade é existir! A pessoa sen-te-se jogada na existência; existe gratuitamente. Alegra-se com isso ao invés de se angustiar; aceita-se ao invés de se rebelar; frui e goza da gratuidade da existência.

Mas o amor-próprio não é sinônimo de amor egoísta que se centra no eu, descansa no eu e se encaramuja no eu. Esse amor não ama a si próprio assim como o eu próprio é. Como é o próprio na sentença: Ame o próximo como *a ti próprio*? Qual é o próprio do amor-próprio? Qual é o próprio da pessoa que se ama a si própria? O próprio da pessoa é o fato de ser um nó de relações para fora de si, ser um eu sempre habitado por muitos tus e não ser um eu en-clausurado sobre si mesmo. O eu é só eu verdadeiro e não

---

14. *Sermo* 368; 5: PL 39, 1655.

15. SANTO AGOSTINHO. *Confissões* 13, 9.

16. É a tese fundamental do importante livro de PIEPER, J. *Über die Liebe*. Munique, 1972.

egolátrico quando se abre, se autotranscende e se comunica. Amar a si próprio é amar esta exigência abraâmica de romper com sua própria pátria interior, de sempre sair em busca do outro. Amar a si próprio não é amar o eu; é amar o outro que possibilita e cria o meu eu. Daí é que quanto mais *me* dou, mais sou; quanto mais renuncio a mim mesmo, mais recebo; quanto mais me abro, mais sou plenificado. A economia da pessoa é uma economia paradoxal; é a economia da doação e não do acúmulo, do dar e não do reter. O outro, portanto, surge de dentro do próprio eu. A partir do amor ao outro que sou eu-mesmo-aberto-para-o-outro é que posso verdadeiramente amar os demais. Amar os demais é saudá-los como saudei a minha própria existência e dizer: é maravilhoso que tu existes! que bom é que tu vives! E isso também para os inimigos e para aqueles que não parecem ser amáveis. Quanto mais saúdo e acolho minha própria existência, com tudo aquilo de contraditório, de perplexo, de grande e de pequeno ela encerra, tanto mais posso saudar e acolher as demais existências. Rejeitar os outros é rejeitar o outro dentro de mim. Mas somente consegue, sem verbalismos e com verdade, saudar todas as existências, também aquelas que me perseguem e odeiam, aquele que conseguir saudar a Existência que cria e sustenta todas as existências, Deus. Para quem ama Deus, tudo é possível. Escreveu Goethe: "um coração que ama alguém, não pode odiar ninguém"[17]; e, bem antes dele, Dante, ao falar de sua Beatriz, disse: quando ela apareceu, "não havia mais para mim nenhum inimigo"[18]. Quando esse alguém

---

17. *Die Laune des Verliebten*. Cena 5.

18. *Vita Nuova*. c. 2.

é Deus e Beatriz for figurativa do Absoluto então se pode compreender como o amor a Deus implica o amor a todos os que Ele ama, até inimigos, pois Ele ama também os ingratos e maus (Lc 6,35).

Amar o outro é dar-lhe razão de existir. Não há razão para existir. A vida é grátis. Amar uma pessoa é dar-lhe razão de ser, porque o amor faz a pessoa importante para a outra pessoa. "Amar uma pessoa é dizer-lhe: tu não morrerás jamais (G. Marcel)! Tu *deves* existir! Tu não podes morrer! Começa a existir uma razão para existir porque alguém se fez importante para o outro. É por isso que alguém quando ama rejuvenesce e tem a sensação de começar a vida de novo.

Todo este complexo fenômeno do amor se inscreve dentro do horizonte da gratuidade. Amor e graça é uma redundância; o homem tem necessidade de amor, mas de amor livre e gratuito; só este plenifica, enleva, traz felicidade e gozo indescritível. Só quem sabe do verdadeiro amor pode entender as palavras mais sagradas do cristianismo: Deus é amor (1Jo 4,8.16), o amor vem de Deus (1Jo 4,7) e o amor não morrerá jamais (1Cor 13,8). É a graça divina na graça humana.

11. A graça acontece: pouco importa quando, onde e como

O pensamento cristão articulou situações claras e límpidas moral e religiosamente para mostrar a atuação da graça no mundo. Entretanto, à força de fazer assim, acabou esquecendo com facilidade que a graça-como-amor-de-Deus-no-mundo se dá sempre no mundo, mesmo em situações profundamente ambíguas. O amor de Deus (graça) não depende de nosso amor e de nossa pureza interior. Ele se autodoa sempre e gratuitamente. Às vezes somos surpreendidos por tais manifestações, lá onde menos esperaríamos, pois o que vemos é distorção da reta ordem moral ou dos costumes. Jesus Cristo escandalizou os piedosos do tempo com seus exemplos tirados fora dos quadros do bom-tom e daquilo que era considerado verdadeiro, bom e aceito. Assim para mostrar a graça do amor ao outro toma o exemplo do herege samaritano, da prontidão em obedecer, o pagão romano, da confiança, o exemplo da pagã siro-fenícia, da compaixão, o exemplo da prostituta Maria Madalena. Reincrimina os judeus porque se tornaram cegos, incapazes de ver Deus para além dos lugares marcados.

Os dois exemplos que daremos não visam justificar as situações anormais criadas. Querem convidar para ver além das categorias de bem e de mal, para colocarmo-nos naquela dimensão onde é possível, apesar de tudo, vislumbrar a secreta presença de Deus.

Foi no interior do Brasil. Lá onde até Deus anda livre das leis sagradas da religião.

Severino: Vim buscar água benta, padre.

— Está aqui, meu filho! Posso saber por quê?

— Pode, seu padre: é para benzer a casa!

— Mas eu, como padre, benzo. Vou até aí.

— Não dá, padre. É feio dizer. Mas vou confessar. Vivo com uma mulher, sem ter casado na igreja. Tenho dois erros com ela. Primeiro porque ela é preta. Segundo porque a tirei da prostituição. Vou experimentar viver com ela. Vou dar compreensão. Carinho. Se ela se curar, se for capaz de ser mulher de um homem só, vai ser minha esposa. Agora é muito cedo. O senhor não pode ir lá em casa. É ainda pecado. Por isso, eu é que vou benzer a casa. É para Deus ajudar a ela. Se der certo, eu vou convidar o senhor e fará nosso casamento.

Esse homem amou. Deu um voto de confiança na prostituta preta. Acreditou que ela é regenerável. Havia um projeto fundamental de grande pureza, que vale mais do que os atos, tomados individualmente.

Alguns meses após, o padre foi para casa do Severino. Realizou-se o casamento. Houve uma pequenina festa.

São João diz que Cristo é a luz verdadeira que ilumina todo homem que vem a este mundo (Jo 1,9). A uns ilumina de uma forma e a outros de outra. A todos dentro de sua situação concreta, por vezes limitada e profundamente ambígua. Porque minha luz não ilumina Severino, posso dizer que a luz que o iluminou não vem de Deus?[19] Muito lhe foi perdoado, porque muito amou.

As freirinhas espanholas humildes e heroicas, da selva amazônica, mantinham, já há vários dias, um homem na sala. Parecia ter lepra. Não era. Só micose. Que fazer? Vamos aguentar! Certo dia, uma Irmã passou por uma ruela, no extremo da cidadezinha. Uma placa: Casa de Caridade.

– De quem é a Casa?

– De dona Sinhá.

– Está em casa?

---

19. Bem dizia o místico Angelus Silesius no *Cherubinischer Wandersmann*: Eu sei que o rouxinol não censura o canto do cuco; mas no caso de eu não cantar como você, por que você ridiculariza minha canção?: cf. a tradução de Frei Neylor J. Tonin, em *Grande Sinal* 30 (1976), p. 177.

– Não. Mas volta logo.

Horas depois, no convento, estava dona Sinhá. Fora atrás da Irmã.

– Irmã, que é?

– É da senhora a Casa de Caridade?

– É, sim, senhora!

– Para que esta Casa de Caridade?

– É para todos os doentes e para quem não sabe onde ficar.

– Veja esse homem, diz a Irmã.

– É lepra?

– Não. Não passa de micose.

– Pois eu o levo para a Casa de Caridade.

– Mas, dona Sinhá: como a senhora mantém a Casa?

– Irmãzinha, queira me compreender. Tenho uma boate. Preciso viver. As mulheres daqui não têm trabalho. Precisam viver. Muitas delas são prostitutas. Eu também. Elas trabalham comigo. Sei que é contra a lei de Deus. Mas a lei da vida não é aceita também por Deus? Corta-me o coração ao dizer isso. Mas não tenho saída. Com a boate vivo e também as mulheres. Agora, tudo o que sobra da minha vida modesta, vai tudo para a Casa de Caridade. Assim posso manter muitos doentes. Não pagam nada. Faço comida para eles. Lavo-lhes a roupa. Compro os remédios. Ficam até ficarem bons. De graça. É para apagar o meu pecado.

Há lírios que florescem nos pântanos. São os mais brancos e ilibados. Por causa do contraste. Deus não conhece limite para a sua presença. Vem quando quer, sobre quem quer, em qualquer situação[20].

Todas as articulações analisadas acima não conduzem à antessala da graça. São já formas de sua presença no mundo. Não são convites para vislumbrarmos a graça divina que seria diferente da gratuidade que aparece em nossa existência. A graça divina se comunica naquelas mediações. Nelas aparece como gratuidade, bondade, alegria de ser, plenitude de sentido. Graça é tudo isso. Mas é muito mais. É também inabitação da Santíssima Trindade; é divinização, participação da natureza divina, conformação com o Filho Jesus Cristo. Mas tudo isso são explicitações últimas das experiências que o homem já vive e que tentamos descrever, sucintamente, acima. Face à riqueza que escondem e que a fé revela, estas experiências quase se volatizam. Mas já antecipam a profundidade plenificante que engrandece a existência humana.

---

20. Cf. GRINGS, D. *A força de Deus na fraqueza do homem*. Porto Alegre, 1975: "Graham Greene, em seu romance *Poder e Glória*, descreve a situação paradoxal de um padre em estado de pecado. Em meio à perseguição religiosa, sonha atravessar a fronteira e se confessar. Nesta fuga se torna um verdadeiro anjo de misericórdia para todos os que encontra. Não consegue evadir-se porque sempre dava preferência à salvação dos outros. "Uma vida perdida moral e cristãmente, conforme os juízos humanos, se revela assim habitada pela presença de Deus" (p. 151). Ser habitado pela presença de Deus é já viver no paraíso. A isso dizia com acerto Angelus Silesius: "Se o paraíso, ó homem, não estiver, antes de tudo, em você, creia-me que, nele, seguramente, você não entrará jamais": *Cherubinischer Wandersmann*. In: *Grande Sinal* 30 (1976), p. 177 [FREI NEYLOR J. TONIN (trad. e coment.)].

Parte III
EXPLICITAÇÃO TEOLÓGICA DA EXPERIÊNCIA DA GRAÇA

X. A universalidade da graça libertadora e suas concretizações históricas.

XI. A graça habitual: a graça de Deus no projeto fundamental do homem.

XII. A graça atual: processo de efetivação do projeto fundamental.

XIII. A estrutura social da graça habitual e atual.

XIV. A graça como crise, processo de libertação e liberdade dos filhos de Deus.

X
A universalidade da graça libertadora e suas concretizações históricas

As reflexões sobre a experiência da graça em suas várias articulações deixaram claro que o acesso a esta experiência não é reservado somente a alguns. Constitui a atmosfera existencial de todos. A vida humana vem penetrada e suportada em seu fundamento ontológico pela bondade e pelo amor de Deus que tudo cria e move. Ser homem é viver no espaço do Divino, porque é viver em transcendência em cada movimento que faz. Em sua história pode acolher e abrigar a referência ao fundamento último de seu viver e à transcendência viva que se anuncia em sua vida. Essa acolhida, em todas as formas possíveis da caminhada pessoal, da organização social, do inserimento no mundo, permite à graça presente se manifestar e também criar a sua própria história. É a história das concreções da graça no mundo, vale dizer, a história das maneiras como a presença de Deus penetrou a vida dos homens.

Ninguém está fora desta atmosfera, porque todos vêm suportados e fundados em Deus. O que o homem pode, em sua liberdade, é relacionar-se positiva ou negativamente dentro desta atmosfera divina. Para todos Deus pode ser abertura realizadora e futuro plenificador. Afirmar isso é afirmar a universalidade da graça como oferecimento e a possibilidade real de todos poderem se salvar.

1. Testemunho da experiência cristã

A consciência cristã sempre se deu conta da universalidade da graça libertadora. O Deus no Novo Testamento é um Deus de amor para com todos os homens. 1Tm 4,10 diz que Ele é o salvador de todos os homens, porque é Deus de todos os homens. Ele emerge na vida de cada um como Sentido, Amor, Bondade, Futuro, Esperança, Realização infinita para o coração. Em outras palavras, o sentido originário de Deus se dá como aquela realidade misteriosa e abrangente que plenifica de sentido a existência humana.

O Novo Testamento está cheio de expressões que traduzem a experiência do amor universal de Deus, se oferecendo indiscriminadamente a todos: "Deus quer salvar a todos e levar a todos ao conhecimento da Verdade" (1Tm 2,4)[1]. A universalidade da decadência humana encontra sua contrapartida na universalidade do oferecimento salvador (Rm 3,23-26). Assim como todos morreram em Adão, assim todos podem receber a vida por Cristo (Rm 5,12-21). O sentido de toda a história se elucida no caminho de Jesus Cristo ressuscitado. Ele constitui como que o espelho pessoal onde se pode ler o destino coletivo do homem e do cosmos (cf. Ef 3,9; Cl 1,26); tudo o que existe no céu e na terra é como que colocado sob uma só cabeça, vale dizer, ganha sentido à luz do que aconteceu com Jesus (cf. Ef 1,10). Assim é assegurada a universalidade de sentido e de salvação para toda a realidade. A afirmação da universalidade do oferecimento salvador constitui exatamente a Boa-Nova: todos são amáveis por Deus e por isso todos podem chegar

---

1. Cf. DION, H.M. "La prédestination dans saint Paul". *RScR* 53 (1965), p. 5-43. • KOCH, K. "Zur Geschichte der Erwählungsvorstellung in Israel". *ZAW* 67 (1955), p. 205-226. • ROWLEY, H.H. *The Biblical Doctrine of Election*. Londres, 1950.

a Ele. Entretanto, se achegam a Deus não por um passe de mágica ou por um mero mecanismo físico. A salvação é humana. Por conseguinte, se realiza no horizonte da liberdade do homem. O amor de Deus não violenta, mas convida para a resposta de amor. Não subjuga ninguém, mas convoca para uma caminhada onde Deus e homem se historizam juntos, compondo a história da salvação, fruto de duas liberdades e construção de dois amores. Os textos do Novo Testamento que falam de uma blasfêmia contra o Espírito Santo que não será perdoada nem nesta vida nem na vida futura (Mt 12,31-32; Mc 3,28-29; Lc 12,10)[2] não querem traçar um limite ao poder divino de perdoar. Devem ser interpretados a partir das disposições do sujeito: reconhecendo a presença da graça como graça, se recusa existencialmente a hospedá-la em sua vida. A recusa (por parte do povo) da pessoa e da mensagem de Cristo é perdoável. A humildade das origens de Cristo, a fragilidade de seu anúncio despojado de toda a magnificação, suas atitudes pouco "messiânicas" podem ter levado o povo a desconhecer o mistério que se escondia: o do Filho de Deus e o do verdadeiro enviado messiânico do Pai. A blasfêmia contra o Espírito Santo supõe o reconhecimento do caráter divino da atuação de Jesus. Apesar de saber serem de Deus as obras que faz, os fariseus atribuem-nas à ação de satanás. É o máximo da perversão humana e a recusa mais frontal e consciente ao oferecimento de Deus que se faz presente na história. Enquanto perdurar semelhante atitude funda-

---

2. Cf. MURPHY-O'CONNOR, J. "Péché et communauté dans le Nouveau Testament". *RB* 74 (1967), p. 161-193. O Sitz im Leben (o lugar onde madurou o texto) parece ser a comunidade judeu-cristã na Palestina. Havia grande esforço para converter os judeus. Que eles tenham desconhecido o Messias é perdoável, mas que, uma vez feitos cristãos, retornem ao judaísmo e assim atraiçoem o que uma vez livre e decididamente professam, parece imperdoável.

mental, não pode haver encontro salvador; antecipa-se o que seja perdição e absoluta ruptura[3].

A partir da consciência do ilimitado do amor de Deus podia a tradição cristã afirmar com Santo Agostinho: *Deus non deserit, nisi deseratur:* Deus não abandona, sem ter sido, primeiro, abandonado (PL 44,935; 942). No Sínodo de Quiercy (ano de 835) bem se definia: "O Deus onipotente quer, sem exceção, salvar a todos os homens (1Tm 2,4), mesmo que nem todos se salvem. Para os que se salvam, a salvação é dom; para os que se perdem, a perdição é culpa sua" (DS 623)[4]. Trento viu-se obrigado a rejeitar a posição radical de Calvino que, segundo o Concílio, dividia a humanidade em dois grupos: os predestinados à salvação e os predestinados à perdição eterna. A história, segundo Calvino, é o palco do juízo divino: mostra quem são os con-

---

3. Cf. as outras passagens: Hb 6,4-6: "Impossível é renovar outra vez pela penitência aqueles que, uma vez iluminados (batizados), provaram o dom celestial (eucaristia) e foram feitos participantes do Espírito Santo (imposição das mãos), provaram a doçura da palavra de Deus e os prodígios do século futuro e caíram na apostasia porque de novo crucificaram para si mesmos o Filho de Deus e o expõem à afronta". Aqui se trata das disposições subjetivas do pecador e não da impossibilidade de perdão objetivo da parte de Deus. Nada mais pode impressionar àquele que se recusou de forma tão radical à luz. O arrependimento parece impossível, enquanto permanecerem tais disposições. Cf. RAMOS-REGIDOR, J. *El Sacramento de la Penitencia.* Salamanca, 1975, p. 164-165. Outra passagem é aquela de 1Jo 5,16: "Se alguém vir seu irmão cometer um pecado que não leva à morte, ore, e alcançará vida para os que não pecam de morte. Há um pecado de morte, e não é por este que eu digo que se rogue". Pecado de morte, para São João, seria um pecado de extrema gravidade, merecedor de exclusão da comunidade (1Jo 2,19; 4,4-5; 5,12; cf. SCHNACKENBURG, R. *Die Johannesbriefe.* Friburgo 1963, 227s.). São João não diz que tal pecado seja imperdoável. Diz que a oração dos irmãos que consegue, comumente, o perdão dos pecados, não tem aqui sua eficácia. Não pelo fato de a oração não ser eficaz, mas pelo fato de a gravidade do pecado fazer supor ausência de disposições de arrependimento e daí de perdão; cf. MURPHY- O'CONNOR, J. *Péché et communauté,* p. 171-172; CORDERO, M.G. "Las diversas clases de pecados en la Biblia: Pecados irremisibles?" *XVIII Semana Bíblica Esp.* Madri, 1959, p. 70-75.

4. "Deus omnipotentes omnes homines sine exceptione vult salvos fieri (1Tm 2,4), licet non omnes salventur. Quod autem quidam salvantur, salvantis est donum; quod autem quidam pereunt, pereuntium est meritum".

denados e quem são os já salvos. Os condenados são denunciados pela pobreza e pela preguiça; os salvos são revelados pela riqueza e pelo empenho no trabalho. Esta concepção, como Max Weber notara numa tese assaz discutida, gerou a mentalidade capitalista de acúmulo desenfreado de riqueza como asseguramento da salvação eterna. Entretanto, para quem se orienta pelas palavras evangélicas, percebe como estamos já longe das promessas de Cristo: é dos pobres o Reino dos Céus (Lc 6,20) e de sua advertência severa: "Quão dificilmente entram no Reino de Deus os que têm riquezas" (Lc 18,24); "quem entesoura para si não é rico diante de Deus" (Lc 12–21). Ensina o Concílio tridentino: "Coloca-se fora da comunidade de fé quem disser: a graça da justificação é concedida somente aos predestinados à vida e todos os demais que são chamados – apesar de chamados – não recebem a graça porque foram predestinados ao mal pelo poder divino" (sessão 6, cânon 17: DS 1567).

A explicitação teológica católica sempre tentou contornar os dois extremos, no esforço de quebrar as falsas seguranças do homem, que o eximiriam de assumir a própria história da salvação: por um lado sempre se recusou a aceitar a dupla predestinação (salvação-condenação), por outro rejeitou também a teoria da apocatástase, segundo a qual todos os homens, afinal, irão se salvar. Tanto uma como a outra interpretação querem dar segurança ao homem: ou salvo ou condenado. Ambas não respeitam a liberdade. Não tomam a sério o imprevisto que a história implica. Ela não é repetição do sempre igual. É novidade. Imponderabilidade. Crescimento em direção do Reino definitivo ou desvio dele. A salvação também depende do homem, do seu amor ou desamor, da qualidade do exercício histórico de sua liberdade.

A tradição cristã formulou duas proposições fundamentais para garantir o fato da universalidade da graça e da gratuidade universal do amor de Deus:

• Deus concede aos não batizados e aos adultos não atingidos pelo anúncio cristão a graça verdadeiramente suficiente para a sua salvação (DS 2305 contra Jansênio; 2425-2439 contra Pascásio Quesnel).

• Deus jamais nega a sua graça aos pecadores por mais cegos e empedernidos que sejam (DS 1542-1543: Trento na sessão VI, capítulo 14).

A partir destas duas proposições podemos criticamente já avançar que somente uma representação metafísica de Deus, como Ente supremo, fora do mundo, ôntico, criou falsos problemas que angustiaram a teologia e aterrorizaram os fiéis com a ideia da predestinação: alguns para a glória e outros para a perdição eterna.

2. Articulação teológica do problema: vontade de Deus-liberdade do homem

Colocava-se a pergunta, legítima dentro dos pressupostos de uma metafísica de Deus e de seus decretos eternos, mas pouco digna de seu Mistério de amor: como se pode falar de uma vontade salvífica séria de Deus, quando nem todos os homens se salvam? Porventura o primado da graça e da onipotência divina não exige afirmar que Deus, mesmo respeitando a liberdade e até movendo-a para o seu exercício, pode efetivamente salvar a todos? Se ainda assim alguns se perdem, como isentar Deus? Sabemos que este problema constituiu a grande *quaestio disputata* de Santo Agostinho. Para tentar resolver o problema, elaboraram-se no século XVI os assim chamados sistemas da graça, gerando disputas intermináveis, conturbando teologicamente todo um século[5].

a) O sistema da graça que parte de Deus

Este sistema se insere dentro da tradição tomista e foi elaborado por Domingos Bañez († 1604). O pensamento tomista se caracteriza fundamentalmente por uma interpretação genial da reflexão metafísica grega com a perspectiva histórico-salvífica da Bíblia. Deus é o centro de toda a cosmovisão tomista. De Deus deve sempre partir toda a compreensão para que seja verdadeiramente *teológica*. Deus é a causa última e transcendente de todo o ser e de todo agir.

A vontade salvífica universal se historiza no mundo mediante a graça suficiente e a graça eficaz. Pela graça suficiente Deus capacita a todos à salvação. Dá-lhes o querer. Pela graça eficaz, faz que o querer passe ao fazer. Dá-lhes o fazer. No fazer salvífico do homem Deus penetra de tal forma que se torna a causa responsável da salvação. Sem a

---

5. A bibliografia sobre o assunto é imensa. Destacamos alguns títulos mais significativos: FLICK, M. & ALSZEGHY, Z. *Il Vangelo della Grazia*. Libreria Editrice Fiorentina 1964, p. 251-319. • AUER, J. *Das Evangelium der Gnade*. Regensburg, 1970, p. 41-70; p. 240-254. • RABENECK, J. "Grundzüge der Prädestinationslehre Molinas". *Scholastik* 31 (1956), p. 351-369. • RONDET, H. "Prédestination, Grâce et Liberté". *Essais sur la théologie de la grâce*. Paris, 1964, p. 201-241. • TRAPÉ, A. "A proposito di predestinazione. S. Agostino e i suoi critici moderni". *Divinitas* 7 (1963), p. 234-284. • COUTO, J.F. *Hoffnung im Unglauben* – Zur Diskussion über den allgemeinen Heilswillen Gottes. Paderborn, 1973. • MAURY, P. *La prédestination*. Genève, 1957; OTT, H. *Antwort des Glaubens*. Stuttgart, 1972, p. 199-206. • SIMONIN, Th. "Prédestination, prescience et liberté". NRTh 85 (1963), p. 711-730. • LÖHRER. M. "Gottes Gnadenhandeln, als Erwählung des Menschen". In: *Mysterium Salutis* 4/2. Einsiedeln, 1974, p. 773-827. • FARRELLY, M.J. *Predestination, Grace and Free Will*. Westminster, Maryland 1964.

atuação interior de Deus seria impossível ao homem passar do simples querer para o fazer efetivo. Por isso que se dizia: Deus predetermina fisicamente o homem à salvação. Evidentemente, Deus não suprime a liberdade. Faz que ela seja ainda mais livre. Porém a presença de Deus na ação humana é de tal ordem que ela é infalível, sempre triunfante e sempre eficaz.

Como então o homem pode se perder? Para esta questão existem duas respostas alternativas: ou todos se salvam ou só se salvam os predestinados à glória. Bañez responde: Salvam-se os predestinados de forma absoluta à felicidade. Em função disto recebem a graça suficiente e eficaz. Os demais não são predestinados à glória, vale dizer, Deus não impede que eles, por causa de suas vidas más, não logrem a salvação. Não são predestinados à perdição. Em sua presciência, Deus prevê sua recusa. Recebem tão somente a graça suficiente que, entretanto, não chega a passar a ser graça eficaz. Não recebem esta graça que, sendo Deus presente na ação humana, sempre é infalível em seu efeito salvador.

Esta teoria preserva a absoluta prioridade da iniciativa divina. Sem embargo, perguntamos: atende à real universalidade do oferecimento salvífico de Deus? A graça suficiente não é mera construção supérflua, dado que ela efetivamente não leva ao efeito? Ela se apresenta, de fato, insuficiente. O projeto divino parece não dar lugar ao projeto humano. A história da salvação, nesta compreensão, não resulta humana; não é também fruto da liberdade do homem. É história da liberdade de Deus que predestinou alguns a serem companheiros de seu amor, enquanto a outros deixou-os entregues a si mesmos. Podendo, não impediu que se perdessem.

202

Esta teoria, como se depreende, falha no ponto que deveria iluminar. Parte de que a ação de Deus é sempre infalível e eficaz. Depois, pela constatação dos maus que podem se condenar, reconhece que não é infalível e eficaz. Recorre então a outro princípio: o da predestinação à glória. Rompe assim com a lógica do sistema. Só a perdição aparece como obra humana, não, porém, a salvação.

b) O sistema da graça que parte do homem

Face às dificuldades acima elencadas, Ludovico Molina († 1600), teólogo jesuíta, elaborou outro sistema da graça. Parte decididamente do espírito do humanismo, típico de seu tempo, e valoriza a liberdade do homem e sua responsabilidade no mundo. A graça suficiente, oferecida por Deus a todos os homens, se transforma em graça eficaz pela colaboração humana. A salvação é fruto do dom de uma conquista. Em sua presciência, Deus prevê quem irá se abrir ao mistério de seu amor e quem a ele se negará. Aos que se decidirem por Ele, predestina-os, após ter previsto seus méritos. Os outros – ainda na previsão de sua recusa culposa – exclui-os da glória sem, porém, negar-lhes a graça que eles rejeitam. O homem, consoante esta teoria teológica, deve agir como se tudo dependesse dele e confiar como se tudo dependesse de Deus.

Os tomistas interrogam esta solução: como se conserva o absoluto primado da graça divina? A salvação acaba dependendo do homem mais do que de Deus; em que sentido, então, a salvação vem do Alto? O critério da predestinação não se encontra em Deus, mas no homem.

c) O sistema da graça que parte da situação histórico-salvífica

A escola agostiniana, na tradição de Santo Agostinho, não procede por raciocínios metafísicos. Considera o homem em sua situação concreta, vivendo a solicitação de duas alternativas possíveis: aquela segundo a carne ou aquela segundo o Espírito. A situação atual é concupiscente; o homem é dilacerado pelos dinamismos que o solicitam para a carne, o egoísmo e o fechamento sobre si mesmo e também pelos dinamismos do Espírito, do amor, do encontro e da comunhão com Deus e com os homens. A graça suficiente e eficaz atua e fortalece os dinamismos orientados para o Espírito e para a comunhão. Confere ao homem uma inclinação mais forte que aquela da concupiscência carnal, dimensionando-o para o amor de Deus e dos homens. O gosto e a afeição pelo bem vence as forças negativas da concupiscência da carne. Agostinho chama-a de *delectatio victrix*, a afeição vitoriosa para os bens do Espírito e da reta ordem das coisas no desígnio de Deus. A ação da graça não se baseia numa consideração de ordem metafísica fundada na causalidade eficiente divina. A ação de Deus permeia a ação humana não substituindo o homem, mas fazendo-o atuar com mais intensidade e afeição. Não se fala abstratamente da liberdade e da graça, mas concretamente: da pessoa livre dentro de uma situação de graça *e* de des-graça, assumindo a situação, superando seus obstáculos e buscando sempre sintonizar com a vontade concreta de Deus que se manifesta nestas mediações situacionais.

d) Recolocação do problema: primado do Amor, primazia do Mistério

Todos os sistemas acima referidos, particularmente o de Molina e o de Bañez, pecam por falta de reflexão sobre o caráter não objetável do Mistério de Deus[6]. A transcendência da ação divina não é observada, supondo que Deus seria uma causa segunda dentro da série de causas criadas, no mesmo nível de univocidade. O ponto de partida parece-nos inadequado. Fala-se de Deus como de uma instância objetivável, *vis-à-vis* do homem, sem dar-se suficientemente conta das lógicas diversas, daquela humana e daquela divina. Neste sentido, as discussões do século XVI participam da compreensão do ser, típica da Modernidade, e compartilham de suas consequências. Nesta epocalidade, o Ser era pensado em termos de Ente infinito e Deus como o Sumo Ente. Este pre-domínio do Ente levou a *enti*ficar e *rei*ficar toda a realidade não objetivável como Deus, Graça, Mistério, Plano de Salvação. As consequências se mostram na própria discussão do tema em debate, o da predestinação: chega-se a um paroxismo da capacidade da razão especulativa, impossibilitada de resolver, por raciocínios claros e distintos, as antinomias encontradas. A razão se mostra incapaz de manter a polaridade (liberdade humana e ação de Deus) e se força a uma opção: ou Deus ou o homem.

Um pensamento que não se orienta pela razão, estabelecida como última instância de decisão, mas pelo Mistério dentro do qual se exercita a razão, mantém a polaridade porque a vê não como a última realidade, mas como manifestação do Mistério que se oculta e retrai nesta polaridade. Deus não é aquilo que nós chamamos Deus. Ele é Mistério.

---

6. Cf. as críticas aos sistemas: LÖHRER, M. *Mysterium Salutis* 4/2, p. 783-789. • AUER, J. *Das Evangelium der Gnade*, p. 246-249. • FLICK-ALSZEGHY. *Il Vangelo della Grazia*, p. 309-319. • FARRELLY, M.J. *Predestination*, p. 28-37. • FERRERAS, G. "Sobre la gracia y su teología". *Naturaleza y gracia* 22 (1975), p. 59-90, onde se fazem as críticas mais lúcidas aos pressupostos dos tratados tradicionais.

O que nós chamamos Deus é figurativo da verdadeira realidade de Deus. O nosso Deus, o Deus da linguagem teológica, é projeção de nossa razão; é imagem e representação. É a única maneira como o homem se aproxima, sem morrer, do Mistério. Mas o pensamento que se conserva no rigor do pensamento deve manter sempre viva a memória de que a representação não é ainda Deus, mas caminho para Deus.

O discurso teológico discursa sobre a representação de Deus; não sobre Deus. Sobre Deus não podemos discursar. Somente o podemos a partir dele, tocados pelo Inefável de seu Mistério que permanece sempre num silêncio santo. A teologia cessa, então, de ser teologia, para ressuscitar como mística e como experiência de Deus[7]. Recusamo-nos assim a todo racionalismo, latente nos sistemas referidos acima. As razões começam pela razão. A razão mesma não possui nenhuma razão para existir. Ela é mistério. Por isso, não é pela razão que podemos tornar inteligível o Mistério de Deus. Semelhante pretensão seria *hybris* humana e criptoateísmo. Entretanto, podemos ser tocados pelo Mistério; podemos fazer dele a experiência mais profunda e gratificante da vida; no interior desta experiência existe lugar para o discurso racional; não para eliminar ou substituir por um conceito criado o Mistério; mas para vislumbrar a luz de suas trevas luminosas. O Mistério conserva assim, permanentemente, a primazia sobre a razão; torna-se a Razão da razão e não o seu limite angustiante.

A entificação de Deus e a tradução metafísica de sua vontade salvífica em decretos eternos tinha que conduzir ao que, de fato, conduziu: a um impasse do pensamento

---

7. Cf. BOFF, L. *Experimentar Deus hoje*. Petrópolis: Vozes, 1974, p. 126-190.

teológico e a uma falsa alternativa: ou a primazia da graça divina ou primazia da liberdade humana.

À luz de Deus-Mistério, a presciência divina não deve ser pensada no sentido de prioridade relativamente ao tempo, como se Deus estivesse no mesmo nível que o homem, movendo-se na sucessão do antes e do depois. O nosso falar humano procede assim, não porém Deus. Como Mistério e fundamento de tudo, Ele está sempre presente; para Ele, o antes e depois é um eterno agora. Por isso é puro antropomorfismo falar em decretos predeterminados eternamente, vontade humana ainda indeterminada, futuríveis em Deus. Num ato eternamente simultâneo, Deus conhece os modos possíveis que imitam sua essência e a sucessão temporal em que vêm realizados.

Esta reificação de Deus e da graça atingiu também a compreensão da liberdade. Joga-se com uma liberdade abstrata face à graça de Deus também abstrata. O que está em jogo é a pessoa livre, dentro de um determinado espaço concreto de liberdade, no interior do qual se dá a graça concreta, no sentido de solicitações graciosas que convocam o homem à acolhida de Deus nas múltiplas mediações situacionais. A graça não é algo de Deus; é Deus mesmo se autocomunicando, dando-se como Sentido, Esperança, Amor, Fortaleza etc. O assim chamado concurso divino não é algo exterior que incide no ato da criatura. Deus como fundamento ontológico vivo de cada ato entra em toda a determinação, sustentando-a. Também a liberdade depende de Deus que a faz exatamente ser aquilo que deve ser, isto é, livre. A ação do Mistério não substitui ou diminui a liberdade. Constitui a liberdade como liberdade.

A ação não emerge como produzida em parte pelo homem e em parte por Deus. Isso seria situar homem e Deus no mesmo nível. Deus conserva sempre seu caráter de Mistério e de Transcendência. A partir deste nível a ação é totalmente de Deus. O homem conserva seu caráter de criado e de Imanência. A partir deste seu nível a obra é também totalmente do homem. Por conseguinte, cada ação é totalmente de Deus e totalmente do homem. A distinção, portanto, não deve ser buscada na obra, mas no agente. Um é o Criador, o outro é a criatura criada criadora. Ontologicamente situam-se numa absoluta distância; entretanto, o homem não é só criatura criadora, é também filho de Deus, dialogante com o Mistério e por isso numa absoluta proximidade cuja epifania escatológica se deu na encarnação do Verbo. Numa dimensão ontológica (de realidade) nenhuma ação é em si má. Ela depende de Deus. O mal somente aparece na dimensão moral. A liberdade criada, chamada ao diálogo, porque criada e por isso dependente e defectível, pode querer se subtrair livremente à dependência divina. Não se subtrai ontologicamente, porque jamais pode existir sem Deus; mas pode querer, na sua liberdade, o impossível; é o pecado. "O pecado possui, por isso, seu início absoluto na criatura. Este início, porém, não é um vir-a-ser, mas um aniquilamento parcial, um vazio introduzido na tecedura do ser. Quando se faz um ato bom, o sujeito entra numa dependência mais profunda de Deus, porque participa mais da perfeição divina"[8].

Com a liberdade, assim nos parece, dá-se algo de absoluto no homem. Por isso existe a possibilidade de uma absoluta realização ou de uma absoluta frustração. Esse abso-

---

8. FLICK-ALSZEGHY. *Il Vangelo della Grazia*, p. 317.

luto da liberdade é realmente absoluto e por isso mistério. Em outras palavras: subtrai-se a qualquer possibilidade de autofundamentação racional. Sempre que encontramos argumentos para a liberdade, topamos com a determinação e não com a liberdade. O acesso à liberdade se faz pela liberdade mesma e não pela razão. Ela possui seu componente de racionalidade. Mas na racionalidade não aparece a sua identidade própria. Por isso, só sabe da liberdade quem a exerce, como só sabe do amor quem ama. Ela é um fato bruto que está aí em sua pura gratuidade. É espontaneidade, apesar de todos os acontecimentos nos quais ela se exerce efetivamente. Embora imersa na realidade, ela cria a realidade: a autorrealização positiva ou negativa do homem consoante a acolhida ou a recusa do Mistério que criou a liberdade criada.

Ademais, os vários sistemas articulam a questão ao nível do indivíduo: como me salvo eu? Posso salvar minha alma? Hodiernamente, não sem influxo da refontalização bíblica e da consciência da dimensão social e cósmica da pessoa, percebemos que a questão pelo sentido último não pode ser desvinculada da questão do sentido da totalidade. O homem não é um átomo perdido num mundo caótico. É componente de uma história universal e cósmica. Nele se revela o sentido do todo e por ele o todo toma consciência do sentido latente nele. A predestinação pessoal deve ser compreendida no interior da predestinação universal. A pre-destinação significa uma destinação prévia de toda a criação no sentido do Amor de Deus. É para o amor que todas as coisas e particularmente o homem foram vocacionados. Porque Deus quis ter companheiros no amor, foram chamados todos os seres do nada, com capacidade de, fora de Deus, amarem como Deus ama. No homem entretanto o amor não é fatalidade ontológica e inevitabilidade criatural. É fruto de uma liberdade e de uma doação a Deus. Aqui surge um risco no coração da criação livre: a liberdade pode, em sua não racionalidade, negar-se ao encontro. O fim derradeiro é atingido, porque, apesar da recusa, ontologicamente a pessoa está ligada de modo umbilical a Deus e canta o Amor do Eterno no ato mesmo de se recusar. Mas moralmente, no horizonte do exercício da liberdade, introduziu-se uma frustração absoluta, fruto e consequência da negação do homem: o inferno que Deus não criou nem quis, mas que existe por causa da liberdade rebelde do homem.

e) Qual é a questão essencial?

A despeito das críticas feitas, vale a pergunta: o que estava em questão e o que se intencionava com os vários sistemas da graça? Talvez a questão fundamental, encoberta por uma inadequada colocação e debaixo de infindas disputas, possa ser redita hoje, dentro do horizonte de nosso tempo e sem a desesperança que outrora provocava. Assim resgataríamos a verdade da tradição teológica dos últimos quatro séculos.

A verdade radical que estava em questão, e que para nós é iluminadora, consiste: vigora o primado absoluto do Amor de Deus que se difunde a todos e a cada um atinge. Deus quer a suma felicidade para a criação e de modo especialíssimo para o homem. Deus se oferece a todos, como sendo Ele mesmo a suma Felicidade. Esse Amor de Deus não significa uma reação em face da ação boa do homem. Anteriormente a qualquer ato bom do homem, Deus nos ama, porque seu ser íntimo é Amor e não pode ser outra coisa senão Amor. Porque Ele nos ama, somos bons e amáveis. Entretanto, esse Amor não seria Amor se não se oferecesse a uma liberdade. Ele não violenta. Não possui a estrutura do Poder, mas a forma da Fragilidade e da Vulnerabilidade. Isso não é fraqueza do Amor. É sua força e sua grandeza. Suplica uma resposta de Amor. O homem é o ser na criação que pode ouvir a pro-posta do Amor e pode dar-lhe uma res-posta com responsabilidade. Porque é uma liberdade criada, e por isso limitada, sua resposta não é fatal. O homem possui a capacidade terrível de recusar. É a sua grandeza e o seu drama. Historicamente exerceu a liberdade como recusa. Por isso pode livremente perder-se para sempre. Deus se torna vulnerável desde que exista uma liberdade criada. Apesar desta negação ao Amor, Deus não desiste de amar, de perdoar e de renovadamente se oferecer. A doutrina da predestinação reafirma o absoluto primado do Amor de Deus e a radicalidade abissal da liberdade humana. Manter esta polaridade sem qualquer reducionismo sempre foi o sentido da doutrina católica.

A obscuridade persiste. Mas ela está lá onde deve humildemente estar; não na recusa do esforço de intelecção, mas no reconhecimento de seu limite. Então a razão se dá conta de que o Mistério não pode ser totalmente enquadrado dentro dos limites racionais. Ao invés de se rebelar e se instaurar a si mesma como medida de todas as coisas, a razão reconhece sua dependência do Mistério. Reconhecer o Mistério é aceitar a arbitrariedade ilógica dos fatos como portadores de um Sentido que escapa à lógica da razão e da ciência em sua pretensão universalizante e absolutizante do conceito. A razão se exerce no interior do Mistério e não fora de sua vigência. Sente-se iluminada pela impenetrabilidade de suas trevas divinas. Nisso reside o caráter teologal da própria teologia enquanto se entende como racionalidade no coração da fé.

Não intenciona abolir o Mistério. Canta-lhe a profundidade ilimitada. A teologia, então, se transforma em doxologia: "Ó profundidade da riqueza e sabedoria, e ciência de Deus! Quão insondáveis são os seus juízos e imperscrutáveis os seus caminhos! Pois quem conhece o pensamento do Senhor? Ou quem foi seu conselheiro? Ou quem primeiro lhe deu, para ter direito à retribuição? Porque dele e por Ele e para Ele são todas as coisas. A Ele a glória, pelos séculos. Amém" (Rm 11,33-36). Mas só entende isso quem ultrapassar o espírito de geometria e se orientar pelo espírito de finesse, quem, além da razão analítico-instrumental que predomina em nosso mundo científico-técnico, der lugar à razão sapiencial e sacramental.

3. Concretizações históricas da graça libertadora universal

Sobre a presença de Deus no mundo (graça) não se pode falar em termos abstrato-universalizantes. Sendo Deus a presença mais profunda de cada ser, e sendo cada ser um concreto, então essa presença divina também é sempre concreta, para cada um e para todos. Como dizia R. Bacon, numa formulação curiosa: "Unum individuum excellit omnia universalia de mundo". Traduzindo: "Um indivíduo sozinho vale mais do que todos os universais juntos do mundo inteiro".

a) A vida concreta como o lugar do encontro salvífico

A graça e a salvação não caem como um raio do céu. Passam pelos caminhos dos homens. Cada pessoa vive dentro de um meio vital, cultural e histórico. Participa de um destino coletivo. Compartilha das chances e das realizações próprias da comunidade na qual está inserido. Seu caminho pessoal, com toda a carga arquetípica, psicológica, familiar, educacional que o caracteriza, os companheiros de vida, de trabalho, a profissão etc. são todos veículos e sacramentos comunicadores de graça ou de desgraça. A cultura que respira, a tradição de valores de seu povo, seus pensadores, os poetas, os homens humanitários, os religiosos, a forma concreta de sua religião: tudo isso compõe a forma concreta pela qual se historiza a graça divina, na qual o homem cresce, é levado a responder, a se decidir, a se abrir ao mistério de si mesmo, dos outros e de Deus. Constituem maneiras como a bondade e simpatia graciosa de Deus atingem cada homem, apesar de todo pecado que possa também ser veiculado por esses canais.

A vontade salvífica de Deus não é um abstrato nos planos eternos, mas um *concretum concretissimum historicum*, mediatizado pela própria história, tornando-a história da salvação ou da perdição. Graça e salvação constituem uma obra coletiva, da pessoa e de seu mundo, da pessoa e da comunidade com quem con-vive. Um é responsável pela graça do outro. Cada um deve ser sacramento de salvação para o outro. Aqui reside o sentido mais profundo do amor ao próximo, abarcando até o inimigo. Vigora uma solidariedade universal da graça e salvação. O caminho concreto do Amor divino passa pelo amor humano a cada um de quem me aproximo. Esta é a forma privilegiada que Deus escolheu para revelar quem Ele mesmo é: um Mistério de Amor que se comunica, fazendo existir outros amores, capazes de amar como Deus ama. Na história do amor no mundo se historiza a graça de Deus.

b) A religião como celebração e comunicação da graça

As religiões, em sua significação mais original e positiva, constituem as formas institucionais que traduzem o relacionamento do homem com o Absoluto. A religião é sempre re-ação a uma ação prévia; é sempre resposta humana à proposta divina. É um fenômeno originário, não redutível a outro mais fundamental, que testemunha a abertura do homem a um Transcendente, a Algo de definitivamente Importante e a um Sentido que transfigura toda a realidade com todas as suas contradições. A religião é já acolhida de uma graça. É celebração de um encontro com a Divindade. Nesta compreensão podemos dizer, sem nada desmerecer da pretensão cristã, que as religiões constituem caminhos originários para Deus. Em outras palavras: todas as culturas elaboraram historicamente sua resposta à proposta divina; em concreto, cada homem situa-se dentro de uma tradição religiosa que é aquela de seu povo. Nesse caminho determinado e preciso, ordinariamente se dá a visita de Deus e se sacramentaliza a graça salvadora para o homem situado. Semelhante valorização teológica da religião não implica numa legitimação de tudo o que ocorre nela. Nela pode haver elementos diabólicos que traduzem mal, no nível do discurso, do gesto e da ética, as exigências do Mistério de Deus e do mistério do homem. A despeito de todas as ambiguidades que se possam apontar nas religiões do mundo (e também na religião bíblica e cristã), elas constituem os veículos comunicadores da graça, do perdão e do futuro que Deus promete aos homens[9].

---

9. Para esta problemática cf. HEILSBETZ, J. *Fundamentos teológicos das religiões não cristãs* (Quaestiones Disputatae, 33). São Paulo, 1970. • THILS, G. *Propos et problèmes de la théologie des religions non chrétiennes*. Tournai, 1966, esp. p. 146-154; 186-196. • BOFF, L. "Die Kirche als universale sacramentum salutis und die Religionen der Erde". In: *Die Kirche als Sakrament im Horizont der Welterfahrung*. Paderborn, 1972, p. 426-441.

As concretizações históricas da graça têm elas mesmas uma história. Serviram de instrumento de animação e de graça concreta para os homens que entram em contato com elas. Assim Chuang-tzu, Lao-Tsé, Buda, Gandhi e outros no mundo oriental ou as cartas de Sêneca, as máximas estoicas de Marco Aurélio, a filosofia de Platão no mundo ocidental podem e devem, pela fé, ser consideradas veículos comunicadores da graça. Foram obra da graça e se constituíram, ao longo da história, em atmosfera permanente da graça para muitíssimas pessoas. Em contato com estes testemunhos privilegiados do Espírito, o homem se sente convocado a ascender, a entregar-se ao Mistério de Deus e a descobrir em sua vida o desígnio misterioso da Luz divina. Algo semelhante ocorre no espaço cristão. Jesus de Nazaré é por excelência e de forma definitiva amado como a graça de Deus presente no mundo (cf. Tt 1,10). Sua história de vida, morte e ressurreição constitui o caminho concreto pelo qual homens de todos os tempos, também os não cristãos, encontram o sentido de suas vidas e o futuro decifrado para suas mortes. São Francisco, à deriva de Jesus Cristo, foi obra da graça de Deus no mundo. Seu exemplo, seu relacionamento cordial com todas as criaturas, sua fraternidade universal e o sentido de reconciliação com as realidades mais diferentes como a doença e a morte ficaram no mundo como luz ativadora de outros homens que se redescobrem em São Francisco e explicitam dimensões latentes de suas vidas. Esse atuar perene das obras da graça pelos séculos em fora é a permanência da graça divina no mundo, de seu significado animador, excitante, medicinal, elevante e santificante.

c) O cristianismo como expressão sacramental da graça

Dentre as religiões do mundo se sobre-eleva o cristianismo. Fundamentalmente não se entende como religião, mas como a própria Vida divina penetrando a vida humana. A expressão religiosa desta Vida não exaure a riqueza da Vida; pode e deve haver uma expressão também secular. No cristianismo a consciência humana tocada pela graça de Deus chegou a sua plena luz. Tematizou historicamente esta consciência. Existe uma história desta consciência. O AT e NT são os testemunhos escritos da autoconsciência de um povo que se deixou sempre guiar pela presença e fidelidade de Deus. Dentro desta tradição surgiu Jesus de Nazaré e se deu o fato decisivo para a história do mundo: a ressurreição. Por ela se manifestou, em antecipação, o fim escatológico prometido a todos os salvos e para todo o cosmos. Nele Deus revelou plenamente seu desígnio de Amor e a destinação de todas as coisas de serem o Reino de Deus, onde Ele será tudo em tudo (cf. 1Cor 15,28). Nele, Ele disse Sim e Amém a todos os anseios de realização que o coração humano alimenta (cf. 2Cor 1,20). Nele Deus estava em absoluta imediatez e o homem em radical comunhão. Por isso Ele é compreendido e amado como o Filho eterno do Pai morando entre os homens, como Deus mesmo encarnado.

A graça que empapa o mundo atingiu em Jesus Cristo e em sua comunidade (Igreja) sua expressão sacramental mais densa. Cristo emerge como o Sacramento fontal de Deus e sua comunidade como o sacramento radical de Cristo[10]. A Igreja deve ser no mundo sinal da graça univer-

---

10. Cf. meu livro *Dir Kirche als Sakrament im Horizont der Welterfahrung.*

sal e do incomensurável Amor de Deus. Deve ser o sacramento da inaudita Esperança concretizada na Ressurreição e da alegria de viver no mundo do Pai, confraternizado com todas as criaturas, como irmãos e irmãs em casa.

Como grandeza histórica e fenômeno social a Igreja encarna o cristianismo. Ao encarná-lo também se autolimita. Tem de usar uma certa linguagem, certos sinais e certo tipo de presença no mundo que possuem marcos referenciais de uma determinada cultura. Para o homem de outras culturas, entrar nesta encarnação concreta do cristianismo precisa de uma vocação especial. Todos são chamados a viver o cristianismo. Nem todos, porém, são chamados a expressá-lo dentro de uma determinada Igreja que, por ser histórica, está vinculada a elementos culturais. Embora todos devam ser cristãos, cada qual dentro de sua cultura, nem todos são vocacionados a serem sinais sacramentais e eclesias. É uma graça especial ser membro da Igreja Católica Apostólica Romana. Esta graça, entretanto, não funda privilégios que distanciam seus membros dos outros homens. Funda uma função histórico-salvífica mais exigente: de tentar ser sinal e instrumento de Jesus Cristo e de sua libertação no meio do mundo.

O específico da Igreja reside não tanto em ser veículo comunicador da graça e da salvação; esta é oferecida universalmente a todos e todos são atingidos pelos sacramentos universais da vida, da religião, da cultura; sua função histórico-salvífica própria é visibilizar a graça presente no mundo, fazê-la consciência e história, tornar-se sacramento do irrestrito e universal Amor de Deus para com todos os homens.

d) O sacramento verdadeiramente universal da graça: a morte

Por fim, há ainda um sacramento realmente universal da graça, porque atinge a todos: a morte. A morte considerada em sua dimensão humana não significa apenas o término da vida terrestre. Constitui também a chance para a pessoa poder atingir o fim de sua caminhada histórica. O fim aqui quer dizer meta, convergência, sentido pleno. A história humana é realização ou destruição de sentido. A morte representa a possibilidade de o homem poder fazer sua última grande síntese que recolhe todo o seu passado e passar assim para o mundo do Eterno. Cada ato livre constitui a síntese da vida historial da pessoa. Nele se resume todo um caminhar que vem do passado e abre caminho para o futuro. Na morte, abre-se ao homem a possibilidade de colocar um ato de amor ou de fechamento que retoma todo o seu passado terrestre e lhe confere o caráter definitivo e último. Último e definitivo porque exatamente na morte se dá a última chance de se decidir. Este ato possui, à diferença dos outros, uma qualidade própria: é o último e por isso o que possibilita a última síntese. Após ele, vem a eternidade. Daí, na morte, se abre a possibilidade de uma decisão totalizadora. *Na* morte (nem antes porque seria ainda tempo, nem depois porque seria já eternidade, mas *na* morte) acaba a ligação do homem com a situação terrestre; começa a nova situação celeste; cria-se a possibilidade de uma total libertação dos ligames do terrestre e daí a chance de o espírito chegar à sua luz, de a vontade exercer totalmente sua liberdade e do projeto humano se explicitar plenamente.

Neste momento denso e urgente, pela estrutura última e culminante que possui, podemos considerar razoável, e conforme a bondade de Deus, a hipótese de um radical encontro com Deus, com o Senhor Ressuscitado e com a Verdade última da criação, encontro que acolhido significa graça salvadora e que rejeitado implica eterna frustração. Porque todos morrem, todos são confrontados com este oferecimento de Deus. Todos são atingidos por sua graça salvadora. A morte seria, assim, o sacramento universal por excelência que atingiria verdadeiramente a todos, indistintamente, e significaria o oferecimento de Deus ao homem e daí chance universal de salvação"[11].

Na morte todos têm a chance de tornar-se cristãos, isto é, semelhantes a Cristo. Todos podem tornar-se Igreja, isto é, comunidade dos de Cristo. Todos podem ser, assim, salvos. Neste sentido é que devem ser entendidas as muitas afirmações da tradição acerca da necessidade da Igreja para a salvação e principalmente aquela sobre a Igreja como sacramento universal de salvação. Na morte cria-se a possibilidade para a Igreja ser realmente universal. Na escatologia pessoal se concretiza em miniatura o que será realidade na escatologia universal: haverá um só rebanho e um só Pastor, uma só humanidade redimida, uma só Igreja, a da glória e de Deus.

Na morte, quando tudo se joga e se decide o destino eterno do homem, aí está presente a Igreja e se densifica o que, no fundo, significa a vontade salvífica universal de Deus. Como dizia com acerto Clemente de Alexandria: "Assim como a vontade de Deus é um ato único e se chama mundo, assim também sua intenção divina única é a salvação dos homens e se chama Igreja" (Paidag. 1,5).

---

11. Cf. BOFF, L. *Vida para além da morte*. 3. ed. Petrópolis: Vozes, 1974, p. 34-45. • Id. *A ressurreição de Cristo e a nossa ressurreição na morte*. 3. ed. Petrópolis: Vozes, 1974, p. 92-101.

Em todos, na vida e na morte, vigora o Fundamento divino que é Vida e Amor, animando e fundando o vigor da vida, a ânsia pela libertação, pela felicidade e pelo bem. Em todos existem forças suficientes e profundas que impelem para a realização plena na linha do encontro e do sentido absoluto que é o nome que Deus recebe existencialmente. Isso constitui a forma concreta como se manifesta a vontade salvífica de Deus atingindo a cada um pessoalmente e a comunidade humana.

Como veremos mais adiante, o Fundamento último no qual tudo existe e subsiste é para a fé cristã Jesus Cristo. Ele é o Salvador e Libertador universal. Nele se encarna e se oferece universalmente a salvação a todos. Por Ele também temos acesso ao Mistério último e derradeiro da criação: a Santíssima Trindade que inabita no mundo e no coração do homem justo. A vontade salvífica universal de Deus encontra no Mistério trinitário sua transcendente significação: a salvação humana é presença do Pai, do Filho e do Espírito Santo dentro do mundo e presença do mundo dentro do Pai, do Filho e do Espírito Santo. É o sentido de toda a criação: condição de possibilidade para a autocomunicação da Trindade, celebração desta autocomunicação, fazendo com que, conservando Criador e Criatura sua identidade, Deus seja tudo em todas as coisas (cf. 1Cor 15,28).

XI
A graça habitual: a graça de Deus no projeto fundamental do homem

A vontade salvífica de Deus nos situou na atmosfera da primazia do amor divino para além de toda a capacidade de recusa humana dentro da história, peregrina para o Reino. Deus sempre continua a amar a humanidade. Seu amor encontra o caminho das mediações históricas para visitar cada homem em sua concreção. Penetra no projeto histórico da humanidade, de uma nação, de um sistema político e econômico e alcança o coração das pessoas e da sociedade. Graça habitual é a presença permanente da vontade salvífica concreta e do amor divino dentro do mundo. Para que esta presença se torne eficaz não basta a graciosa simpatia de Deus. Faz-se mister também a presença do homem em Deus. Neste encontro profundo se realiza a presença permanente da graça. A tradição católica chamou a isso de graça habitual[1].

---

1. Cf. a bibliografia que se orienta na linha por nós desenvolvida: FRANSEN, P. "Der Gnadenstand". In: *Mysterium Salutis* 4/2. Einsiedeln, 1975, p. 954-964. • Id. "Pour une psychologie de la grâce divine". *Lumen Vitae* 12 (1957), p. 209-240 • FLICK-ALSZEGHY. *Il Vangelo della Grazia*. Florença, 1964, p. 143-167; 191s.; p. 342-355. • Id. "L'opzione fondamentale della vita morale e la grazia". In: *Gregorianum* 41 (1960), p. 593-619. • REINERS, H. *Grundintention und sittliches Tun* (QD 30). Friburgo, 1960, p. 47-74. • BLOMME, R. *Widerspruch in Freiheit*. Limburg, 1965, p. 115-122. • LIBANIO, J.B. *Pecado e opção fundamental*. Petrópolis: Vozes, 1975.

1. Como deve ser pensada a graça habitual

A elaboração teológica pensou a realidade da graça habitual dentro de um horizonte assaz limitado. Articulou-se ao nível da pessoa e da pessoa compreendida como indivíduo. E do indivíduo considerou quase que exclusivamente a alma. Neste aspecto faz-se urgente aprofundar a concepção de homem. O homem concreto se constitui como um nó de relações ativas articuladas para todas as direções. A pessoa e a individualidade possuem a máxima importância, entretanto, encontram-se mergulhados dentro de uma infraestrutura biológica, genética, social e cultural. A pessoa nunca é só ela, *tabula rasa*, virgem, ponto-zero. Vem já elaborada por toda uma história que a antecede, culminando em cada pessoa. A pessoa não se relaciona com os outros por justaposição, mas organicamente, na medida em que vive em organismos dos mais simples como a família até os mais complicados como a universidade, a fábrica, o sistema econômico e político. De forma semelhante: o homem não entra em relação com a natureza porque faz parte dela, senão que a hominiza, pelas profissões, e pela empresa científico-técnica a modifica. Tais relações não são mecânicas. São ativas, conscientes, históricas. Assim como a pessoa relacionando-se modifica os outros e o mundo, assim também é modificada pelo mundo e pelos outros. A pessoa concreta é esse nó complexo de relações e não pode ser compreendida fazendo abstração destas realidades que a compõem concreta e essencialmente.

Semelhante imbricação entre pessoa-outro-e-mundo deve ser mantida sempre presente quando falarmos de pessoa em seu projeto fundamental habitada pela graça divina. Caso contrário mistificamos nossa compreensão do homem como se ele pudesse existir qual átomo ilhado e aéreo, sem condicionamentos, sem passado biológico e cultural que marcou decisivamente o corpo e a alma.

Não obstante estas considerações devemos também afirmar que no homem existe uma dimensão totalmente irredutível, constituindo o cerne do nó de todas as relações que é seu *eu* livre. A pessoa não é a soma de todos os condicionamentos. Não emerge apenas como resultado da história. Não aparece tampouco como mero produto cultural. Ela é, como pessoa, um começo absoluto. Não é um meio para um fim, mas se constitui em fim em si mesmo. Não se entende a partir de algo prévio, senão a partir de sua própria espontaneidade e liberdade interior pela qual pode se frustrar ou se realizar de forma absoluta. Nada no mundo justifica que eu exista como sou e com a minha postura face à totalidade. Esta pode me influenciar, condicionar e me marcar profundamente. Sem embargo, não sou um robô mecânico: reajo, assimilo por uma maneira peculiar minha, rejeito e faço minha síntese pessoal do universo, por mais rudimentar, estranha ou coerente que apresentar se possa. Por isso a categoria que elucida o mistério da pessoa é a categoria de presença. Ela está aí, apresenta-se. Posso acolhê-la ou posso rejeitá-la. Ela é presença de um mistério desafiador.

A questão de todo pensamento e de toda organização consiste em como manter estes dois polos: homem e mundo, homem e outros, homem e Deus. Como pensar de tal forma a pessoa que sempre inclua o social presente nela a como pensar o social de tal forma que inclua sempre o pessoal presente nele. Pessoa e sociedade se cruzam e se atravessam pelo coração e não tangencialmente[2].

---

2. Cf. DAHRENDORF, R. "Homo sociologicus". In: *Ensaios de teoria da sociedade*. Rio de Janeiro, 1974, p. 32-107, esp. 59s. e 73s.

Há duas tentações que se constatam na história:

a) Pensar e diluir a pessoa na sociedade e na cultura. Esta não conta para nada. Chega-se a desenvolver uma imagem do homem a partir de sua conformidade com os papéis sociais que desempenha; surge a imagem de um homem robotizado, peça de um sistema totalitário, sem moral, sem liberdade, com total factibilidade e manipulação do homem. Pensa-se a sociedade sem as pessoas. Evidentemente culmina-se no imperialismo dos papéis sociais, das estruturas e das funções. Cria-se a imagem não humana da sociedade humana. Esta tentação está muito presente em todos os estruturalismos e funcionalismos modernos, especialmente aqueles inspirados nos modelos científico-técnicos. Com acerto concluía Ludwig von Bertalanffy, o teórico da Teoria Geral dos Sistemas: "A sociedade humana não é uma comunidade de formigas ou térmites, governada por instintos herdados e controlada pelas leis da totalidade superior. A sociedade é baseada nas realizações do indivíduo e está condenada se o indivíduo for transformado em uma roda dentada na máquina social. Este, parece-me, é o preceito que uma teoria da organização pode dar: não é um manual de ditadores de qualquer denominação subjugarem mais eficientemente os seres humanos pela aplicação científica de leis de ferro, mas uma advertência de que o Leviatã da organização não deve engolir o indivíduo sem selar sua própria inevitável ruína"[3].

b) A outra tentação é pensar e reduzir o homem à irrepetibilidade de seu eu pessoal. A tradição do pensamento ocidental também cristão pende para este tipo de represen-

---

3. *Teoria Geral dos Sistemas.* Petrópolis: Vozes, 1975, p. 81.

tação. Projeta-se então uma imagem do homem a partir de sua capacidade de recusa, de contestação, de transcendência e de superação das alienações inerentes aos mecanismos históricos. É a imagem do homem totalmente criativo, absolutamente livre e liberto de todas as peias. Mas este homem não existe. Ele também precisa comer, dormir, beber e submeter-se à luta diária de conquistar penosamente o pão numa terra que não pertence mais ao primeiro que a vê, mas que já é possuída dentro de um sistema político e econômico. A pessoa concreta vem envolucrada dentro de uma determinada infraestrutura e circunscrita no quadro de um sexo, de uma raça, de uma cultura, de uma religião, de uma classe, de uma profissão, de uma faixa etária etc. Tudo isso também é e pertence à pessoa.

Nenhuma das duas imagens existe historicamente e é realista. A sustentação dialética de ambas permite compreender mais adequadamente o que seja a pessoa: no homem há redutibilidade e irredutibilidade; há história que pode ser descrita e contada e há história inenarrável da intimidade pessoal de cada um; é um estar-aí de uma presença absoluta e há um inserimento desta presença no mundo; há uma infraestrutura manipulável e há algo sacrossanto e não manipulável no homem que é o espaço de sua interioridade livre. Como dizia com acerto Ortega y Gasset: "Yo soy yo y mi circunstancia, y si no la salvo a ella no me salvo yo".

Estas reflexões possuem ponderáveis consequências para o tema da graça habitual. Ela só atinge a irredutibilidade das pessoas? Como pensar o estado de graça santificante se o homem não é apenas a intimidade do coração, mas se constitui como um feixe ativo de relações compondo *essencialmente* sua natureza que é aquela de um espírito encarnado numa sociedade, num tipo de relações com o

225

mundo? A graça atinge o homem todo, vale dizer, atinge também as relações para com os outros e para com o mundo. Santificação do homem implica necessariamente santificação de todas as suas relações e vice-versa.

2. Vida humana como construção histórica de um projeto

As considerações vertebradas acima nos permitem compreender com mais concreção a estrutura da vida humana. Esta não é feita da soma de atos, como se estes fossem átomos subsistentes em si mesmos. Eles participam da estrutura da pessoa, por um lado únicos e irredutíveis, por outro encontram-se emersos na tecedura complexa do social. A pessoa concreta é a síntese desta dialética. Dizer espírito é dizer unidade e síntese. O homem como um ser espiritual encarnado no mundo é um ser que vive enquanto é capaz de permanentemente fazer uma síntese com todas as diferenças que encontra, constituindo assim o seu mundo. Sua vida é uma unidade de sentido; é uma história. Há rupturas, mas estas estão sempre assumidas dentro de uma nova síntese. Os atos tomados individualmente, por um lado, concretizam e, por outro, revelam a unidade da vida.

A unidade da vida se chama projeto fundamental; supõe uma opção fundamental que consegue totalizar as várias manifestações da vida e unir, como o faz um fio de colar, os diferentes atos humanos. Esta opção fundamental não deve ser logo concebida no nível da consciência explícita. É o próprio sentido da caminhada pessoal que vai sendo construído numa certa direção e vai urdindo a unidade da vida[4].

---

4. Cf. a bibliografia no n. 1; mais pormenorizadamente em LIBÂNIO, J.B. *Pecado e opção fundamental*, p. 42-69.

A opção fundamental se articula nas aspirações mais profundas do inconsciente, nas inclinações da natureza pessoal; é melhor explicitada na educação onde os dados aprendidos, as influências e os encontros vão sobredeterminando a orientação de fundo, definindo a linha mestra e conferindo forma e contexto ao projeto fundamental. Os sonhos da infância, as lutas da adolescência, as experiências familiares, profissionais, a própria vida vivida constituem outros tantos fatores que compõem o projeto ou a opção fundamental. Como a pessoa não é uma ilha, mas sempre um continente imbricado com a natureza e os outros, as relações que daí emergem entram e qualificam também o projeto pessoal. As intencionalidades depositadas nas instituições e o sentido dos acontecimentos dentro de uma conjuntura histórica e de uma estrutura epocal também implicam projeto que cada pessoa assume ou rejeita dentro de seu próprio projeto pessoal[5].

Esta opção não precisa se explicitar num ato particular. Este ato não seria o projeto de vida, mas já uma concretização particular do projeto. O projeto fundamental possui as características de uma unidade que não é feita após os atos, mas que vem anteriormente a eles[6]. É como um horizonte que possibilita e faz aparecer os atos individuais. É como uma cosmovisão, um estilo de vida; este revela tanto a dimensão pessoal em sua interioridade quanto o caráter social e cultural da opção fundamental. Os atos, tomados individualmente, manifestam, afirmam, retificam, apro-

---

5. Cf. LADRIÈRE, J. *Vie sociale et destinée*. Duculot, 1973, esp. p. 66-78.

6. Cf. RAMOS-REGIDOR, J. "El pecado como acción humana". In: *El sacramento de la penitencia*. Salamanca, 1975, p. 99-103.

fundam, prolongam ou corrigem, divergem, falseiam ou se afastam do projeto fundamental. Nenhum ato por si mesmo, por melhor ou por mais pecaminoso que seja, é definitivo e irreversível. Enquanto o homem está no espaço e no tempo e se move no mundo material nenhum ato o pode expressar e definir absolutamente. Sempre pode desdizê-lo, refazê-lo, mudar sua orientação. Cada ato expressa com maior ou menor intensidade a opção fundamental. Entre opção fundamental e atos concretos vigora uma interação. Os atos concretizam e historizam o projeto fundamental; e este se expressa pelos atos individuais. Pode haver atos que de tal modo vão minando o projeto fundamental que se independizam e vão constituindo a emergência de um outro projeto de fundo. Entretanto não devemos representar a opção fundamental como se fora a obra de um arquiteto: primeiro faz o plano e depois passa a executá-lo passo a passo. O plano geral se dá em cada passo concreto, vai se explicitando no desenrolar da vida.

Este projeto de vida que nasce dialeticamente da interioridade da pessoa e do relacionamento com o seu mundo, onde preexistem projetos feitos, é que confere unidade à caminhada humana.

3. Fidelidade à opção fundamental aberta para Deus como graça habitual

À luz destas reflexões podemos perguntar: que significa uma opção fundamental que se abre para Deus e permanece fiel, ao longo da vida, a essa opção? Não exprimirá exatamente aquilo que na tradição teológica do Ocidente se chamou de graça habitual? Esta opção fundamental significando graça habitual possui as características de todo o hábito como Aristóteles e Tomás de Aquino o descreveram.

O hábito não é uma disposição transitória ou uma capacidade passageira[7]; é uma posse constante e uma qualidade permanente do projeto fundamental humano.

Uma opção fundamental para Deus possui seu peso próprio: é um amor, como o compreendeu Jesus Cristo, repetindo o Antigo Testamento, de todo o coração, de toda a alma e de todo o espírito, vale dizer, um amor incondicional que compreende a totalidade da vida e que se entrega a Deus como o Absoluto Sentido e como aquela Realidade plenificadora do homem. Opção para Deus não é uma opção qualquer, mas uma opção para Aquela Instância que nos diz respeito incondicionalmente e que por isso se constitui em eixo motor e articulador do sentido profundo da vida. Esse amor ama a Deus acima de todas as coisas. Em concreto significa que esse amor pode exigir sacrifícios de fidelidade e de renúncia, pode convocar o homem para um caminho de sofrimento para manter-se na opção fundamental orientada para Deus. Ele implica um empenho supremamente ativo da pessoa e uma atuação profunda da liberdade humana.

Esta opção para Deus pode ir ganhando intensidade ao longo da vida; pode passar por um processo de maturação e de explicitação até o ponto de uma sintonia inexprimível do coração com Deus, como a história dos santos e dos místicos testifica: "Não sou eu que vivo; é Cristo que vive em mim" (Gl 2,20).

---

7. *Met.* V, 20,1022 b 4; *S. Theologica* I/II, q. 50, a. 1; BOURDIEU, P. define assim o hábito: "sistemas de disposições duráveis, estruturas estruturadas predispostas a funcionar como estruturas estruturantes" (175) ou então: "um sistema de disposições duráveis e transponíveis que, integrando todas as experiências passadas, funciona em cada momento como uma matriz de percepções, de apreciações e de ações, tornando possível o cumprimento de tarefas infinitamente diferenciadas...": *Esquisse d'une théorie de la pratique.* Genebra/Paris: [s.e.], 1972, p. 178.

Há, porém, que advertir: para existir uma opção fundamental para Deus, verdadeira e consequente, não se necessita *sine qua non* de uma explicitação do santíssimo nome de Deus. O que importa é a Realidade que se esconde sob o nome sagrado de Deus. Pode acontecer que uma pessoa viva um projeto de vida voltado para os supremos valores da vida humana, de verdade, de justiça, da dimensão aberta ao Transcendente manifestado na sacralidade de cada pessoa em função da qual luta e sacrifica outras tantas dimensões em si legítimas da vida. Esse projeto, na verdade, atinge aquela suprema e inefável Realidade misteriosa que nós chamamos Deus. Vive em comunhão com Ele e dele haure força para a fidelidade, a firmeza e a perseverança de manter-se ligado a esse projeto fundamental, sem traição comprometedora, podendo ir até o martírio.

Poder viver semelhante opção é viver aquilo que chamamos estado de graça santificante ou graça habitual. Permanentemente esta vida está inserida no *milieu divin* que é a manifestação historial da graça suprema.

A permanência da graça habitual subsiste mesmo quando o homem, aqui e acolá, coloca atos que se desviam do projeto fundamental. Entretanto devem ser atos que não atingem o cerne do projeto fundamental, destruindo-o, nem sejam expressão de outra opção de fundo e da verdadeira identidade da pessoa. Não deixarão de ser atos atraiçoantes e verdadeiros pecados. Mas não possuem aquela densidade que implica ruptura definitiva com Deus, constituindo o pecado mortal. O hábito do amor, da abertura e da busca incessante e insaciável de Deus permanece; a pessoa permanece, portanto, na graça santificante. Viver nesta dimensão, perseverar nela entre todas as tentações da *passio huius saeculi*, é obra da graça presente de forma permanente, santificando o homem com a rede de suas relações. Esta graça habitual manifesta-se *operativamente*, isto é, auxilia o homem a chegar a uma consonância cada vez maior entre o projeto fundamental de vida e sua tradução em atos concretos e consequentes; ela revela-se também *performativamente*, vale dizer, unifica a pessoa, eleva-a a uma comunhão mais íntima e a um predomínio cada vez mais decisivo do amor, da compreensão, da misericórdia, da capacidade de perdão, da sinceridade, da bondade e da sensibilidade para com tudo o que é verdadeiramente humano e divino.

O que implica a graça habitual em termos de relação com o Pai, com o Filho e com o Espírito Santo não está nada determinado ainda. Será função das reflexões posteriores desentranhar toda a riqueza teológica presente no projeto fundamental aberto para Deus.

4. Sentido do mérito, do aumento, diminuição e perda da graça habitual

A partir das considerações feitas, abre-se a compreensão para aquilo que na teologia clássica se refletia sobre o mérito, o aumento, a diminuição e a perda da graça santificante.

a) O sentido do mérito

Abstraindo da problemática bíblica, onde a vida eterna, por exemplo, aparece como recompensa (cf. Mt 5,12; 20,8; 1Cor 3,8), prêmio (1Cor 9,24), coroa (2Tm 4,8; 2,5; Ap 2,10; Tg 1,12), retribuição e remuneração (Cl 3,23-24; Hb 10,35) das boas obras que faz dos justos dignos da vida eterna (2Ts 1,5; Lc 20,35; Ap 3,4) e sem entrar nas discussões teológicas ligadas à Reforma protestante, podemos dizer que a teologia com a expressão *mérito*[8] quer exprimir o caráter dialogal da graça. Esta, como foi amiúde afirmado em nossas reflexões, não significa apenas o amor de Deus para com os homens; é também amor correspondido dos homens. O mérito é a graça quando considerada a partir da caminhada e da colaboração humana. O projeto fundamental para Deus (graça habitual) se realiza historicamente; é movido, animado e penetrado por Deus. Entretanto, Deus não dispensa nem exime o homem de andar. Ele foi criado criador e colaborador de Deus. O motor da caminhada é Deus. Mas é o homem, como peregrino, que deve andar e fazer sua trajetória.

Se por mérito entendermos a obrigação, em termos de justiça comutativa, de recompensar alguém pelos bons ofícios que prestou, então devemos afirmar categoricamente que ninguém pode merecer diante de Deus. As ações do homem "não são obras de um outro, com referência a Deus, porque Deus mesmo é autor destas obras (enquanto concede ao homem a possibilidade de agir, o impulso para a ação e a realidade da ação mesma), já na ordem natural e muito mais na ordem sobrenatural"[9]. O mérito aqui se entende no horizonte da promessa de Deus de recompensar com a felicidade no Reino a todos os que vivem conforme a sua vontade e na retidão de seu projeto voltado para Deus.

---

8. Cf. *Mysterium Salutis* 4/2. Einsiedeln: [s.e.], 1975, p. 977-982. • GRINGS, D. *A força de Deus na fraqueza do homem*. Porto Alegre: [s.e.], 1975, p. 100-109. • AUER, J. *Das Evangelium der Gnade*. Regensburg: [s.e.], 1972, p. 215-238. • PESCH, O.H. "Die Lehre vom Verdienst als Problem für Theologie und Verkündigung". In: *Wahrheit und Verkündigung*. Munique: [s.e.], 1967, p. 1.865-1.907.

9. FLICK-ALSZEGHY. *Il Vangelo della Grazia*, p. 667.

A Escritura está cheia de textos onde se ensina que as obras boas serão premiadas e as más punidas (cf. Mt 5,12; 6,1-6.16.18; 10,32-33; 25,31-46; Mc 9,41-43; Lc 14,12-14; 19,11-27). Um copo de água dado a um discípulo (Mt 10,42) ou o mínimo de compaixão para com os últimos da terra (Mt 25,31-46) tornam, no entender do Juiz Supremo, a pessoa digna do Reino. O mérito quer ressaltar a realização da promessa de Deus àqueles que ouviram sua voz e a puseram em prática. O mérito não constitui a condição para a suprema felicidade. É já sua presença e gozo na vida do homem justo. As boas obras não conquistam o céu futuro. Elas já traduzem para o tempo presente o que significa céu. Este começa a realizar-se aqui na terra na reta vida do homem e de seu mundo e culmina na escatologia. Muitos falsos problemas com referência ao mérito provêm de uma falsa representação do céu e de seu nexo causal com as boas obras. Entendia-se céu como algo distinto das próprias boas obras; céu, entretanto, concretiza-se, embora dentro dos limites do tempo, já nas próprias boas obras, sendo gestado dentro da história humana rumo à escatologia final.

A teologia católica, de modo oficial, afirmou duas sentenças que representam as duas perspectivas da mesma realidade da graça: uma vez considerada a partir do homem (mérito) e outra a partir de Deus (dom): o céu é assim, por um lado dom de Deus e, por outro, mérito do homem; as obras boas são por uma parte gratuidade divina e, por outra, conquista humana, fruto da fidelidade e da retidão do projeto fundamental[10]. Num célebre texto atribuído ao Papa São Celestino (422-432), o *Indiculus*, se diz elegantemente: "Tão grande é a bondade de Deus para com todos os homens que Ele quer que sejam méritos nossos os dons

---

10. *Concílio de Trento*. Sessão 6ª, c. 16: DS 1545-1582, esp. 1582.

seus" (DS 248). O merecimento não justifica, pois, nenhuma automagnificação do homem; apenas exprime o caráter dialogal da graça, ressaltando a participação humana.

Que ações são meritórias? Não devemos novamente cair na atomização dos atos. É o projeto fundamental unificador e totalizador da vida que é meritório. As ações concretas – todas elas – o são na medida em que exprimem com maior ou menor intensidade o projeto fundamental da pessoa.

A teologia clássica, distinguia entre mérito *de congruo* e mérito *de condigno*. Esta terminologia, surgida no século XII e XIII (encontrada em Alano de Lille e Guilherme de Auxerre)[11], não está isenta de dificuldades e sempre esteve aberta à discussão até os dias de hoje[12]. Em razão da absoluta transcendência do mistério de Deus, não tem cabimento o homem fazer exigências de merecimento em sentido estrito a não ser à luz das promessas divinas das quais a Escritura está cheia.

Mérito *de condigno* significa: existe uma proporção (condignidade), em razão da promessa de Deus, entre o projeto de Deus, entre o projeto fundamental bom e o merecimento. Assim, por exemplo, se alguém vive com fidelidade e no amor de Deus sua opção fundamental, merece, em virtude da promessa divina, a total realização em Deus. Há uma base real, no horizonte da promessa, para a fruição do céu que é o correspondente projeto fundamental voltado para Deus.

---

11. Cf. RIVIÈRE, J. "Sur l'origine des formules ecclésiastiques "de condigno" et "de congruo". *Bulletin de littérature ecclésiastique* 28 (1927), p. 75-83.

12. Cf. SCHMAUS, M. *Der Glaube der Kirche* 2. Munique: [s.e.], 1970, p. 651 [em português pela Editora Vozes, Petrópolis].

Mérito *de congruo* significa: é conveniente a Deus que Ele seja mais pródigo do que o projeto bom do homem faz sonhar. É congruente com a magnanimidade divina que Deus se exceda em benefícios e haja superabundância de amor de Deus para além de todas as proporções e méritos humanos. O mérito *de congruo* traduz uma profunda experiência humana. Fazemos, frequentemente, a experiência de que o significado e o alcance de um gesto pode escapar à pessoa que o produziu. Um artista introduz nuanças novas em sua arte. Fá-lo com toda a espontaneidade, como algo evidente. Mal está sabendo que tais nuanças vão gerar o surgimento de uma nova escola, ligada ao seu nome. Alguém esboça um gesto de compreensão que pertence à quotidianidade da existência. Para o outro significou a modificação de sua vida. O poeta escreve um pequeno poema, como expressão espontânea de uma vivência do momento. Por causa deste poema centenas se elevam a Deus, outros chegam a se converter. Tais consequências não são merecimento do autor. É Deus que colocou tal significado nas obras. Ele é o verdadeiro agente que movimenta o autor e movimenta os leitores. Rompe-se a proporção entre a causa e o efeito: superabunda a graciosidade de Deus que se comunica aos homens mediante as produções humanas fazendo que elas produzam efeitos maiores que suas causas.

Tanto a expressão *de condigno* (proporcionalidade) quanto *de congruo* (congruência e conveniência) outra coisa não querem senão reafirmar o caráter de encontro entre o homem e Deus e que Deus sempre possui a iniciativa e a primazia. O projeto de Deus não destrói o projeto do homem; assume-o, galardoa-o e o faz o seu próprio projeto "premiando eternamente aquilo que Ele mesmo concedeu" (DS 248).

b) Sentido do aumento e da diminuição da graça

A ideia do projeto fundamental de vida, orientado para Deus (graça habitual), nos abre também à compreensão referente ao aumento e à diminuição da graça[13]. Aqui há que se superar uma representação quantitativa da graça sugerida pelas palavras aumento e diminuição. Graça, já foi ressaltado à sociedade, não é uma coisa diferente de Deus. É o encontro entre Deus e o homem num mútuo amor. A gratuidade existe em ambos os termos. Deus pode se autocomunicar livre e gratuitamente na forma e na medida própria a cada um (a assim chamada distribuição das graças); o homem, semelhantemente, autodoa-se livre e na medida de sua abertura a Deus. Seu projeto fundamental pode se orientar de tal maneira para Deus que hospeda o Mistério numa intensidade crescente, na medida em que a vida se desenrola num processo histórico. Por isso podemos falar em crescimento da graça. Significa: crescimento da abertura do homem para Deus, que supõe e implica maior autocomunicação também de Deus. A graça não é algo diferente desta abertura; é esta abertura mesma; ela nunca é vazia, mas vem sempre habitada por Deus com capacidade para um crescimento indefinido e infinito.

É neste sentido que o Novo Testamento fala do crescimento como uma categoria fundamental do relacionamento do homem para com Deus (cf. Mc 4,28; Mt 6,28; 13,32). Quem concede o crescimento na explicitação do projeto totalizador da vida é Deus (1Cor 3,6); e concede aumentarem os frutos de nossa verdadeira identidade (cf. 2Cor 9,10). Esse crescimento não depotencia o trabalho

---

13. Cf. AUER, J. *Das Evangelium der Gnade*, p. 174-184, com a bibliografia aí citada apresentando o problema numa linha diferente da nossa.

humano, anima-o. Daí entendermos os apelos de São Pedro: "crescei na graça e no conhecimento de Jesus" (2Pd 3,18). Paulo pedia para "crescermos sob todos os aspectos na direção daquele que é a cabeça, Cristo" (Ef 4,15).

A diminuição da graça significa o projeto humano que vai mirrando ao se afastar progressivamente de Deus; vícios começam a se fixar, distorções da vida moral comprometem a orientação da opção fundamental chegando até a elaboração de outro projeto fundamental, onde Deus vai sendo afogado como o Sentido radical da vida ou deixa de ocupar o zênite da existência. A Escritura dá testemunho desta trágica realidade humana: "tenho contra ti porque não tens mais o primeiro amor..." (Ap 2,4; cf. Gl 3,11; Hb 10,32; Ap 3; Is 3,15-20).

c) A perda da graça

O fechamento do homem a qualquer destinação superior e o progressivo atraiçoamento aos apelos de Deus que ele vem pela mediação da realidade, dos valores morais ou da consciência podem alimentar um processo que implica a perda total da graça. Entretanto há que se advertir: nenhuma opção fundamental, dentro da história presente, é de tal ordem que se inscreva no horizonte do definitivo e irreformável[14]. Enquanto o homem peregrina, não tem o poder de definir de maneira irreversível e absoluta a sua posição diante de Deus, porque nenhum ato nem a orientação de sua vida conseguem esgotar todas as possibilidades que sua existência histórica oferece. Isto vale tanto

---

14. RAHNER, K. *Der Leib und das Heil* (junto com A. Görres). Mainz: [s.e.], 1967, p. 29-44.

para o bem quanto para o mal. Portanto, enquanto o homem viver, sempre lhe fica reservada a chance de salvação. *In statu viatoris* a perda jamais é definitiva. Sempre pode converter-se. Na morte – já o consideramos – se cria a possibilidade de um ato totalizador e tradutor da globalidade do projeto fundamental. Esta última síntese da vida possui o caráter definitivo e irreformável. Aqui se dá a possibilidade *real* de uma perda absoluta da graça. Esta perda não é fruto de um ato mau. Mas de todo o projeto humano que foi, lentamente, frustrando-se até alcançar sua formalização absoluta no momento da morte. Neste sentido, só existe um único pecado mortal, aquele que leva para a morte e para a absoluta frustração, isto é, para o inferno. Este realizar-se-ia na morte. Implica perda total da graça, vale dizer, do gracioso relacionamento com Deus.

5. Certeza e incerteza acerca do estado da graça habitual ou santificante

Uma das questões disputadas especialmente no tempo da Reforma foi esta acerca do grau de certeza da graça habitual[15]. O Concílio de Trento ensina: "Ninguém, enquanto peregrina por esta vida mortal, deve querer penetrar tanto no mistério oculto da predestinação divina que possa afirmar com segurança ser ele, sem dúvida alguma, do número dos predestinados, como se o justo não pudesse mais pecar, ou que, se tiver pecado, poderá com certeza prometer-se a si mesmo uma nova conversão. Pois, sem uma revelação toda especial de Deus, não se pode saber

---

15. Cf. VERING, F. O.F.M. *De certitudine status gratiae in Concilio Tridentino* (Dissertatio ad lauream). Roma, 1953. • STAKEMEIER, E. *Das Konzil von Trient über die Heilsgewissheit*. Heidelberg, 1947.

quais os que Deus escolheu para si" (DS 1540, cf. os cânones 15 e 16: DS 1565 e 1566). Sustenta-se portanto que não há certeza nem para a perdição nem para a salvação. O homem, enquanto vive, encontra-se distendido entre as possibilidades do bem e do mal, do diálogo salvífico e da recusa condenável. Fidélis Vering, O.F.M. e Juan Alfaro, S.J. mostraram em estudos muito atentos[16] que os teólogos e bispos de Trento entenderam a certeza como exclusivamente certeza intelectual acerca do próprio estado da graça. Não foi condenada a tese dos escotistas presentes no Concílio segundo a qual "o homem pode conhecer, com a evidência da própria experiência, sua boa disposição interior ao receber o Sacramento da Penitência e assim chegar à conclusão certa (ao que eles chamavam de 'certeza de fé') de ter recebido a graça"[17]. A doutrina de Trento é coerente com o conceito de fé que no Concílio se elaborou como assentimento intelectual a verdades reveladas por Deus. Fé implica também esta dimensão; mas ela é muito mais rica; biblicamente fé significa também confissão, obediência e confiança fundada em Deus e não no esforço humano.

Existe, pois, no âmbito da fé, toda uma certeza baseada na esperança como afirma Paulo (cf. Rm 5,5; 8,14-16)[18].

---

16. VERING, F. cf. nota acima. • ALFARO, J. "Certeza de la gracia y certeza de la esperanza". In: *Esperanza cristiana y liberación del hombre*. Barcelona: [s.e.], 1972, p. 71-100.

17. ALFARO, J. Ibid., p. 73. • VERING, F. *De certitudine status gratiae*. Op. cit., p. 19-59; 85-112. Costacciarius, conhecido teólogo escotista, defendeu em Trento a certeza da graça nesta fórmula silogística: "Quicumque facit quantum in se est, certus est de sua gratia; atqui iustificatus scire potest fecisse quantum in se est; ergo potest esse certus certitudine fidei de adepta gratia" (VERING, F., p. 99).

18. Lutero e Trento coincidem neste ponto, como em outros tantos, pois Lutero não afirmou uma certeza intelectual, mas "a certeza vivida na entrega confiada ao amor de Deus, fundando-se em Deus e não no homem" (ALFARO, J. *Certeza de la gracia*, p. 92).

O homem pode ter certeza moral de que está na graça habitual pela certeza interior que possui de seu projeto fundamental orientado para Deus; sabe-se na abertura amorosa para com o Pai e por isso está na experiência da graça habitual. Entretanto, jamais poderá ter certeza de que irá permanecer assim e sempre fiel a Deus. Daí a necessidade de pedir pelo dom da perseverança e da fidelidade (cf. Trento: DS 806). A certeza que possuímos é tendencial: com a tendência certa para a salvação[19].

Paulo dava-se conta da situação peregrina do homem, da realidade da falsa consciência e das máscaras com as quais nos podemos iludir. Por isso confessa de si mesmo: "Estou certo de que a consciência não me argui de nada, mas nem por isso me creio justificado. Quem me julga é o Senhor. Tampouco vos julgueis vós mesmos antes do tempo, enquanto não venha o Senhor que iluminará os esconderijos das trevas e tornará manifestos os propósitos dos corações e então cada um terá o louvor de Deus" (1Cor 4,4-5). Apesar desta autocrítica, permanentemente necessária, o mesmo Apóstolo testemunha a certeza da salvação: "Certo estou de que nem a morte, nem a vida, nem os anjos, nem os principados, nem o presente, nem o futuro, nem as virtudes, nem a altura, nem a profundidade, nem nenhuma outra criatura poderá arrancar-nos do amor de Deus em Cristo Jesus, Nosso Senhor [...] Se Deus é por nós quem será contra nós? [...] Sendo Deus que justifica, quem condenará?" (Rm 8,38-39; 8,31-33). A fé cristã e a presença do Ressuscitado em nosso meio confere alegria, paz, segurança, certeza de sermos amados por Deus; ela exorciza

---

19. Ibid., p. 109.

todos os medos inibidores do bem. "Não corro como quem corre no incerto; luto não como quem açoita o ar; porém castigo o meu corpo e o submeto à servidão, para que não suceda que, tendo sido arauto para os outros, venha eu a ser reprovado" (1Cor 9,26-27). A certeza na esperança de que estamos na graça de Deus, não nos isenta de lutarmos e trabalharmos para a nossa perseverança "com temor e tremor" (Fl 2,12). Confere à luta uma atmosfera diferente: sem deixar de ser dramática é conduzida por uma serenidade de fundo e com um toque de jovialidade e bom humor.

A vinculação da pessoa com os outros e com o mundo e a constatação da profunda estrutura de pecado atravessando a realidade, fazendo-nos participar também do pecado do mundo, poderia empanar a certeza de sermos possuídos pela graça. Participamos do mistério de salvação e de perdição do mundo; não temos certeza do grau de corresponsabilidade que nos corresponde pelo pecado do mundo. Entretanto desde que Cristo o assumiu para nos redimir, criou-se um espaço de maior certeza e de sereno consolo de que Deus pela ressurreição de Jesus se mostrou Senhor também desta dimensão sombria do mundo: "no mundo haveis de ter tribulação; mas estai consolados: eu venci o mundo" (Jo 16,33).

XII
A graça atual: processo de efetivação do projeto fundamental

O projeto fundamental humano, orientado para Deus (graça habitual), é uma totalidade, perfazendo a unidade da vida. Esta totalidade se concretiza passo a passo. Os atos individuais e sucessivos vão explicitando o projeto fundamental. Este só existe realmente se passar de projeto para a sua historização. Daí a importância dos atos individuais. Cada ato contém todo o homem. O homem está todo em cada ato, mas em densidades e graus de empenho diferentes. Os atos revelam com maior ou menor profundidade a interioridade humana. Engajam ora mais ora menos a personalidade. A qualificação moral dos atos não pode incidir diretamente neles, como se fossem realidades subsistentes em si mesmas. Deve atender principalmente ao projeto de fundo e à luz dele valorar os atos como sua expressão[1].

Entre projeto fundamental e sua concretização em atos não se verifica uma passagem direta. Pode interpor-se toda uma gama de mediações, mecanismos que possuem relativa autonomia, fruto de experiências mal-assimiladas, da socialização de valores distorcidos operados pela educação e pela sociedade etc. Alguém pode possuir dimensões de sua

---

1. LIBÂNIO, J.B. *Pecado e opção fundamental*. Petrópolis: Vozes, 1975, com a bibliografia citada.

personalidade não ainda integradas dentro de uma opção de fundo, constituindo como que um eu paralelo, sem precisar assumir formas patológicas. Em outras palavras: nem sempre há uma consonância entre o projeto fundamental e o ato corporificador. Podem mesclar-se aí mecanismos perturbadores que limitam o caráter expressivo dos atos.

Em muitos atos, qualificados como moralmente maus ou ambíguos, pode haver subjacente um projeto bom; em outros, tidos por bons, pode estar latente um projeto mau. Consciente disso, a teologia sempre ensinou que nem todas as obras do justo são justas, nem todas as obras do pecador são pecados. Comumente nos é mais fácil pôr malícia nos atos bons do que ver bondade subjacente nos atos maus. Explico-me: custa-nos mais admitir que haja um projeto bom debaixo de atos maus do que admitir que haja um projeto mau debaixo de atos bons.

Apesar desta profunda ambiguidade da qual devemos nos manter sempre conscientes, podemos, entretanto, afirmar que, comumente, os atos são a expressão de uma opção de fundo.

1. A una e indivisa graça de Deus e de Jesus Cristo

Sempre que os atos exprimem o projeto bom encaminhado para Deus, no sentido de uma sintonia, de uma historização feliz e adequada do projeto fundamental, podemos falar de graça atual. Esta, a graça atual, concerne aos atos concretos[2]. Ela não é uma graça realmente diferente

---

2. Cf. BONNETAIN, P. "Grâce actuelle". *DBS* 3, p. 1.195-1.205. • SCHMAUS, M. Der *Glaube der Kirche* 2. Munique: [s.e.], 1970, p. 539-565. • *Mysterium Salutis* 4/2. Einsiedeln, 1975, 964s. • PEREGO, A. *La gracia.* Barcelona: [s.e.], 1963, p. 93-250, com farta bibliografia. • NICOLAS, J.H. *Les profondeus de la grâce.* Paris: [s.e.], 1969, p. 184-226.

da graça habitual. Graça atual é a própria graça habitual num processo de efetivação e de encarnação na realidade. Assim como os atos tomados individualmente são expressão do projeto fundamental, assim também as graças atuais são expressão da graça habitual. Não constituem duas realidades separáveis, embora se possam conceptualmente distinguir. A graça é um movimento único que pode ser, por um lado, considerado em sua direção global e se chama, então, de graça habitual e pode, por outro lado, ser visto em sua ação concreta, seguindo os passos de uma trajetória e se denomina, então, graça atual.

Há uma só graça de Deus e não muitas graças, porque há um só amor e uma única relação de salvação da parte de Deus[3]. Uma vez mais: graça atual é a dimensão processual e histórica da graça habitual, concernindo os atos individualmente considerados. Enquanto é processo possui sua capacidade de explicitação, está dimensionada para um futuro e vai de encontro a uma plena manifestação, quando o projeto humano puder se realizar totalmente em Deus. Compreendendo a graça atual como sendo a própria graça habitual se processando dentro do projeto fundamental humano, conservamos tanto a unidade da vida quanto a unidade da única graça de Deus.

---

3. Barth se indigna contra a fragmentarização das graças na compreensão teológica católica. Diz: "não se deve crer que (os católicos) vivam de fato a graça tão horrível e fragmentada de sua dogmática. Pelo contrário, podemos pensar que também eles, por fortuna, vivam como nós da única e indivisa graça de Jesus Cristo": *Kirchliche Dogmatik* IV/I. Zurique: [s.e.], 1953, p. 93. • KÜNG, H. *Rechtfertigung*. Einsiedeln: [s.e.], 1957, p. 198-203.

2. Sentido dos vários nomes para a graça atual consoante a variedade das situações humanas

A opção fundamental é uma e única, mas se expressa por atos diversos e diferentes. Escolarmente podemos chamar a graça atual por vários nomes consoante a diversidade e diferença dos atos reveladores da vida humana[4]. Esta vem sempre involucrada pela graça que se faz presente e atuante nas mínimas manifestações. Nada no homem deixa de ser amado e penetrado por Deus. Assim se diz que os atos que preparam o homem para a abertura para Deus (*initium fidei*) já são manifestações da graça. Os atos que expressam a fé e a humilde entrega a Deus (*affectus fidei*) também constituem obra da mesma graça.

A liberdade não representa uma instância que se subtrai à graça, como que o último resíduo, exclusivo unicamente do homem. Ela também se inscreve dentro do movimento da graça que faz da liberdade ser mais ela mesma, mais espontânea e livre. As frases do Jesus joaneu – "sem mim nada podeis fazer" (Jo 15,15); "ninguém vem a mim sem antes o Pai que me enviou não o ter atraído" (Jo 6,44); "ninguém pode vir a mim se não lho for dado por meu Pai" (Jo 6,55) – não devem ser entendidas num sentido que depotencia a iniciativa humana. Elas exprimem o fato histórico-salvífico de que o homem concreto não pode ser entendido adequadamente sem seu inserimento na graça. Ela pertence *de fato* ao seu milieu vital. Não se diz que *de direito* deva ser assim; mas *historicamente* o homem vive sob o apelo permanente de Deus; ele não possui outra chan-

---

4. Cada manual segue a sua divisão. Cf. por exemplo a minuciosa disposição de ALOISIO ARIAS. *Gratia christiana*. Madri: [s.e.], 1964, p. 160s.

ce senão acolher ou rejeitar. Qualquer decisão se fará sob o horizonte da salvação (graça) ou do pecado (rechaço da graça)[5].

Em cada situação da vida, Deus-graça acompanha o homem. Daí se entende a divisão tradicional das muitas graças atuais que, como já asseveramos, constituem a *única* graça habitual se concretizando diferentemente nos vários momentos que compõem a vida humana.

a) *graça preveniente* (que chega antes): Deus se antecipa ao homem e tem sempre a primazia. É ele que faz deslanchar o desejo de melhorar, de abrir-se, de buscar uma luz mais orientadora.

b) *graça concomitante:* é a graça que acompanha o ato corporificador do projeto fundamental para Deus, seja numa palavra, num gesto, numa atitude.

c) *graça consequente:* é a graça que persiste no homem como fidelidade pelo caminho assumido e pelos gestos colocados.

Assim a graça acompanha o homem, antes, durante o percurso da caminhada e depois da realização dos atos concretos.

d) *graça excitante:* é a graça que desperta e excita o homem para o bem. O filho pródigo se levanta e se põe a caminho do Pai: tudo isso é obra da graça excitante. Os sonhos de melhoria, os propósitos de soerguimento, a chamazinha de esperança que faz seu caminho secreto no coração humano: tudo isso constitui manifestação tênue, mas eficaz da graça de Deus, tornando fértil o deserto humano.

---

5. Cf. FUCHS, J. *Situation und Entscheidung.* Frankfurt/M., 1952.

e) *graça auxiliante:* é a graça que se manifesta como auxílio ao homem para colocar os atos adequados e correspondentes ao seu projeto fundamental.

f) *graça sanante:* o homem faz a experiência de ser fraco e enfermo; a realização do projeto é onerosa. A graça se manifesta como medicina revigoradora das forças espirituais. Cura da morbidez e da anemia espiritual.

g) *graça elevante:* é a graça que eleva o homem de sua situação decadente, restitui-lhe a verdadeira estatura humana para poder assumir com hombridade sua opção fundamental.

h) *graça suficiente:* a todos Deus se comunica de tal forma que podem tranquilamente salvar-se. Ele não se nega a ninguém por pior que seja sua situação. A insuficiência reside do lado humano, não do lado divino.

i) *graça eficaz:* é a graça infalível em seu efeito; não deixa intocado o homem, mas transforma-o em mais humano e mais divino.

j) *graça da perseverança:* A tradição sempre afirmou que "no atual estado de condição humana decadente, o justo não pode perseverar por largo tempo na justiça (na identidade de seu projeto fundamental) sem um especial auxílio divino" (Trento: DS 1572). Esta proposição é compreensível à luz da experiência diuturna do pecado para o qual o Senhor, no Pai-nosso, nos ensinou pedir perdão (Mt 6,12). "In multis offendimus omnes", constata São Tiago (3,2). Daí é que Trento definiu que, sem uma especial graça de Deus, vale dizer, sem uma especial autocomunicação de Deus à criatura, não se pode evitar todo pecado venial (DS 1573). Este mesmo Concílio constata que também os justos possuem defeitos ligeiros e quotidianos. Graça da perseverança é aquela especial presença de Deus que possibilita ao homem manter-se fiel ao caminho encetado na direção ao Reino, sem desvios fundamentais, e é consequente até o fim. Trento chega a chamar esta graça de *magnum donum* (DS 1566).

Como deparamos, os atos mais naturais, da simples honestidade, daquilo que compõe nossa quotidianidade com suas pequenas e exigentes virtudes, tudo vem banhado e penetrado pela graça divina. A teologia clássica discute longamente este tema sob a formulação: a necessidade da graça para observar a lei natural[6]. A graça não deve ser representada como algo de fora que não pertence ao ser-histórico do homem. Como já insistimos até à saciedade, não há nada de natural que *de fato* não seja também sobrenatural. Aqui se abre a perspectiva vasta da universalidade da graça, oferecida a todos os homens em suas várias situações históricas e religiosas. Mesmo sem o contato direto com a explicitação cristã e católica, todos os homens podem estar na comunhão com Jesus Cristo, graça humanada na história. Vivemos todos na mesma comunidade salvífica porque todos, indistintamente e por modos diferentes, somos amados apaixonadamente por Deus.

3. Nem todas as obras dos justos são justas, nem todas as obras dos pecadores são pecado

Das considerações feitas, resulta claro que nem todas as obras dos justos são justas. A situação decadente estigmatiza de tal maneira o homem que ele sempre vem marcado pela sombra negra de sua própria alienação fundamental, o

---

6. Cf. FLICK-ALSZEGHY. *Il Vangelo della Grazia*. Florença: [s.e.], 1964, p. 117-200.

pecado. O projeto de vida aberto para Deus estrangula-se aqui e acolá; senão de forma definitiva, pelo menos de maneira que ofende a Deus e envergonha o homem. Este não realiza, na plenitude, seu querer, aquilo que se propõe. Por isso a vida humana vem profundamente dialetizada: pode alguém propor-se um projeto de total abertura e fidelidade. Mas faz a penosa constatação que se sente incapaz de implementá-lo ao nível histórico por uma prática consequente. Necessita do perdão diuturno e da paciência dos irmãos.

Por outro lado também é verdade que nem todas as obras do pecador são pecados. Seu projeto fundamental, enquanto o homem for *viator* e não *comprehensor*, não consegue atingir aquele grau de maldade e de fechamento a Deus que chega a afogar o Espírito e o pode subtrair-se totalmente à graça divina. Por isso, por mais pecador que alguém seja, sempre pode fazer atos bons. Estes atos expressam aquilo que de bondade sempre resta no coração. A Igreja nunca deixou de condenar posições pessimistas como a de João Hus, Lutero, Baio, Quesnel e outros segundo as quais o pecado teria destruído totalmente o livre-arbítrio, ofuscado de tal forma a inteligência que o homem nada mais poderia fazer senão pecados[7]. Em outras palavras, ensina a Igreja: apesar do pecado, o homem conserva uma bondade fundamental e invulnerável que significa a vitoriosa presença de Deus mesmo no homem. Esta bondade fundamental (ontológica), embora ofuscada, torna graciosa e gratificante a vida humana, per-

---

7. Cf. contra *Hus*: DS 1216; contra os *reformadores*: DS 1557; contra *Baio* que dizia: "todas as obras dos infiéis são pecados e as virtudes dos filósofos são vícios": DS 1925; contra *Jansênio* que ensinava: "tudo o que não for feito a partir da fé cristã sobrenatural que opera pelo amor, é pecado": DS 2311; cf. também 2308; contra *Quesnel* que asseverava: "a oração do pecador é pecado e seu medo de castigo um renovado pecado": DS 2445; 2451-2467.

mitindo que a história não seja apenas a narração da rebelião prometeica do homem, mas também a audição da sinfonia do amor e da verdade humana e divina.

Na fidelidade de sua busca de Deus, o homem pode sempre contar com a benevolência graciosa do Alto. Este otimismo foi excelentemente expresso por um axioma clássico: *Facienti quod est in se, Deus non denegat gratiam*: "Se alguém fizer o que estiver ao seu alcance, a este Deus não nega a graça"[8]. Expliquemos esta afirmação para não entendê-la de forma semipelagiana. Não se trata de dividir as partes: o que corresponde ao homem e o que cabe a Deus. A graça preveniente e excitante move o homem a dimensionar-se para Deus. Abrindo-se para Deus, mantendo-se fiel contra todas as provocações, pode ter a certeza de que Deus lhe concederá a graça da perseverança final, o salvará e o introduzirá no Reino. Fazendo o que estiver ao seu alcance, com o auxílio da graça divina, Deus lhe concederá a graça da perseverança.

---

8. Para a história deste axioma cf. RIVIÈRE, J. "Quelques antécédents de la formule: "Facienti quod in se est". *Revue des sciences religieuses* 7 (1927), p. 93-97. • LANDGRAF, A.M. *Dogmengeschichte der Frühscholastik* I/1. Regensburg, 1952, p. 249-264; um comentário minucioso é apresentado por FLICK-ALSZEGHY. *Il Vangelo della Grazia*, p. 236-242.

XIII
A estrutura social da graça habitual e atual

A reflexão sobre o projeto fundamental do homem e sua historização em termos de atos concretos (graça habitual-graça atual) não nos deve criar a ilusão idealista de que a graça seja algo que ocorra tão somente na intimidade do Eu divino e do tu humano. Tal ideia se fundaria numa errônea compreensão do homem que, como acentuamos sempre em nossa meditação, surge essencialmente como social. O projeto fundamental da pessoa está profundamente vinculado ao projeto fundamental da cultura (como *ethos* cultural, estilo de vida) na qual vive. Se apresentar dimensões inumanas e antidivinas, este projeto cultural não deixará de penetrar e de minar também o projeto pessoal. Quando anteriormente refletimos sobre a experiência da graça dentro de nosso mundo técnico-científico e na área geopolítica da América Latina nos advertimos da iniludível imbricação entre o projeto global latente na nossa cultura e o projeto pessoal. Aqui, queremos retomar as perspectivas anteriores e sublinhar fortemente a dimensão social da graça habitual e da graça atual[1]; este aspecto encontra-se fortemente descura-

---

1. Cf. SEGUNDO, J.L. Teología abierta para el laico adulto 2: *Gracia y Condición humana*. Buenos Aires: [s.e.], 1969, p. 57-61. • FRANSEN, P. "Die personale und gemeinschaftliche Struktur der menschlichen Existenz". In: *Mysterium Salutis* 4/2. Einsiedeln: [s.e.], 1975, p. 939-951. • SCHMAUS, M. *Die göttliche Gnade* (Katholische Dogmatik III). Munique: [s.e.], 1956, p. 389-399. • LADRIÈRE, J. "Fonction propre de la grâce l'égard de la science". In: *La science, le monde, la foi*. Casterman: [s.e.], 1972, p. 45-53.

do no tratamento manualístico e homilético da graça. A concepção católica tradicional, ainda vastamente vigente, é excessivamente individualista, repercutindo na ideia de pecado, de conversão, de compromisso temporal dos cristãos, compreendidos também de maneira individualista.

1. Que é o social no pessoal?

A estrutura social do homem não reside tanto no nível psicológico, como ruptura da centração sobre si mesmo, de seus interesses e abertura para a comunicação libertadora e terapêutica. Esta dimensão é verdadeira, mas não se apresenta como a fundamental. Conserva ainda um dualismo que opõe mentalidade individualista a outra social. Estancar a reflexão neste nível não ultrapassaria a atitude moralizante que, a cada momento, faz apelos à solidariedade, urgindo à comunicação e à formação de comunidade.

O social do homem se situa numa raiz ontológica, vale dizer, no interior da realidade do próprio homem-pessoa[2]. O social não surge posteriormente aos indivíduos, como soma deles, ou justaposição de muitos deles, constituindo uma comunidade ou a sociedade. Assim o social seria sempre resultado; poderia ser redutível a uma outra realidade mais originária. O social, num sentido ontológico e fundamental, é prévio à vontade e ao encontro das pessoas. Ele é constitutivo de cada pessoa. Por isso é estrutural. Ou a pessoa é social ou não é pessoa. Mesmo que houvesse uma

---

2. Cf. THEUNISSEN, M. *Der Andere* – Studien zur Sozialontologie der Gegenwart. Berlim: [s.e.], 1965; um livro mais antigo, mas que conserva ainda atualidade: HILDEBRAND, D. von. *Methapysik der Gemeinschaft*. Ausgsburg: [s.e.], 1930. • DEMO, P. "Problemas sociológicos da "comunidade". In: *Comunidades*: Igreja na base (Estudos da CNBB 3). São Paulo: [s.e.], 1975, p. 67-110.

só pessoa no mundo, ela seria – exatamente porque é pessoa – social e comunitária. Ela con-viveria con-sigo mesma, com seu mundo, com suas ideias, com seus projetos, com as interpretações que elabora de seu mundo circunstante. O social é pois um feixe de relações que constituem o ser próprio da pessoa. Esta é um nó de relacionamentos articulados sempre para consigo mesmo, objetivando-se, para os outros comunicando-se e para a natureza transformando-a pelo trabalho e assim hominizando-a.

Não existem, pois, duas consciências, uma individual (eu) e outra social (nós). Há uma consciência só, que se constitui, se elabora, se expressa sempre dentro de um nós, de um convívio e de uma con-munidade. O individualismo é uma falsa compreensão do homem, incapaz de apanhar o que realmente se passa no homem. O eu é sempre habitado pelos outros[3]. O indivíduo é sempre uma abstração; na concreção, a pessoa surge sempre como uma rede complexa e ativa de relações. Isto implica que, socialmente, a pessoa passe a desempenhar certos papéis que estão ligados a certas formas de comportamento, a expectativas sociais, a sanções ou a prêmios[4]; participa do destino de sua sociedade nas suas glórias e nos seus dramas, nas chances de salvação e nas tentações de perdição.

2. Projeto fundamental da cultura no projeto pessoal

Estas considerações antropológicas sobre o social do pessoal nos ajudam a compreender melhor o entrelaça-

---

3. SEGUNDO, J.L. *Gracia y condición humana*. p. 59; LOURAU, R. *A análise institucional*. Petrópolis: Vozes, 1975, p. 118-143.

4. Cf. DAHRENDORF, R. "Homo sociologicus". In: *Ensaios de teoria da sociedade*. Rio de Janeiro: [s.e.], 1974, p. 32-107, aqui 74. • Id. *Sociologia e natureza humana*. No mesmo volume de ensaios, p. 109-110.

mento entre projeto pessoal e projeto global da sociedade. O projeto pessoal, não obstante a irredutibilidade do eu e da forma própria como cada pessoa assimila e rejeita, espelha de alguma maneira o projeto global e participa de suas limitações e de suas realizações; faz-se solidário daquelas dimensões que se abrem ao outro e a Deus como também daquelas que se fecham, desumanizam e não acolhem Deus. Aqui se impõe grande vigilância e certo grau de consciência crítica para que os mecanismos culturais não venham a deglutir as pessoas e estas passem a espelhar apenas passivamente a situação. A cultura, no sentido de um *ethos* cultural de uma sociedade, implica num *modo de ser* e de relacionar-se com os outros, com a natureza e com o Transcendente. Portanto supõe uma certa maneira de viver as relações políticas, econômicas e religiosas. Os valores que daí nascem, por um lado, expressam estas relações, por outro, funcionam como justificativa ideológica delas. As relações se perpetuam e legitimam por instituições sociais (que além de seu caráter funcional encarnam uma instância simbólica), por corpos jurídicos, por códigos de ética e por uma jerarquia de valores.

Há formas de organizar a convivência humana que não revelam a verdade do homem. Algumas se baseiam nas desigualdades de cultura, de raça, de acesso aos bens de produção e de consumo. Alguém nasce negro, pobre, analfabeto ou de outra ideologia; este fato já o situa dentro de um certo lugar na estrutura da sociedade e lhe determina, previamente a qualquer valor de ordem pessoal, a função e o papel que irá desempenhar no todo social. Há outras que para gozarem dos benesses culturais e econômicos exigem alto custo social a ser pago por imensas maiorias empobrecidas e entregues à própria sorte.

O modo de ser face aos bens materiais estabelece um certo tipo de organização da propriedade, do trabalho, das transações econômicas; implica, portanto, uma forma de relacionamento social entre as pessoas em termos de justiça, dignidade, participação e solidariedade fraterna. Do embasamento econômico se estrutura, portanto, o relacionamento político na forma como se distribui e se participa do poder e das decisões; uma sociedade pode assentar todo o poder decisório na pequena elite que detém os meios de produção; os demais são comandados ou recebem mandos. Sobre o fator econômico e político se erige a estrutura ideológica, as jerarquias de valores com a função de legitimar as relações socioeconômicas e refazer sempre de novo o consenso ameaçado por aqueles que se sentem marginalizados e injustiçados. Estes valores são socializados pela escola, pelos canais de comunicação social, criando como que matrizes de percepção, estruturas estruturantes que tornam possível a realização de uma homogeneidade social[5].

Todo este complicado mecanismo social – do qual traçamos aqui apenas algumas pinceladas – entra no projeto pessoal. Este pode simplesmente reproduzir o projeto social. Pode também ser assimilado criticamente, depurando suas dimensões alienantes e antidivinas e colocando-se numa relação de tensão e, não raro, de aberta contestação com o projeto global. Se não se fizer presente o espírito crítico e o discernimento dos espíritos a pessoa pode ser de tal forma envolvida pela ideologia dominante que, ilusoriamente, se julga livre; na verdade não pensa,

---

5. Cf. BOURDIEU, P. *Esquisse d'une théorie de la pratique*. Genebra/Paris: [s.e.], 1972, p. 175-178.

é pensada; não fala, é falada; não age, é manipulada pelos valores da classe dominante não criticados. A partir de semelhante constatação nos apercebemos quão difícil se torna pensar o estado de graça habitual e a graça atual. Geralmente os determinismos sociais e estruturais são inconscientes. Podem ser bons, fruto da graça no mundo; podem ser maus, consequência do pecado do mundo. O permanente processo de conscientização – que não se reduz apenas a uma tomada de consciência, mas postula uma ação criticizadora e transformadora – nos permite extrojetar os esquemas que nos oprimem, não para substituí-los por outros igualmente discriminadores dos homens, mas para libertar a liberdade cativa para a sua verdadeira ação que é a comunhão, a participação, a criação de novas formas de convivência, onde seja menos difícil amar a Deus e aos homens.

3. O projeto da modernidade e graça habitual e atual

No capítulo sexto de nosso estudo abordamos já o projeto da modernidade e a relação da graça e da des-graça dentro dele. Aqui queremos, no interesse deste capítulo, ressaltar sua profunda imbricação com o projeto pessoal. Por modernidade entendemos aquele estilo de vida (*ethos* cultural) que surgiu com o advento do espírito científico no século XVI e com a formação da burguesia como classe social. Nascido na Europa, ele pervadiu todo o mundo, mediante o colonialismo, o imperialismo e hoje, pela unificação do espaço econômico, mediante as multinacionais, gerando uma verdadeira "ecumene". Ele postula um projeto-homem e um projeto-sociedade e elabora um determinado tipo de racionalidade que o possibilita e legitima[6]. É o pre-domínio da razão analítico-instrumental sobre a razão dialética (no sentido aristotélico dos Tópicos) e sapiencial, a tal ponto de pretender ser a única forma válida de totalizar as experiências humanas. Esta racionalidade criou obras faraônicas como é a empresa científico-técnica que representa domínio sobre os mecanismos da natureza e das relações entre os homens. A crise do *ethos* da modernidade trouxe à tona sua intenção oculta (crise dos humanismos, social, ecológica, da qualidade da vida humana etc.): a vontade de poder que se traduz em vontade de lucro, de acúmulo e de poderio. Saber é poder e poder é domínio do sujeito sobre o objeto que pode ser tanto a natureza, como o homem e a sociedade. Cientifismo, eficientismo, exploração de tudo o que pode ser conhecido e manipulado são características da Modernidade. Os atuais regimes sob os quais vivem os homens, o capitalismo ocidental e o capitalismo comunista do Estado se entendem dentro dos parâmetros da Modernidade. O comunismo, ao nível estrutural, não representa nenhuma alternativa ao modelo da Modernidade, porque assimilou e privilegiou a função analítico-instrumental da razão, a ilustração científica, a ciência como pura dominação relegando, de todo, a razão simbólico-sacramental e sapiencial que existe também e essencialmente no humano. As relações homem-natureza e homem-outro-homem são

---

6. Cf. as reflexões muito pertinentes a partir de uma perspectiva latino-americana: SCANNONE, J.C. *Hacia una pastoral de la cultura* (Documentación MIEC-JECI, 16). Lima 1976. • "Transcendencia, praxis liberadora y lenguaje. Hacia una filosofia de la religión postmoderna y latinoamericanamente situada". *Nuevo Mundo* I (1973), p. 221-245 ou in: *Panorama de la teología latinoamericana* I. Salamanca 1975, p. 83-117. • "La liberación latinoamericana: Ontología del proceso liberador". *Stromata* 28 (1972), p. 107-150. • BOFF, L. *Teologia do cativeiro e da libertação*. Lisboa: [s.e.], 1976, p. 103-133.

indiferenciadamente as mesmas, gerando uma visão predominantemente econômica dos problemas sociais.

Os detentores da ciência e da técnica e daí do poder global constituem pequeno grupo de países que mantém os outros em dependência e opressão. Conseguiram impor, lenta, mas persistentemente, seu *ethos* cultural, pretendendo ser o único verdadeiramente humano e civilizado. A alteridade, a gratuidade e outras formas de acesso à realidade foram reduzidas aos limites do próprio horizonte de racionalidade e eficácia. Tal modo de ser resultou em desenfreados conflitos estruturais; o progresso altamente sofisticado das sociedades opulentas de consumo exige alta taxa de iniquidade social a ser paga pelas imensas maiorias pobres do mundo. A crise gerada é hoje vastamente conscientizada especialmente pela má qualidade de vida que o sistema da Modernidade gera para todos os homens.

O cristianismo, num primeiro momento, rechaçou a Modernidade, porém dentro de uma mentalidade conservadora e saudosista do regime em que ele detinha o poder, a Cristandade. Depois passou-se, de Leão XIII ao Vaticano II, a um diálogo aberto; em muitos grupos resultou num progressismo modernizante que exalta a tal ponto a autonomia da razão-instrumental e das ciências que não se deixa mais ver claramente a contribuição da experiência cristã e de fé; falta-lhes uma análise estrutural e global do espírito da Modernidade e do *ethos* cultural que implica com as obras que produz. Numa outra vertente, reforçada pelo inegável valor da reflexão teológico-pastoral da América Latina, deu-se a clara percepção da radical conflitividade das estruturas da Modernidade e de seu caráter humanisticamente anêmico e pouco aberto ao Transcendente. A crítica não se faz como saudosismo de uma existência pré-moderna ou antimoderna que utiliza, no fundo, a mesma racionalidade burguesa e moderna contra a qual se volta. É uma crítica a partir de uma instância não moderna (por isso já pós-moderna), no horizonte de outro tipo de leitura da realidade na qual são valorizadas outras práticas teóricas da razão, como a sapiencial do povo, a simbólico-sacramental dos relacionamentos humanos e do homem-natureza. Neste nível de consciência não se questiona apenas o projeto antropológico e político-histórico da Modernidade, senão que, superando o esquema redutor reacionarismo-progressismo, se vão elaborando modelos alternativos. Releem-se as histórias nacionais do povo, onde aparecem dimensões diferentes de pensar, viver, valorizar, numa linha mais sapiencial, aceitam-se ritmos diferentes de transformação e libertação, próprios a outros modos de viver, tematiza-se uma compreensão do homem e da sociedade que nasce da fé considerando o homem como criatura, filho de Deus, irmão de todos e aberto sempre à alteridade. Destarte a fé entra como força estruturante de um novo sentido de viver, sentido que determina as várias práticas (científico-técnica, educacional, social etc.). Este tipo de atitude de fé não se insere tão somente dentro da modernidade, tentando resgatar valores e justificá-los, senão que intenta uma conversão do próprio cerne do *ethos* moderno. Visa algo distinto e alternativo. Não se ajusta a um horizonte dado, cria outro com maior sentido de justiça, de humanidade e de comunhão com Deus. Não assume atematicamente a imagem de homem da Modernidade, senão propõe outra imagem, nascida da fé. "A fé implica um novo sentido do mundo e da vida que liberta a autonomia de todo o mundano de sua sujeição ao pecado. A fé dá um novo horizonte de compreensão aos homens e aos povos, a partir do qual lhes é possível assumir, julgar, discernir e purificar o *ethos* de uma cultura, sua compreensão de vida, de morte, de natureza, do homem e de Deus: a compreensão do sentido da vida que faz o coração ético-transcendente de cada cultura e de cada ação concreta pessoal ou social"[7].

Colocados os termos nesta perspectiva resulta-nos claro o inter-relacionamento que vigora entre projeto histórico global e projeto pessoal. Este participa dos dramas daquele. Como nunca antes, descobrimos o sentido verdadeiro do *lógion* de Jesus do joio e do trigo, do peixe bom e ruim que coexistem na mesma seara ou na mesma rede. Cada homem, em maior ou menor densidade, participa da salvação ou da perdição do mundo, do pecado e da graça. A permanência da vontade de superar as contradições do sistema, a disposição de transformação qualitativa num sentido mais humano e divino é a forma como a graça habitual faz sua aparição dentro de nosso mundo. Os passos concretos que damos em todos os níveis, teóricos e práticos, na intimidade pessoal ou no interior das estruturas, constituem a graça atual. Ninguém é só habitado pela graça; nele também vige o pecado; e assim será até que, na morte, se poderá ultrapassar esta profunda ambiguidade. Isto significa que todos somos necessitados da misericórdia de Deus e dos irmãos, por mais santificados que sejamos em nível de nossa interioridade, pois não somos apenas solidários na graça e com o novo Adão, senão também no pecado e com o velho Adão.

---

7. SCANNONE, J.C. *Hacia una pastoral de la cultura.* 39.

4. Desígnio de Deus e projeto humano

As considerações feitas tornam muito misteriosa a marcha humana. O eu pessoal não se sente agente de seu próprio destino, mas ator num palco onde se desenrola uma história global, cujo desígnio escapa à razão analítica. Cada ator desempenha o seu papel, tem seu projeto fundamental, mas vive uma fundamental insegurança histórica: a quem estamos, no fundo, servindo? Para quem é esta representação? O que ela quer mostrar? O que nos interpela na história – e isso o percebe bem a razão sapiencial – não é tanto este ou aquele fato, sua conjuntura e a estrutura, mas a totalidade de sentido dentro do qual se ordenam todos os elementos e são dele revelação. Que sentido possui tudo isso? Os e-ventos institucionais e culturais seriam ad-vento de um radical Sentido? Nossa abertura aos sentidos intrassistêmicos captáveis pela razão instrumental não seria indício e sacramento de um Sentido que transcende todos os sentidos? Não seria a história a revelação e a mostração da Palavra que tudo desvela? Que é esse Sentido? Não é exatamente aquilo que a teologia sempre chamou de Mistério e Desígnio de Deus? A fé que nasce e cresce no horizonte da razão sapiencial responde à nossa insegurança histórica e à nossa incapacidade de sabermos o que, na verdade, estamos construindo: estamos servindo e edificando o Desígnio de Deus mediante os nossos projetos fundamentais. E seu Desígnio é de amor e não de destruição. Contra ele não podem prevalecer as portas do inferno nem toda a maldade nazista que se enraíza em cada coração.

Nós fazemos projetos. Deus tem seu Desígnio. Este é somente claro na fé; na fé também sabemos que ele se concretizou no caminho de Jesus Cristo vivo, morto e ressuscitado, mantido como memória viva na Igreja e celebrado diuturnamente na Comunidade cristã[8]. Este Desígnio – repetimos insistindo – não é claro para ninguém; especialmente não é claro para aqueles que se julgam os portadores de luzes, os detentores do poder decisório e autores de planos de segurança e salvação nacional ou mundial. Eles não passam de simples atores. Não são agentes do Desígnio, pois somente o é Deus. Mas estão a serviço, sem o saberem, do Desígnio eterno do Amor. Encontram-se dentro de um movimento que eles não criam (como pretendem), mas que os toma e os carrega. É como na parábola do trem de que nos referíamos no prefácio desta obra. Vamos infalivelmente numa direção. Não podemos senão ir com ela. Mas dentro do trem podemos nos movimentar à vontade: quase todos caminhando na direção do próprio trem, alguns (oxalá fossem o menos possível) contra ele e dentro dele. Nada mais. O Desígnio do Mistério é soberano. É na direção da plenitude de sua realização que caminha, impreterivelmente, a história.

---

8. LADRIÈRE, J. "Le volontaire et l'histoire". In: *Vie sociale et destinée*. Duculot: [s.e.], 1973, p. 66-78, aqui p. 76-77. • OTT, H. "L'herméneutique de la société. Le problème de l'historicité collective". In: *Ermeneutica e Escatologia* (a Cura di E. Castelli). Roma: [s.e.], 1971, p. 255-274.

XIV
A graça como crise, processo de libertação e liberdade dos filhos de Deus

A profunda ambiguidade do projeto pessoal e social nos abriu a perspectiva do caminho complexo que percorre a graça no coração e no mundo. O gracioso Desígnio divino possui, concretamente e sempre, uma dimensão de permanente crise para o projeto humano pervadido também pelo pecado. A graça urge no homem um processo de libertação daquelas dimensões que se opõe ao encontro salvífico e tende a instaurar uma nova situação de liberdade dos filhos de Deus.

O homem e a sociedade fazem a seguinte experiência paradoxal: por um lado sentem-se oprimidos por toda ordem de opressões e, por outro, vivem anelos ardentes de libertação. Percebem que a opressão é de tal ordem que não podem se libertar sozinhos e por si mesmos; devem ser libertados por alguém. Por outro lado, a liberdade jamais pode ser outorgada, somente conquistada dentro de um processo de libertação que exige empenho do homem. Ninguém liberta ninguém. Mas também ninguém se liberta sozinho. Libertamo-nos juntos participando de um mesmo projeto libertador. A liberdade resulta, pois, de uma força que liberta nossa liberdade cativa e simultaneamente é fruto de uma luta e de uma conquista, operada pela liberdade.

A experiência também nos convence de que toda libertação possui uma estrutura dialética, vale dizer, carrega consigo as contradições. A liberdade conquistada significa superação de opressões anteriores; mas ela gera, por sua vez, novas formas de cativeiro. Este reclama libertação para uma situação mais livre e assim por diante. Destarte a libertação, como a própria palavra sugere, é uma ação (liber-t-*ação*) que intenciona a conquista e reconquista da liberdade dentro de um processo cuja destinação última, não mais dialética, a teologia crê desembocar em Deus, a Liberdade verdadeiramente livre, e para além de toda estrutura dialética[1].

1. A graça como crise

O amor de Deus (graça) incidindo sobre o homem pecador age como uma crise acrisoladora, despertando-o para um processo de libertação *de* seu projeto de pecado habitual *para* um projeto de graça habitual. A palavra crise[2] aqui possui um eminente sentido positivo como aparece em sua origem filosófica. Crise provém do sânscrito (*kri* ou *kir*) significando limpar, purificar. As línguas latinas conservaram o sentido originário de crise nas palavras *acrisolar* e *crisol*. A crise age como um crisol (elemento químico) que purifica o ouro de sua ganga; a crise vai acrisolando (purificando) a pessoa para a sua verdadeira identidade, ao depurá-la de tudo quanto possuía de fictício e deturpado. A graça de Deus (amor) age como um crisol acrisolador

---

1. Cf. BOFF, L. "O que é propriamente processo de libertação?". In: *Teologia do cativeiro e da libertação*. Lisboa: [s.e.], 1976, p. 83-102, com bibliografia do ambiente da teologia da libertação latino-americana.

2. Cf. meu estudo mais detalhado: BOFF, L. "Elementos de una teología de la crisis". *Nuevo Mundo* 1 (1971), p. 205-228, com ampla bibliografia.

fazendo o homem passar de pecador para justo. Esta passagem é crítica e não se faz sem crise. Mas é profundamente libertadora. Os evangelhos nos apresentam Jesus como a crise do mundo pecador (cf. Mt 10,34; Jo 3,19; 5,19-30; 12,31.47; 16,11), como aquele que, com sua presença, sua luz e seu amor, purifica o mundo, fazendo-o passar por um processo de conversão doloroso, mas gratificante. O Concílio de Trento, numa linguagem muito processual, apresenta a justificação do pecador como a ação de passagem do homem sob o signo do velho Adão para o homem sob o signo do novo Adão (DS 1524). A justific-*ação* resulta da ação amorosa da graça que deslancha todo o processo de conversão e da ação livre do homem que "acolhe aquela inspiração que poderia também rejeitá-la" (DS 1525), fazendo com que o homem de pecador, vivendo um projeto fundamental cerrado a Deus, se transforme em justo, vivendo um projeto fundamental aberto para Deus.

Num outro sentido ainda emerge a graça como *crise,* pois crise pode significar também ruptura e divisão dentro de uma ordem dada. Todo processo de purificação implica um deixar e um assumir novo. A graça de Deus incidindo no homem pecador equivale a um raio de luz atingindo a cegueira dos olhos que agora podem ver. A ordem de pecado, extravio da vida de sua trilha para o céu, vê-se pela graça questionada pela raiz; entra em crise da qual pode surgir uma orientação nova que equivale a um *critério* (provém de *crisis*): uma medida que permite discernir o falso do verdadeiro.

Em grego significa crise (*krísis, krínein*), decisão. Esta supõe um leque de opções, cada qual oferecendo suas possibilidades, gerando tensões e conflitos. A decisão é tomada, ao se superar "o momento crítico" das tensões e ao se optar por *um* caminho que constituirá a nova direção do projeto de vida. A graça aparece como crise enquanto ela urge uma conversão, uma tomada de posição diante do amor de Deus que envolverá todo o destino da pessoa. Como crise a graça põe em xeque a ordem humana: convida-a a abrir-se, a transcender-se e a fazer uma experiência abraâmica. É chance de nova vida; a graça como crise julga o homem; obriga-o a decidir-se; tira-o de seu endormecimento e das evidências criadas em seu projeto de vida. Como toda crise, ela implica rupturas que podem ser dolorosas; mas constitui a grande oportunidade de crescer, de re-orientar o rumo da existência ou de aprofundar a certeza do caminho encetado. A crise não pertence à patologia da vida, mas à sua normalidade[3]. A graça como crise que purifica e que impele à decisão constitui uma constante da vida religiosa de cada homem.

A crise situa o homem e a sociedade dentro de um processo purificador. Antes de articularmos este processo, queremos conscientizar o alcance da alienação ontológica e moral do homem.

2. Até onde alcança a decadência humana?

Na interpretação do drama humano, a fé católica procurou sempre manter uma posição equidistante entre um exagerado otimismo (Pelágio) e um exacerbado pessimismo (Reformadores, Baio, Jansênio e Quesnel). Nem a graça de Deus abandonou definitivamente a terra dos homens, nem o mal tomou conta completamente da humanidade. A situação presente é profundamente ambígua; *omnis homo Adam, omnis homo Christus*[4]: todo homem é Adão, todo homem é Cristo, diz Agostinho numa fórmula inimitável. Entretanto,

---

3. Cf. BOLLNOW, O.F. "A crise". In: *Pedagogia e filosofia da existência*. Petrópolis: Vozes, 1970, p. 37-65. • FURTER, P. "As diversas acepções da noção de crise". In: *Educação e vida*. 3. ed. Petrópolis: Vozes, 1975, p. 69-92

4. *En. in Psalm*. 70, 2, 1: PL 36, 891.

sob uma fórmula assim elegante, mal se esconde o drama da miséria, da opressão e da exploração fazendo com que o homem, das profundezas de seu inferno criado pelos outros homens, suspire insaciavelmente pela libertação. O mundo, visto a partir das salas de tortura das polícias repressivas de nosso continente oprimido, dos campos de concentração dos regimes totalitários, da fome e da miséria geradas em milhões pelo sistema, oferece a base experiencial para a completa descrença por parte de muitos na bondade residual do coração humano. O nosso século, certamente mais do que os outros, fez a dolorosa e crucificante experiência do mal bem pensado e arquitetado, destruindo sistematicamente milhares de pessoas, manipulando outros milhões e mantendo sob regime de dependência opressora continentes inteiros[5].

Apesar disto a fé nos assegura que a nossa solidariedade com o novo Adão Jesus Cristo é muito mais profunda do que aquela com o velho Adão pecador. Apesar de todos os males que constituem, indiscutivelmente, um mistério para a razão analítica, houve sempre no homem uma capacidade inexaurível de reação, de luta por formas mais fraternas de con-vivência, de martírio assumido pela causa justa. A história do sofrimento anônimo e das mortes, aos olhos dos poderosos inócua e sem sentido, é conservada por Deus e será, um dia, contada por Ele. A anti-fonia da história aparecerá como a verdadeira sin-fonia divina. Antegozo desta verdade nos foi revelado pela ressurreição de Jesus Cristo, onde se celebra o futuro absoluto de um estraçalhado na cruz.

Se o mal e a má vontade tivessem tomado conta da essência humana, a ponto de fazer-nos totalmente inimigos de Deus, não haveria mais lugar para a redenção nem para qual-

---

5. Cf. BOFF, L. "O sofrimento que nasce da luta contra o sofrimento". *Concilium* n. 9 (1976).

quer processo de libertação. Dizer salvação é professar: nem tudo no homem e no mundo está perdido; nem tudo é inexorável e fatal; mas existe um cerne bom que pode ser resgatado e libertado e não simplesmente substituído. Por isso é que vigora uma continuidade originária entre criação e redenção, entre protologia, soteriologia e escatologia, porque Deus é aquele que pode transformar o velho em novo e o pecador em justo. Não uma *outra* criação, mas uma *nova,* desentranhada do seio da velha, nos é prometida pela fé e esperança cristãs.

A fé cristã, portanto, não se apresenta como mera fenomenologia da existência ambígua sob o signo de Adão e sob o signo de Cristo. É também fenomenologia do *homo redemptus et liberatus,* do homem que pode recuperar efetivamente sua identidade diante de Deus. Sem isso não teria nenhum sentido a cristologia, onde se elabora o discurso jovial sobre a irrupção do *novissimus Adam* (1Cor 15,45) em Jesus Cristo ressuscitado.

A recuperação da identidade religiosa do homem (justiça e justificação) não se faz por um toque de mágica. Implica um processo doloroso de libertação[6]. Este processo

---

6. Cf. o importante estudo de GRESHAKE, G. *Gnade als konkrete Freiheit. Eine Untersuchung zur Gnadenlehre des Pelagius.* Mainz: [s.e.], 1972. O A. mostra como Pelágio foi profundamente malcompreendido por Agostinho, devido às linguagens diferentes que ambos usavam: Agostinho falava a linguagem da ontologia platônica, Pelágio aquela da experiência cristã histórica. "Para Agostinho (querendo-se reforçar a tendência), o evento da graça é um evento que se realiza por detrás ou acima da história; este evento está ligado *sine qua non* à história humana somente mediante a obra salvífica de Cristo (e num sentido mais fraco também mediante a comunidade de salvação que é a Igreja). Para Pelágio a graça é uma atuação de Deus que atinge o homem de muitas formas em sua história, como uma força concreta, experimentável e verificável, libertando os homens para a liberdade" (p. 228). Cf. a discussão moderna sobre o pelagianismo, onde se refaz a figura histórica de Pelágio e seu otimismo perfeitamente aceitável à nossa compreensão de fé de hoje: FRANSEN, P. "Augustin und der Pelagianismus". In: *Mysterium Salutis* 4/2. Einsiedeln: [s.e.], 1975, p. 646-663. • BONNER, G.I. "How Pelagian was Pelagius? An Examination of the Contentions of Torgny Bohlin". *Studia Patristica* IX, 94 (1966), p. 350-358, onde se toma posição ao livro de BOHLIN, T. *Die Theologie des Pelagius und ihre Genesis.* Uppsala, 1957.

não se entende apenas como preparação para a graça; é ela mesma já fazendo seu caminho na história dos homens.

3. A graça como processo de libertação para Deus

Na tradição teológica não existe uma elaboração da graça que articule esta dimensão libertadora numa perspectiva pessoal e social especialmente concernindo o projeto fundamental social e pessoal[7]. O que se elaborou, mas numa perspectiva totalmente individualista, foi o longo tratado da justificação, cerne dogmático do Concílio de Trento (1545-1563)[8]. Aí se considera o homem ímpio e sua justificação, desvinculado de qualquer reflexão temática sobre seu inserimento no mundo decaído e a profunda influência que este possui sobre o projeto pessoal de conversão. Ademais, o Concílio de Trento, devido ao instrumentário teórico que utiliza, aquele da teologia e ontologia pós-escolástica, não pensa a justificação em termos de processo evolutivo, correspondendo à experiência de conversão como lenta, mas progressiva rejeição do projeto esquecido de Deus e elaboração vagarosa, mas consequente e crescente de um novo projeto de homem novo e renovado, cada vez mais centrado em Deus e em Jesus Cristo. Pensa a justificação do pecado em estamentos estanques; cada fase

---

7. Apesar disso, mas dentro de bem outra perspectiva, cf.: RONDET, H. "La grâce libératrice". In: *Essais sur la théologie de la grâce*. Paris: [s.e.], 1964, p. 39-74. • CAPÁGANA, V. *Agustin de Hipona*. Madri: BAC mayor, 1974, p. 106-108: La gracia de la liberación. Cf. AGOSTINHO. *En: in psalm*. 64, 1: PL 36, 772. "Debemus et nos nosse prius *captivitatem* nostram, deinde *liberationem* nostram".

8. Cf. o estudo ainda o mais sério de KÜNG, H. *Rechtfertigung*. Die Lehre Karl Barths und eine katholische Besinnung. Einsiedeln: [s.e.], 1957. • PESCH, O.H. *Theologie der Rechtfertigung bei Martin Luther und Thomas von Aquin*. Mainz: [s.e.], 1967, com um excelente resumo em *Mysterium Salutis* 4/2. Einsiedeln: [s.e.], 1975, p. 831-920.

tem o seu sentido em si mesma: a preparação, a justificação propriamente dita, os efeitos. A experiência cristã é vertebrada numa dicção ontológica. Ela é verdadeira e legítima. Entretanto, se não for considerada ao nível histórico e, por isso, dentro de um processo, tende a permanecer em puras formalidades abstratas, não experienciáveis, pura linguagem sem aderência a uma práxis de conversão e de vivência do projeto cristão.

Porque o Concílio de Trento não articulou a justificação do pecador em termos processuais e históricos não significa que a teologia deva se limitar aos limites da doutrina definida. Tarefa dela é pensar e dizer a verdade da fé, tendo em conta, evidentemente, as doutrinas oficiais, mas devendo, quando se fizer necessário, ir para além delas. É o que faremos neste capítulo. Basear-nos-emos nos textos do *Decreto sobre a Justificação* aprovado na VI sessão do Concílio no dia 13 de janeiro de 1547. Iremos exigir mais do que os textos poderão dar, conservando e prolongando o sentido originário que eles contêm, inclusive em seu caráter obrigatório para a fé católica. Ao invés de dizermos *justificação* (palavra-geradora da teologia paulina e conciliar) diremos *libertação*. É a mesma realidade, mas vertebrada em sua dimensão dinâmica e histórica.

O próprio Concílio, ao introduzir a temática da justificação, no capítulo IV, insinua – sem ter consequências posteriores – que ela constitui um processo: "A justificação do ímpio é descrita como sendo uma passagem (*translatio*) daquele estado em que o homem, nascido filho do primeiro Adão, passa para o estado de graça e de adoção de filhos de Deus (Rm 8,15) por meio do segundo Adão, Jesus Cristo, Senhor Nosso" (DS 1524). Esta passagem (*translatio*) só pode ser compreendida processualmente, onde se deixa um estado

270

e se assume, conquistando, um outro. Todo esse processo é obra da graça, desde o seu início como conversão até a sua culminação com a filiação divina e a inabitação da Santíssima Trindade[9]. Trento o diz excelentemente – e sobre isso não se reflete tematicamente –: "O Concílio declara que o *início* da justificação nos adultos deve buscar-se na graça preveniente de Deus por Jesus Cristo, vale dizer, na vocação pela qual eles são chamados, sem que exista mérito algum de sua parte..." (DS 1525). Este início entretanto não é entendido *formalmente* como a própria justificação em ato e se processando, mas como "disposição ou preparação da justificação" (DS 1528). A justificação propriamente dita vem depois e possui uma formalidade distinta e própria. Os Padres conciliares não podiam dizer senão o que disseram desde que utilizaram um instrumental ontológico e não um existencial e processual.

Tomando em conta esta ruptura epistemológica e transpondo a linguagem ontológica para aquela histórico-processual[10], podemos assim atualizar a doutrina católica de Trento:

---

9. Cf. GONZÁLEZ, S. "El proceso de la conversión a la luz del Concilio de Trento". *Revista de espiritualidad* 5 (1946) p. 56-73. • SCHILLEBEECKX, E. "O decreto tridentino sobre a justificação em nova perspectiva". *Concilium*, n. 5 (1965) p. 141-145.

10. Nas discussões do capítulo 5º e 6º sobre a Preparação para a Graça (dentro do Decretum de justificatione: DS 1525-1526) travaram-se árduos debates entre a linha agostiniana-franciscana representada principalmente por Seripando defendendo uma concepção mais processual-evolutiva e outra de corte nitidamente pós-escolástico insistindo sobre o caráter formal-ontológico da justificação. Os atuais textos deixam entrever as duas posições: por um lado toda a doutrina é concebida formal e ontologicamente, por outro aparecem dimensões processuais, ligadas à experiência de conversão e à assimilação da graça divina. Cf. para isso: STAKEMEIER, E. "Die theologischen Schulen auf dem Trienter Konzil während der Rechtfertigungsverhandlungen". *Theologische Quartalschrift* 117 (1936), p. 188- 207; 322-350. • Id. *Der Kampf um Augustin, auf dem Tridentinum*. Paderborn: [s.e.], 1937, p. 151-160. • JEDIN, H. *Geschichte des Konzils von Trient* II. Friburgo: [s.e.], 1957, p. 213-214; 241-242. • *Mysterium Salutis* 4/2. Einsiedeln: [s.e.] 1975, p. 718-720.

a) O processo de libertação humana é a concretização histórica da libertação de Deus; esta é que, inicialmente, por pura gratuidade e amor, "dispõe, excita e ajuda" (DS 1525) os homens a darem o passo libertador de sua situação inimiga de Deus, ofensiva aos demais irmãos e alienada no mundo. A libertação é humana porque é efetivada pelo homem em sua liberdade (DS 1525: "libere assentiendo et cooperando"); entretanto é Deus quem move e penetra a ação humana de tal forma que a libertação possa ser dita como libertação de Deus. O processo histórico antecipa e prepara a definitiva libertação no Reino; as libertações humanas ganham uma função sacramental: possuem seu peso próprio, mas também sinalizam e antecipatoriamente concretizam o que Deus preparou definitivamente para os homens.

b) "Despertado e ajudado pela graça" (DS 1526) o homem acolhe a fé. Fé não é apenas a abertura total para o Transcendente, a entrega humilde e generosa ao Mistério insondável, num sentido de acolhida, modificando ontologicamente a situação do homem diante de Deus; ela é também isso, fé fiducial, fé como confiança, não apenas num sentido moral, mas num verdadeiro sentido ontológico, como atitude englobante de toda a vida. O que Trento condenou foi uma fé fiducial: "confiança vã e alheia a toda a piedade" (DS 1532), mas não o seu sentido ontológico que possui raízes bíblicas. Entretanto, fé não reside apenas nesta atitude ontológica fundamental de abertura e acolhida de Deus. Ela significa também um projeto histórico; possui indicações reveladas por Deus e nos anuncia as promessas divinas (DS 1526) sobre o destino humano, especialmente sobre o pecador que pode ser libertado (DS 1526), que está chamado a uma nova ordem de vida e que está vocacionado a ser habitado por Deus mesmo. O projeto teológico, pela sua estrutura de pro-jeto, possui uma função utópica. Ao dizermos *utopia* não a entendemos pejorativamente como sinônimo de fantasia, fuga da realidade, sonho e não existência. Compreendemo-la no sentido recuperado pela moderna antropologia, sociologia e teologia significando aquela realidade escatológica, final, absolutamente realizadora que não se historiza apenas no termo do processo histórico, senão que se antecipa no tempo, se concretiza limitadamente em cada passo dado, mantendo a história sempre em aberto para um poder-ser mais pleno ainda não experimentado, mas possível[11]. A libertação de Deus é aquilo que deverá ser para o homem; *já é* uma realidade antecipada, mas *ainda não* totalmente realizada. Trento insiste com razão sobre semelhante fé como projeto de Deus sobre o homem, projeto que tende à realização, deslancha um processo e busca uma plenitude futura, a realização da utopia. Nesta compreensão, portanto, a utopia pertence à realidade, não se opõe a ela; realiza em totalidade suas virtualidades latentes.

c) O projeto utópico postula passos corporificadores que traduzem na história a libertação em termos de processo. Num *primeiro momento* ele age como instância denunciadora da situação dissonante com o projeto de Deus. Este coloca o projeto humano numa profunda crise ("os pecadores são abalados proveitosamente": DS 1526), onde se checam os marcos de referência; entra-se num processo

---

11. Cf. BOFF, L. *Vida para além da morte*. 4. ed. Petrópolis: Vozes, 1973, p. 15-33.

crítico e de conversão onde o pecador "se insurge contra os pecados com ódio e detestação" (DS 1526). Isso constitui já um processo de transformação que não implica somente dimensões pessoais mas também sociais. Pensando em termos sociais, entrevemos aqui a possibilidade de um processo revolucionário, onde se destrói um projeto iníquo, gerador de pecado estrutural, e se elabora um outro projeto alternativo onde seja menos difícil ser irmão do outro e seja mais fácil amar e praticar a justiça. Não somente o homem deve ser liberado e justificado senão toda a rede ativa de relações que o mantém ligado com toda a realidade social, econômica e política, marcada estruturalmente pelo pecado. Num *segundo momento,* mais decisivo, o homem articula uma nova práxis renovadora: "começa a amar a Deus como fonte de toda a justiça [...] e a começar uma nova vida e a cumprir os mandamentos de Deus" (DS 1526). Este projeto novo historiza o projeto de Deus na história: é a libertação e a justificação em processo.

d) O processo visa o aumento do espaço da liberdade *para* uma vida nova e para uma práxis consequente. Daí não ser completa a libertação centrada apenas na superação de uma situação iníqua (perdão dos pecados) o que constituiria tão somente uma libertação *disso e daquilo* mas não para algo alternativo e melhor. Com razão insiste o Concílio: a verdadeira libertação é mais do que remissão dos pecados, é "ao mesmo tempo a santificação e renovação do homem interior" (DS 1528). Aqui está o novo projeto fundamental orientado para Deus que restitui ao homem sua verdadeira identidade (justiça). O processo libertador não se fez, portanto, apenas contra situações injustas; criou novas; gerou uma mentalidade nova e transformada no homem. O tirano ou a sociedade iníqua não ficaram apenas mais bondosos, permissivos e flexíveis, mantendo-se, porém, em sua estrutura fundamental, os mecanismos destiladores de pecado institucional e pessoal. Operou-se, ao contrário, a gestação de um novo ser. O Concílio, em linguagem referida ao pessoal, ensina: "o homem de injusto se converte em justo, de inimigo em amigo" (DS 1528); mais ainda: "somos renovados no mais íntimo de nosso espírito [...] Não só somos reputados justos, senão que verdadeiramente nos chamamos e somos justos" (DS 1529). Não só se inaugura uma libertação *de,* mas principalmente uma libertação *para.* O que o Concílio exige é uma verdadeira revolução ao nível pessoal. Como a pessoa jamais é só pessoa, mas é essencialmente social, deduzimos que uma revolução estrutural do mundo se faz necessária para que a conversão do núcleo pessoal seja verdadeira e eficaz. Como? Que passos táticos se devam dar? Quando? Sob que condições? Isso constitui já outro tipo de reflexão que busca mediações estratégico-táticas visando a eficácia transformadora. O Concílio não refletiu sobre isso; manteve-se num âmbito meramente doutrinário; não desceu na sugestão e elaboração de práticas eficazes. Entretanto este tipo de preocupação não ficará alheia à pastoral da Igreja inserida dentro do mundo e querendo ser fermento de transformação a partir de seu projeto elaborado à luz da fé e da graça. Sobre tal reflexão libertadora já referimos quando abordamos a problemática da experiência da graça no horizonte da América Latina oprimida.

A graça de Deus não está apenas presente no processo libertador, como se o processo libertador formasse uma realidade à parte e a graça outra. Não. O próprio processo libertador, orientado para a gestação de uma vida humana mais fraterna, participada, mais aberta a Deus, constitui já a presença da graça libertadora no mundo. A graça libertadora de Deus se encarna no caminho oneroso mais libertador do homem; Deus e homem colaboram para fazer gestar, nascer e crescer o Reino de Deus dentro da história até sua plenitude final.

4. Apesar da libertação o processo continua: *homo simul oppressus et liberatus, semper liberandus*

Apesar das liberdades logradas no processo de libertação o *homo viator* não extrapola do processo libertador. As libertações históricas antecipam a escatologia, mas não fundam o estado escatológico; isto significaria o fim da história. Esta encontra-se aberta a um futuro imprevisto, pode progredir em direção ao Reino, pode regredir e perverter-se. Que se entende, pois, quando a doutrina católica de Trento afirma que o homem foi realmente justificado e libertado? Deve-se, num primeiro e fundamental sentido, entendê-lo ontologicamente, isto é, verificou-se realmente algo no projeto fundamental da pessoa que a situou de maneira nova diante de Deus e da salvação eterna. Entretanto, o Concílio abre-se também a uma perspectiva concreto-histórica: face à situação anterior de ímpio o homem agora é justo; mas esta situação não é escatológico-definitiva: "quando alguém olha para si mesmo e para a sua fraqueza e falta de preparação, pode recear e temer pela remissão de seus pecados, visto ninguém poder saber com certeza de fé a qual não pode estar sujeita a erro algum, que ele conseguiu a graça de Deus" (DS 1534). Enquanto a história continuar, o processo libertador vê-se sempre ameaçado interior e exteriormente. O Concílio, com grande senso de realidade, ensina: "Ninguém se prometa coisa alguma com certeza absoluta [...]; os que julgam estar de pé vejam que não caiam (1Cor 10,12) e trabalhem em sua salvação com temor e tremor (Fl 2,12) [...] sabendo que renasceram na *esperança* da glória (1Pd 1,3) e não na glória, devem temer a peleja que lhes resta com a carne, com o mundo e com o demônio" (DS 1541). Portanto, é na esperança que estamos libertados; esperança concerne sempre a *um já* presente, mas também a um *ainda não* possível e ameaçado.

Abre-se portanto um verdadeiro caminho de libertação progressiva. O homem concreto e histórico encontra-se simultaneamente oprimido e libertado (*simue oppressus et liberatus*)[12]. Esta fórmula deve ser corretamente compreendida para não destruir o que ganhamos anteriormente ao nos referirmos à verdadeira libertação alcançada. O *simul opressus et liberatus* não é uma afirmação metafísica; não incide sobre a realidade compreendida estática e formalmente, como se fosse um em si, fora do processo de libertação. Tal afirmação assim metafisicamente compreendida seria uma aberta contradição. Num mesmo nível e num sentido unívoco o homem não pode ser simultaneamente oprimido e libertado; ou é uma coisa ou é outra.

A reta compreensão se situa numa dimensão histórica, onde há um antes e um depois, e se mantém a continuidade de um processo que possui suas fases de realização. O libertado de agora não é o oprimido de antes. Por que não o é, podemos precisamente dizer que ele é libertado. Ele superou uma situação anterior que o detinha cativo.

---

12. É a versão, em contexto de teologia da libertação, do dito *simul iustus et peccator.* Cf.: JOEST, W. "Paulus und das lutherische simul iustus et peccator". *Kerygma und Dogma* 1 (1955), p. 269-320. • KÜNG, H. *Rechtfertigung.* Einsiedeln: [s.e.], 1957, p. 231-242. • RAHNER, K. "Gerecht und Sünder zugleich". In: *Schriften zur Theologie* VI, p. 262-276. • PESCH, O.H. "Simul iustus et peccator". In: *Mysterium Salutis* 4/2, p. 886-891.

Entretanto ele não extrapolou do processo histórico. Este está aberto para um futuro, pode ser ameaçado, encontra-se limitado, realiza um campo de liberdades conquistadas, mas estas possuem dentro de si novas contradições que postulam também uma libertação. O homem libertado não está livre de todas as opressões e pecados. Embora seu projeto fundamental se oriente decisivamente para Deus e por isso viva em estado de graça habitual, pode haver atos e dimensões de sua vida que escapam ao completo domínio do projeto fundamental. Não chegam a destruí-lo e perigosamente comprometê-lo, mas também podem obnubilá-lo, tirar-lhe a limpidez de sua determinação para Deus. Como diz São Paulo: "é na *esperança* que estamos salvos" (Rm 8,24); a salvação não se realiza de tal forma que congela a história; mantém-na aberta com todos os imprevistos graciosos ou des-graçados. O homem é pois um *oppressus in re, liberatus in spe*[13].

O Concílio de Trento, como já advertimos anteriormente, acena para esse processo libertador quando acentua que não estamos ainda na glória, mas no caminho (DS 1541), submetidos a toda sorte de percalços, especialmente porque em nós mantém ainda sua vigência a concupiscência em suas manifestações negativas. Que é esta concupiscência? Em seu sentido originário antropológico – e isso o viu e defendeu sempre a escola franciscana – a concupiscência não é um dinamismo mau, mas fontalmente bom. Consiste no

---

13. Esta formulação não nos deve induzir numa falsa compreensão como se os termos *in re* e *in spe* se opusessem; na verdade há apenas uma transladação do acento. Quando se diz *liberatus in spe* diz-se que alguém *é* liberado, mas não totalmente, de tal forma que resta sempre a esperança; neste sentido é também um *liberatus in re* enquanto antecipatoriamente participa da libertação; mas como não o é em totalidade, permanece *oppressus in re*.

profundo dinamismo da vida humana, onde cada dimensão de nossa personalidade busca realizar sua inclinação de forma mais intensa e perfeita possível. Assim há dinamismo para o alto, para o outro, para a dominação da terra, para a intimidade, para a carne, para o espírito, para Deus etc. O homem matinal, em virtude da justiça original, conseguia ordenar todas estas forças dentro de um projeto harmonioso, embora cheio de tensões, dimensionado para Deus, sentindo-se filho, para o outro, entendendo-se irmão e para a natureza, vivendo como senhor. Uma das consequências do pecado foi ter destruído esta harmonia plural do homem. Agora, historicamente, cada paixão, em si boa, busca o seu caminho fora do projeto fundamental do homem. Cada um, a muito custo e com sacrifício, consegue domesticar os anjos e os demônios que habitam sua própria casa. A concupiscência, originalmente, um dinamismo excelente, passou, historicamente, a significar a razão da tensão, da ruptura e do conflito dentro do homem. Com razão diz Trento que ela é "um estopim para o pecado" (*fomes peccati*: DS 1515), em estreita relação com o pecado, porque vem, historicamente, do pecado e inclina ao pecado (DS 1515), no qual podemos realmente cair e contra o qual existe o sacramento do perdão (DS 1542). Advertimos: quando o Concílio diz que a concupiscência vem do pecado, não faz um juízo ontológico, mas histórico. Na forma descontrolada como agora ela se apresenta, provém do pecado.

Em razão de semelhante situação cruciante, as liberdades conseguidas devem ser continuamente confirmadas; a melhor forma de fazê-lo é manter-se sempre num proceso aberto de libertação (DS 1535: "incrementar a justificação aceita"), pois não há certeza de fé absoluta de perserverarmos, sem a graça especial de Deus, até o fim (DS 1533 e 1540), pois sem um privilégio particular de Deus não vivemos sem pequenas opressões (pecados veniais: DS 1539 e 1573).

A experiência cotidiana de fé nos convence de que estamos sempre necessitados de perdão. Por isso diz o Senhor: "Quando rezardes dizei [...] perdoai-nos as nossas ofensas" (Lc 11,2.4); "nós pecamos todos e muitas vezes" (Tg 3,2); "se dissermos que em nós não há pecado, nos enganamos a nós mesmos e a verdade não está em nós" (1Jo 1,8).

Em razão disto a Igreja sempre pede perdão; a santa missa inicia com o reconhecimento de nossa situação de oprimidos, embora dentro do caminho da libertação. Quem se julga justo, este é que é pecador; quem se julga pecador, este é que é justo: esta lição resulta da parábola do fariseu e do publicano (Lc 18,9-14). Os santos e místicos possuíam uma consciência extremamente aguda de sua situação ambígua: quanto mais santos, mais longe de Deus se sentiam. Dizia São João da Cruz em seu leito de morte ao sacerdote que o queria consolar, lembrando-lhe as grandes obras que fizera: "No me diga esto, padre; no me diga esto; digame mis pecados"!

Enquanto o homem viver é um *semper liberandus,* alguém que deve sempre ser libertado, porque, historicamente, encontra-se oprimido e libertado ao mesmo tempo, vivendo num processo aberto de libertação.

5. A utopia verdadeira se antecipa: a graça como liberdade dos filhos de Deus

As reflexões anteriores sobre a simultaneidade histórica da opressão e da libertação, porque a dimensão escatológica assim o exige, não nos devem ocultar a perspectiva essencial do processo de libertação que é a criação de verdadeiras liberdades. É certo que estas liberdades não são definitivas e por isso, à luz da reserva escatológica, também carregam em si os germens de outras opressões, entretanto são verdadeiras e reais. A libertação tende a gerar liberdades novas e a produzir um estado novo de coisas, onde o homem possa revelar melhor sua verdade e Deus possa aparecer perfeitamente como Pai e Amor gratuito. Este estado é já antecipação do estado definitivo. Por isso há todo um campo de celebração, de festa e de alegria de ser pela libertação e graça presentes. Não há somente luta de classes, conflitos, incerteza acerca do desembocar do fim bom; isto mostra o *ainda-não* da realidade futura; mas persiste a emergência do *já* histórico que funda a jovialidade e otimismo cristãos. Ao dizermos escatologia queremos ressaltar estes dois momentos: o presente, concretização de um futuro que se antecipa e um futuro ainda não experimentado que questiona o presente para que este não se baste a si mesmo nem degenere numa celebração orgiástica, como se fora já a plenitude escatológica.

O processo de libertação cria, portanto, verdadeiras liberdades históricas. Trento, entre outras tantas, assinalou maximamente duas: o perdão dos pecados, a primeira, e a santificação e renovação do homem interior, a segunda (DS 1528-1531). Consideremos, brevemente, cada uma delas:

a) A destruição do projeto humano contra Deus: o perdão do pecado

A graça tocando a realidade humana gera crise, processo de libertação e liberdade *de* uma situação inimiga de Deus. Por obra e graça de Deus, o homem entra num processo de conversão; larga seu projeto cerrado para o Absoluto; o filho pródigo se levanta, põe-se a caminho da casa paterna, chega junto do Pai. Esta nova direção de vida significa perdão do pecado. Pecado, convém adverti-lo, não é apenas o ato mau; é a disposição interior (coração, em linguagem bíblica) que produz os atos maus. Esta disposição, verdadeira opção fundamental, é abandonada, destruída para dar lugar a outra. Os atos enquanto atos não podem ser destruídos; uma vez acontecidos, eles ganham foros de eternidade, não podem deixar de terem sido feitos um dia. O que é perdoado, desfeito e destruído é o projeto de vida que gerava continuamente atos maus. O homem agora possui o seu cruzeiro do sul no céu de sua vida e sabe conduzir-se para Deus. O perdão do pecado acontece dentro de um grande conflito interior. Não é de um dia para o outro que se distorce uma orientação que foi se fazendo ao largo de muitos anos. Por isso, o perdão do pecado, como situação habitual de pecado, constitui realmente uma graça, vitoriosa sobre todas as tentações e pulsões habituadas a serem satisfeitas dentro de um certo projeto vital. Isto se torna ainda mais oneroso se atendermos ao aspecto social que o pecado implica.

b) Presença e atuação de um novo projeto de vida: santificação e renovação do homem interior

O perdão do pecado está orientado para o passado *do* qual o homem se libertou; é apenas um aspecto da libertação como libertação *de*; mais fundamental é a liberdade *para,* para um novo projeto radical orientado para o futuro que se traduz numa práxis nova no presente. O homem não só se volta para Deus. Adere a Ele; entra em sua casa; estabelece um diálogo salvífico; entra em comunhão íntima de amizade e amor. Trata-se de uma ação que santifica, vale dizer, trata-se da santific-*ação* do homem a partir das raízes de seu ser.

A santificação não deve ser entendida moralisticamente como fazer obras boas. Também o mau, como já consideramos, pode fazer obras boas. Santificação implica uma dimensão ontológica: algo no ser do homem se modifica; seu projeto radical que o orienta para Deus, que capitaliza todas as suas energias para uma direção fundamental, seu núcleo pessoal aberto ao Mistério do Amor, sua atitude última que define seu eu verdadeiro: toda esta complexa realidade vem penetrada pela graça divina, fazendo do homem nova criatura. Esta atitude fundamentalmente boa produz obras e atos concretos bons que o são como tais na medida em que exprimem a bondade radical do projeto de fundo. Trento exprime esta mesma verdade pela expressão paulina: renovação do homem interior, vale dizer, criação de um novo projeto radicado em Deus, fazendo o homem novo como o *novissimus Adam,* Jesus Cristo.

Santificação provém de santo, fazer santo. *Santo* constitui a característica própria de Deus e do Mistério (cf. Is 6,3; 12,6; 30,11; Ez 49,7) e de tudo o que pertence à esfera divina. Tudo é santo, na medida em que se relaciona à esfera divina. Tudo é santo, na medida em que se relaciona com Deus. Tudo deixa de ser santo, torna-se pecaminoso ou profano na medida exata em que tenta se subtrair ao relacionamento com Deus. Santo, portanto, é o que vem *de* Deus, existe *para* Deus e vive no relacionamento *com* Deus. Santificação do homem implica num processo de assimilação cada vez mais intensa da realidade divina por parte do homem e da realidade humana por parte de Deus. Quem coloca Deus como o marco referencial de sua vida, este vive *a partir* de Deus, entende-se como homem *de* Deus, tudo empreende *com* Deus e seu viver é ex-istir *para* Deus.

Este é o santo e o santificado. Santificar-se equivale, pois, a consagrar-se a Deus, a fazer-se propriedade de Deus e participar assim da santidade que é Deus.

O batismo exprime a consagração do homem para Deus. Por isso santifica a raiz da existência humana, libertando-a da situação de pecado do mundo. É um sacramento de iniciação, isto é, inicia-se aí um processo de progressiva libertação do pecado do mundo que se estende pela vida em fora até poder, na morte, ser vencido totalmente. A consagração não significa apenas propriedade e reserva para Deus. Deus, sendo infinito e onipotente, não precisa de ninguém. Por isso a consagração implica missão. Deus tira para atirar ao mundo. Envia os consagrados como missionários seus, para testemunharem o seu Amor e viverem a obra da graça no mundo, obra que é libertadora de todas as opressões e libertadora para todas as verdadeiras liberdades.

O culto a Deus tematiza a consagração e a santificação, porque aí Deus é colocado e venerado explicitamente como o Sol de todas as coisas e o Sentido derradeiro de todos os projetos históricos humanos.

A santificação não restaura apenas o projeto humano e o encaminha para Deus. Significa também a vinda de Deus para dentro do homem até sua culminância pela encarnação de seu Filho primogênito. A encarnação é obra da graça divina e implica a consagração definitiva do mundo e da carne humana. Aqui se suspende o processo de libertação: implodiu e explodiu a perfeita e eterna Liberdade. O que isso significa para o homem e também para Deus será objeto das reflexões que se seguirão.

Parte IV
O QUE SE REVELA DE DEUS E DO HOMEM NA EXPERIÊNCIA DA GRAÇA

XV. As multiformes manifestações da graça de Deus no homem.

XVI. Participantes da natureza divina: a plenitude da personalização.

XVII. Filhos no Filho: o homem, parente de Deus.

XVIII. O Espírito Santo mora em nós: uma Pessoa em muitas pessoas.

XIX. A inabitação da Santíssima Trindade na vida dos justos.

XV
As multiformes manifestações da graça de Deus no homem

O projeto fundamental voltado para Deus, o processo de concretização histórica que ele postula dentro de um quadro conflitivo onde aparece sua dimensão libertadora modificam profundamente o homem. Agora, habitado pela graça de Deus, ele é nova criatura (Gl 6,15; 2Cor 5,17). O novo ser implica um novo agir correspondente. A opção fundamental orientada para Deus (graça habitual) se expressa por atitudes fundamentais, maneiras de agir que traduzem uma vida nova. Paulo chama a isso de frutos do Espírito (graça) que são: "a caridade, a alegria, a paz, a paciência, a afabilidade, a bondade, a fidelidade, a doçura, a temperança" (Fl 5,22-23). A teologia chama a estas atitudes fundamentais, expressão da opção fundamental, de *virtudes*. "Elas são como que ulteriores desenvolvimentos de nosso projeto fundamental. Assim como um raio de luz, atravessando o cristal, decompõe-se todo numa escala de cores, da mesma forma a simplicidade de nossa opção fundamental, quando, movida pela graça divina, expressa-se na complexidade da existência humana, assume necessariamente muitas formas"[1].

---

1. FRANSEN, P. "As virtudes teologais como dinamismo ativo do estado de graça". In: *Mysterium Salutis* 4/2. Einsiedeln: [s.e.], 1975, p. 918.

1. O ser fundamento do fazer

Há que se entender corretamente as virtudes para não cairmos numa compreensão psicologizante e meramente moralizante delas responsável por tantas distorções na vida cristã. A atitude moralizante contempla o fazer desvinculado do ser, as virtudes desligadas da opção fundamental (novo ser), ao invés de considerar a prática das virtudes como a concretização da nova criatura e a expressão dinâmica da presença da graça divina. A atitude moralizante cai num legalismo desumano e seu cristianismo não passa de farisaísmo. Como dizia o ardente místico alemão Eckhart: não se deve pensar tanto sobre o que fazer, mas muito mais sobre o que se deve ser[2]. Em outras palavras: o fazer, as virtudes, as obrigações, os mandamentos e os preceitos devem estar radicados no verdadeiro ser do homem. Como for este ser (bom, mau) será também seu fazer. O fazer não é outra coisa que o ser-em-ação.

Embora diversas – e podem ser estudadas separadamente e detectadas em suas características próprias – as virtudes vivem de uma profunda unidade: aquela do único projeto fundamental que é a única graça habitual. As virtudes consideradas individualmente são cores diferentes do mesmo e único raio da luz divina[3]. Todas elas são teologais, não apenas algumas, porque todas elas, em seu último fundamento e em sua direção original, ordenam-se para Deus e vêm de Deus. Mesmo quando passam pelas mediações humanas – e

---

2. Apud PIEPER, J. *Über das christliche Menschenbild.* Munique: [s.e.], 1950, p. 8.

3. Na Escolástica é São Boaventura quem afirma ser a graça habitual uma só realidade ramificando-se em várias virtudes, dons e frutos, baseado na unidade da alma, cujas faculdades não se distinguem dela realmente, mas só formalmente: *Breviloquium* pars 5, c. 4-6. • BRIVA MIRABENT, A. *La gloria y su relación con la gracia según las obras de San Buenaventura.* Barcelona: [s.e.], 1957.

tudo, como é tese fundamental de nosso estudo, passa pela mediação humana (sacramento) – elas não perdem sua referência imediata a Deus. A imediatez não deve ser pensada psicologicamente, mas ontologicamente. Explico-me: um ato de fé, de amor ou de esperança não deve ser considerado como o único que está na imediatez com Deus porque conscientemente, pela intenção e pela palavra, o relaciono com Deus. Isso seria considerá-lo ao nível psicológico e consciente. Nós afirmamos mais: todo ato verdadeiro de amor e de esperança, de paciência, de temperança etc., na medida em que for verdadeiro, atinge imediatamente Deus, mesmo quando amo uma pessoa e espero algum bem terreno. Porquanto, a estrutura do amor, da esperança e de todas as outras virtudes é assim que por elas o homem não apenas ama e espera isto ou aquilo, mas ama e espera em totalidade, espera e ama um Absoluto que se esconde sob a fragilidade dos bens terrenos. Em razão desta dimensão ontológica, podemos dizer como os grandes mestres medievais São Boaventura, Santo Tomás de Aquino e outros: sempre que o homem pensa, pensa Deus; sempre que o homem ama, ama a Deus; sempre que o homem espera, espera Deus.

À luz desta compreensão podemos também dizer que não há virtudes meramente adquiridas, pela sucessiva repetição dos atos; elas sempre também são infusas por Deus. A virtude infusa quer exprimir a dimensão ontológica, o ser novo; a virtude adquirida é sua expressão em termos de fazer, de esforço e de atos. Mas devemos reter aquilo que esclarecemos anteriormente: Deus sempre vem misturado com o esforço humano; este nunca possui *historicamente* um campo neutro, só dele, onde Deus não tivesse acesso. O homem vive permanentemente mergulhado no meio divino da graça. Concretamente significa então: as virtudes são humanas e adquiridas porque nascem do empenho do homem de concretizar seu projeto fundamental para Deus, mas são também divinas e infusas, porquanto é Deus a força (*virtus*) que no homem tudo deslancha, encaminha, sustenta e plenifica[4].

Esclarecida esta impostação fundamental, passamos a considerar algumas das principais formas de revelação da graça de Deus no homem.

2. Graça como fé: Deus como o sentido último do caminhar

A fé, no sentido ontológico que afirmamos acima, consiste fundamentalmente numa atitude radical de abertura para o Mistério de nossa ex-istência e de sua acolhida amorosa, modificando o caminhar humano. Crer em Deus é um modo de viver a vida como confiada, entregue, colocada em suas mãos; é uma maneira de totalizar todas as nossas experiências e interpretar o mundo, vendo-o a partir do Desígnio de Deus e ligado umbilicalmente a sua divina realidade. Este é o sentido originário de crer (*credere Deo*), como um existir em confiança e em abertura, mas uma abertura repletada por um Tu absoluto, uma "Luz na qual vemos a luz" (Sl 36,10). Esse Tu comungado e amado dei-

---

4. Sobre este tema das virtudes, cf. as obras ainda clássicas: BILLOT, L. *De virtutibus infusis*. Roma: [s.e.], 1905. • LENNERZ, H. *De virtutibus theologicis*. Roma 1947. • ALFARO, J.B. *Fides, Spes, Caritas*. Roma: [s.e.], 1974. • SOÍRON, Th. O.F.M. *Glaube, Hoffnung und Liebe*. Regensburg: [s.e.]1934. • *Mysterium Salutis* 4/2, 938-964. • RONDET, H. "Grâce, vertus, mérites". In: *Essais sur la théologie de la grâce*. Paris: [s.e.], 1964, p. 75-106. • BOLLNOW, O.F. *Wesen und Wandel der Tugenden*. Frankfurt a.M.: [s.e.], 1958. • SCHELKLE, K.H. "Virtud y Virtudes". In: *Teología del NT.* Vol. III. Barcelona: [s.e.], 1975, p. 301-308.

xou sua obscuridade misteriosa e se fez nosso irmão em Jesus Cristo, Deus encarnado. Crer, na dicção cristã, significa abrir-se, deixar-se orientar, acolher a santa humanidade de Jesus de Nazaré na qual encontramos o Absoluto Mistério, sentido de nosso viver e morrer.

Crer é mais que um confiar-se radical e ontológico ao Tu divino; é também abrir-se e acolher o que Ele nos tem a dizer, seu projeto histórico sobre o homem, sua revelação sobre o destino do mundo (*credere Deum*). O que Ele nos tem a dizer auscultamo-lo em nossa consciência; com sentidos afiados por sua luz, descobrimo-lo nos sinais dos tempos e lemo-lo na história que Ele fez com um povo privilegiado, o judeu-cristão, testemunhada pelas sagradas Escrituras, lidas e interpretadas à luz da história da fé cristã, história que culminou no caminho concreto de Jesus de Nazaré vivo, morto e ressuscitado, em suas palavras e em sua práxis libertadora.

Esta atitude de abertura e acolhida, por um lado universal e por outro concretíssima, constitui uma manifestação do que seja graça em cada homem. Esta graça da fé não se restringe a esta dimensão pessoal. Ela se desdobra numa dimensão social. Na medida em que um sistema de convivência se organiza de tal forma que se abre para um Transcendente, que rompe os absolutismos das ideologias do poder, do interesse e do lucro, nesta medida permite aparecer o que seja a graça da fé como atitude fundamental. A comunidade de fé, por sua vez, em sua própria visão de fé, possui um instrumento libertador de todos os absolutismos intramundanos e destruidor de todos os ídolos fabricados para substituir o único Senhor que é Deus. Por causa da graça da fé, os cristãos são responsáveis pelo tipo de sociedade e pela qualidade de vida criadas, se elas dão margem à emergência de Deus ou o abafam com sua prepotência.

3. Graça como esperança: Deus como o futuro absoluto do mundo

A esperança, em sua realidade originária, não consiste numa vivência psicológica de abertura para o ainda não experimentado possível, ansiado e desejado. A vivência da esperança é possibilitada pela estrutura de esperança com a qual vem "construído" o ser humano. Este não é apenas um ser, mas principalmente um poder-ser, um feixe de possibilidades em aberto que buscam sua realização. O pensamento moderno cunhou a expressão *princípio-esperança*[5] no homem, responsável pelas esperas, expectativas, esperanças em plural e pelo dinamismo histórico de transformação, contestação e construção de modelos utópicos da realidade, que não significam mecanismos de fuga, mas forças provocadoras de modificações em direção de formas cada vez mais próximas da utopia. Esta, a utopia, pertence à realidade enquanto futuro e plenitude dela. A esperança traduz a abertura do homem para o amanhã, donde espera um sentido mais plenificador do que aquele que vive no hoje. A esperança não é um puro futuro-futuro. É um *já* presente, experimentado e gozado, mas *ainda não* recebido e realizado em plenitude; por isso é também futuro. Em consequência disto, na esperança vigora sempre uma tensão entre o ser (presente) e o poder-ser (futuro) almejado. O presente é vivido como antecipação e preparação do futuro, e por isso sempre em aberto. Porque o presente não é um presente em plenitude, existe na esperança toda uma dimensão de

---

5. BLOCH, E. *Das Prinzip Hoffnung*. 2 vols. Frankfurt a.M.: [s.e.], 1959; MOLTMANN, J. *Teologia da Esperança*. São Paulo: [s.e.], 1971; ALFARO, J. *Esperanza cristiana y liberación del hombre*. Barcelona: [s.e.], 1974; GUTIÉRREZ, G. *Teologia da libertação*. Petrópolis: Vozes, 1975.

tristeza que Paulo chama de *tristitia secundum Deum* (2Cor 7,10) e que os antigos denominavam de *lacrimae rerum* (o chorar em lágrimas das coisas); esta tristeza não nasce da desesperança e do desconsolo, mas da esperança que não se contenta com o presente e impacientemente aguarda a revelação plena da realidade que entrevê no desejo.

O princípio-esperança não se exaure no futuro que se pode planejar e construir. Ele alcança para além de todas as construções históricas do homem. Por isso este é metafisicamente insatisfeito, pois se sente sempre chamado a coisas maiores. Só o futuro absoluto, a realização da utopia aquieta o coração insaciado de esperar. Deus se apresenta com as características da utopia e da concretização absoluta de todo o poder-ser.

As esperanças históricas e o futuro construível pelo homem se entende como preparação e realização antecipatória do Futuro absoluto. O Reino sonhado no sono e na vigília não surge com um toque de mágica, nem se constrói sobre as ruínas dos reinos humanos. Ele culmina um processo histórico e plenifica o que o homem construiu com a graça de Deus: "o Reino *já* está presente em mistério aqui na terra; chegando o Senhor, ele se consumará" (*Gaudium et Spes,* n. 39/320).

O homem agraciado vive do Futuro absoluto, Deus. Encontra Deus nas esperanças concretas por uma vida mais humana, por uma habitação melhor, por uma sociedade mais fraterna e justa. A esperança escatológica (Deus) não é inimiga das esperanças históricas. Pelo contrário: a Esperança escatológica, como o Futuro absoluto do homem, deve poder se traduzir em esperanças políticas e históricas que fazem a sociedade caminhar cada vez mais em direção de sua plenitude. Só assim tem sentido em se falar e esperar pelo Futuro absoluto que vem culminar as esperas humanas para além de todos os sonhos: "A esperança de uma nova terra, longe de atenuar, antes deve impulsionar a solicitude pelo aperfeiçoamento desta terra. Nela cresce o Corpo da nova família humana que já pode apresentar algum esboço do século novo" (GS, n. 39/319).

Em razão de Esperança absoluta, o cristão por um lado se engaja na concretização das esperanças históricas porque as vê relacionadas com a Esperança absoluta, por outro as relativiza porque elas não se identificam totalmente com o Absoluto por vir. Daqui nasce seu espírito crítico contra todos os regimes totalitários que se apresentam como a realização das promessas feitas ao homem. A esperança como graça de Deus confere força para desfatalizar a história contra aqueles que a querem congelar e desfuturizar, reprimindo e eliminando todos aqueles que, em nome de um futuro maior, os questionam e os contestam. A esperança aqui se revela como coragem soberana (*parrhesia*) que tudo afronta e sofre, na certeza de lutar por aquilo que unicamente tem futuro e um dia se manifestará como a verdade de todas as coisas.

4. Graça como amor: Deus é amor

O amor, bem como a fé e a esperança, antes de ser uma vivência psicológica profundamente gratificante e plenificadora, constitui a estrutura ontológica do ser humano. O homem não se encontra apenas estruturado para uma abertura, nem se constitui tão somente como um feixe de relações ativas orientado para todas as direções. Ele efetivamente sempre entra em comunhão com a realidade, pode identificar-se com ela e fazer uma história com todos com os quais estabelece uma relação. O amor consiste nesta capacidade originária de se autocomunicar em liberdade a um diferente; de acolher um diferente dentro de si, e de comprometer-se definitivamente com alguém. O amor assim compreendido é um existencial no homem (uma estrutura ontológica). Pode articular-se em muitas concreções como eros, como libido, como amizade, como amor tão universal que inclui o inimigo (Mt 5,43-48) e como ágape que consiste não tanto na sublimação do amor, mas na radicalização de seu dinamismo até desembocar em Deus como o Amor. As várias formas do amor constituem concreções diferentes de um mesmo princípio-raiz. Não se inimizam umas às outras, mas se ordenam dentro de um mesmo movimento que busca sempre a alteridade, até a absoluta Alteridade divina. Este sentido originário de amor alcança mais longe do que a simpatia que, por si mesma, se orienta a alguns e seleciona as pessoas; vai além da benevolência para com os benevolentes; abarca tudo, porque nada pode se subtrair a uma relação humana. O homem pode com o amor se aproximar de tudo e de todos e fazê-los seus próximos. Não há limites à capacidade de amor do homem. Quando Jesus admoestava: "amai-vos uns aos outros como eu vos tenho amado" (Jo 13,14) ou quando pedia para sermos perfeitos como o Pai celeste é perfeito porque "ele ama os ingratos e maus" (Lc 6,35), fazia apelo a uma capacidade presente no homem, capacidade para a alteridade e para a doação até o sacrifício de si mesmo.

Ora, este amor é graça de Deus se historizando no homem. "Quia amasti me, feciste me amabilem", dizia Agostinho: "porque me amaste primeiro, me fizeste também amável e capaz de amar". A gratuidade do amor traduz a gratuidade que é a própria graça. "O amor procede de Deus e todo aquele que ama nasceu de Deus" (1Jo 4,8). Sempre foi intuído na humanidade, desde os tempos homéricos, que no amor há algo de divino. Em Jesus Cristo se nos revelou plenamente a verdade da realidade: "Deus é amor" (1Jo 4,8). São João dá um passo além e sugere que é pelo amor que Deus se torna sensível e visível ao homem: "Ninguém jamais viu a Deus; mas se nos amarmos uns aos outros, Deus habita em nós" (1Jo 8,12).

O amor perfeito não é aquele que ama a todos e a tudo por causa de Deus (*propter Deum*) ou em Deus (*in Deo*), mas aquele que a tudo e a todos ama porque descobre a amabilidade de tudo e de todos como presença concreta do próprio amor de Deus. Cada realidade criada é um lugar de encontro com Deus que resplende na profundidade radical de cada ser. A identidade que o Novo Testamento estabelece entre o amor ao próximo e o amor a Deus (1Jo 4,20; Lc 10,25-37; Jo 15,12s.; 17,22s.) encontra aqui seu fundamento: quando amamos, amamos, na verdade, o Mistério presente em cada realidade, fazendo-a amável; amando o outro, amamos sempre o Grande Outro.

Esta sublime realidade, entretanto, encontra-se sempre ameaçada pelo egoísmo, pela incapacidade histórica de o homem se comunicar universalmente. Daí aparecer o amor como, por um lado, uma exigência fundamental do coração e da sociedade humana, e por outro uma ausência que a todos acusa e os remete ao Amor divino que pode libertar nossa capacidade de amor, cativa e oprimida.

O amor como graça de Deus no mundo não deve ser jamais compreendido individualisticamente, como advertimos à saciedade em nossas reflexões anteriores. Ele possui uma eminente estruturação social; quanto mais uma sociedade cria formas de relacionamento, de fraternização, de justiça, de amorização entre os homens e as nações, tanto mais manifesta aquilo que é a graça-amor no mundo. A falta criminosa de solidariedade e de amor ao nível internacional, onde irmãos oprimem outros irmãos, acusa a capacidade humana de impedir o amor de Deus de se realizar e de se manifestar na história. A sede de amor especialmente para com aqueles que foram privilegiados pelo Jesus histórico como os pequenos, os fracos e os últimos da terra, pode empenhar homens na luta pela transformação da sociedade com todos os conflitos que isso implica, até o sacrifício da própria vida. Esse amor perfeito (cf. Jo 15,13) constitui também a forma mais perfeita da manifestação da graça libertadora no mundo, como prototipicamente se realizou no sacrifício de Jesus (Jo 13,1).

As três virtudes fé, esperança e caridade, ternário testemunhado já no Novo Testamento (1Cor 13,13; 1Ts 1,3; Gl 5,6; Rm 5,1-5) e pela tradição teológica articulado em chave histórico-salvífica (Pai, Filho, Espírito Santo), na verdade, não constituem três virtudes, mas um único princípio vertebrado em três direções e concreções diferentes. É a fundamental abertura e transcendência humana historizada na apreensão de um Sentido absoluto ao qual se confia acolhendo seu desígnio (fé), celebrando Sua presença presente como encontro de duas liberdades e de duas autocomunicações, aquela de Deus e aquela do homem (amor), abrindo-se para uma história que ainda tem futuro e não chegou, todavia, a sua plenitude escatológica (esperança). Um mesmo dinamismo divino atravessa o dinamismo humano naquela profundidade fulcral que constitui a unidade da vida humana.

Queremos, brevemente, apontar outras manifestações do que seja graça do homem libertado.

5. Graça como amizade de Deus e com Deus

O relacionamento com Deus na abertura e mútua acolhida (graça) estabelece relações amicais. As Sagradas Escrituras utilizaram a miúdo esta categoria da amizade. De Abraão se diz que era amigo de Deus (Tg 2,23) e de Moisés se afirma "que falava com Deus face a face, como um homem sói falar com seu amigo" (Ex 33,11). Jesus chama a seus discípulos de amigos (Lc 12,4; Jo 15,14). Esta amizade com Deus implica um trato íntimo, familiar e conatural. Paulo chega a afirmar que os cristãos são familiares de Deus (*oikéioi toú Theoû*; Ef 2,19). Esta amizade, longamente analisada por Santo Tomás, comentando Aristóteles[6], supõe uma raiz ontológica de uma certa comunhão de vida entre Deus e o homem. Requer *1)* um amor de benevolência que transcende o amor por causa de certos interesses comuns; *2)* é um amor mútuo; *3)* é um amor estável, constante e conscientemente aceito; *4)* a amizade se manifesta em trocas pessoais e na participação mútua da vida de um naquela do outro, a ponto de para Deus culminar com a encarnação e para o homem em sua filiação divina adotiva; *5)* a mútua presença leva a criar um nós comunitário, uma koinonia que torna possível o amor e faz com que um se assemelhe cada vez mais com o outro: o homem se faz teomorfo (imagem e semelhança de Deus) e Deus se torna antropomorfo (se faz imagem e semelhança do homem: Fl 2,7).

A experiência humana da amizade torna-se figurativa da verdadeira amizade que se estabelece entre Deus e o homem agraciado.

---

6. *In Ethicam ad Nicomachum*. Libri 8-9; *S. Theol.* 2/2, q. 23, a. 1.

6. Graça como Paz-Shalom de Deus e dos homens

O encontro do homem com Deus, a amizade e familiaridade geram a paz. Paz, num sentido bíblico, difícil de ser traduzido (A Septuaginta utiliza 25 palavras diferentes para traduzir o termo hebraico *shalom*), significa um estado de bem-estar individual e coletivo abarcando a dimensão material e espiritual do homem (cf. Ex 18,23; Jz 8,9; 11,31; 1Rs 5,4)[7]. Viver em paz é sentir-se inteiro e completo (o sentido originário de shalom), experimentar-se salvo, não mais dividido consigo mesmo e com Deus, não mais ameaçado por ninguém e por isso, na dicção agostiniana, significa a tranquilidade da ordem fundada na justiça. A experiência-contraste é constituída pela divisão, pela ruptura, pela perdição. Paz expressa então a salvação, a reunificação, a inteireza com Deus, com os outros e com o cosmos. Esta paz é dom de Deus. Cristo "é a nossa paz" (Ef 2,14), enquanto ele derrubou os muros que separavam os homens e fez um homem só, o homem novo (Ef 2,14-18). Paz é fruto da redenção e da justificação (Rm 5,1) e traduz a presença do Espírito Santo (Gl 5,22).

O homem agraciado vive em paz, mesmo que esteja no meio da luta e da paixão deste mundo decaído (cf. 2Sm 11,7 e onde se diz que a guerra corria em paz), porque se sente salvo e unido completamente a Deus.

Esta paz que é reconciliação e salvação não se alcança sem luta (cf. Jo 16,33) e um processo de conversão. Socialmente a graça como paz se realiza somente na superação daqueles motivos que criam os conflitos humanos. Enquan-

---

7. COMBLIN, J. *Théologie de la paix*. 2 vol., Paris: [s.e.], 1960.

to não houver conversão dos oprimidos e dos opressores, a paz significará apenas pacificação. Pacificação não é a tranquilidade da ordem, mas a tranquilidade dentro da desordem, tranquilidade gerada pela imposição e pela violência do mais forte. Semelhante paz não é a paz de Deus nem é aquela trazida por Jesus Cristo. Para se lograr a paz que é fruto da justiça, importa lutar para superar as causas objetivas geradoras das divisões e injustiças entre os homens. A justiça da causa determina o direito da luta. O agraciado, vivendo na paz com Deus e com os homens, luta com um sentido novo, sem espírito de vingança, como forma de amor comprometido pela justiça, matriz de toda paz verdadeira e duradoura. A experiência da paz profunda que o mundo não pode dar nem tirar (cf. Jo 14,27) é experiência da graça de Deus atravessando o coração e o mundo.

7. Graça como alegria de ser na casa do Pai

A alegria serena e a serenidade tranquila são consequências do projeto fundamental totalmente dimensionado para Deus. A alegria, dom do Espírito (Gl 5,22)[8], como atmosfera imperturbável do coração, não é uma alegria de bobos alegres que o são sem nenhum motivo. A alegria nasce como consequência de amar e de ser amado, de sentir-se salvo e perdoado por Deus, de saber do fim bom para toda a criação; a alegria brota da certeza inquestionável de que Deus em Jesus Cristo nos aceitou assim como somos, pequenos, fracos e tardos em corresponder. A alegria irrompe da experiência de sermos filhos de Deus e irmãos de todas

---

8. SCHELKLE, K.H. *La alegria, em Teología del Nuevo Testamento.* Vol. III. Barcelona: [s.e.], 1975, p. 222-232.

as criaturas, de vivermos confraternizados com todos os elementos como irmãos e irmãs em casa do Pai.

Esta alegria não é apenas uma comoção psicológica ou um estado passageiro de alma. Constitui um existencial, vale dizer, forma uma situação real-ontológica de todo homem habitado por Deus, "a nossa alegria" (Sl 43,4). Os motivos da alegria sustentam o homem, mesmo no meio das tribulações e perseguições, em sua verdadeira e perfeita alegria, como o Apóstolo que transbordava de alegria em meio de suas aflições (2Cor 7,4; 6,10) ou como os primeiros discípulos que "estavam cheios de alegria por serem julgados dignos de sofrer pelo Nome do Salvador" (At 5,41; cf. 4,12; Lc 24,46s.; 1Pd 4,13).

A humilde e diuturna alegria que o homem justo desfruta no convívio dos entes queridos ou amigos, com o fruto de seu trabalho, com os alimentos que satisfazem a existência, com as atividades criadoras e recreativas constituem sacramentos da Alegria perfeita do Reino (cf. Is 62,5); são manifestações históricas – apesar de toda a ambiguidade – da graça-alegria que visita a existência mortal.

8. Graça como espírito crítico que liberta o futuro

Uma das formas eminentes de como a graça se concretiza na pessoa agraciada é pelo senso crítico tão urgente em nosso mundo atravessado pelas mais contraditórias ideologias e hierarquias de valores. Espírito crítico equivale, biblicamente, à sabedoria e ao discernimento dos espíritos que constituem um dom de Deus. Criticar não é destruir, mas saber discernir o verdadeiro do falso e o bem do mal em cada situação ou conjuntura concreta de tal forma que "sempre façamos o que agrada ao Pai" (Jo 8,29)[9]. O crítico lança um olhar lúcido e sem ilusões detectando as ideologias encobridoras da realidade (Pr 13,7; Sl 13,21s.); possui habilidade (1Sm 25,33), tato (Pr 11,22) e um juízo amadurecido (Pr 26,16). Quando João advertia: "não vos fieis em qualquer espírito, mas antes examinai se os espíritos vêm de Deus" (1Jo 4,1), convocava o homem a exercer seu espírito crítico para não ser iludido pelas persuasões dos sistemas imperantes: "examinai todas as coisas e retende o que é bom" (1Ts 5,21).

Sem o permanente espírito crítico o homem acaba "entrando nos esquemas deste mundo" (Rm 12,2). Por isso Paulo adverte: "Transformai-vos interiormente renovando vossa mentalidade, para discernir qual é a vontade de Deus" (Rm 12,2).

Sem uma especial atuação da graça o homem se ludibria a si mesmo, pois se sente cindido ao meio, os desejos da carne contrários àqueles do Espírito (Gl 5,17-21): "realmente não compreendo meu modo de proceder, pois não faço o que quero mas o que não quero" (Rm 7,15).

Jesus de Nazaré foi um mestre no espírito crítico, exercendo-o para libertar o homem do legalismo, do tradicionalismo, dos preconceitos, das falsas representações sobre Deus e fazê-lo mais atento à vontade concreta de Deus que se manifestava na história e em sua atuação.

A graça como espírito crítico se manifesta no povo sem a cultura ilustrada; embora não saiba aduzir os motivos e refazer os passos teóricos de sua práxis, o Espírito o conduz

---

9. Cf. LIBÂNIO, J.B. *A consciência crítica do religioso*. Rio de Janeiro: [s.e.], 1974.

de tal modo que sabe discernir o verdadeiro do ideológico e postiço. O exercício do espírito crítico constitui hoje, indubitavelmente, uma forma eminente como experimentamos a libertação e a redenção trazida de Jesus Cristo, rompendo os absolutismos dos sistemas que se fecham ao futuro, de onde Deus sempre vem e pro-voca o homem para um crescimento em direção à plenitude escatológica.

9. Graça como desassombro em anunciar e denunciar

A graça do espírito crítico pode e deve, muitas vezes, manifestar-se como graça de anunciar a verdade e de denunciar as ilusões humanas com desassombro, valentia, coragem e liberdade. Em muitos lugares do Novo Testamento se faz referência desta virtude apostólica, chamada de *parrhesia* que é um falar e atuar com valentia, com destemor e desassombro, nascido não da coragem humana, mas da força de Deus (cf. At 9,27-28; 14,3; 18,26; 19,8; 26,26; Ef 6,19; Fl 1,20; 1Ts 2,2)[10]. Este desassombro pode trazer obstáculos, perseguições e mesmo a liquidação física. Há momentos na vida em que a consciência cristã deve anunciar e denunciar ou pecar diante de Deus, atraiçoando a verdade do homem e de Cristo. O cristão é chamado a testemunhar no meio do mundo o mistério sagrado do homem que foi assumido por Deus e a defender o direito divino identificado com o direito inviolável de cada homem de ser respeitado como pessoa. O calar diante das injustiças e violações da sacralidade de cada homem (*res sacra homo*) significa cumplicidade; é mais cômodo e fácil; razões

---

10. Cf. SCHLIER, H. "Parrhesia". In: *Theologisches Wörterbuch zum NT*. Vol. V, p. 869-884. • RAHNER, K. "Parrhesia". In: *Schriften zur Theologie*. Vol. VII, p. 252-258.

de ordem, de disciplina, de (falsa) unidade, de não intromissão em questões políticas, são invocadas para justificar o absentismo. Arrostar todos os perigos, assumir as consequências da ousadia, superar o medo inibidor, anunciar com destemor e denunciar com desassombro: isso é graça de Deus. Hoje a Igreja como hierarquia, mais do que em outras épocas, é chamada a uma função profética de anúncio e de denúncia da prepotência do Estado totalitário, do absolutismo das ideologias, pois por *raison D'État* são sacrificados todos os valores e violados todos os direitos. A Igreja hierárquica, pela alta instância moral de que goza, pela liberdade que ainda lhe é concedida, não pode eximir-se deste dever evangélico, verdadeiro imperativo da consciência cristã. Cada cristão, em seu lugar na estrutura social, deve poder com *parrhesia* ser testemunho da verdade crítica do Evangelho e do projeto cristão de homem.

Talvez poderá haver situações que à consciência não cabe outra saída, sem pecar, senão denunciar e assumir o caminho perigoso palmilhado por Jesus Cristo da prisão, da tortura e da morte violenta. Os crimes cometidos contra os profetas, as violações feitas contra os livres, os corajosos e os comprometidos com os direitos pisoteados de seus irmãos, a ofensa às liberdades fundamentais do homem de se reunir, de falar e de pensar, de ganhar seu digno e suficiente sustento trazem a ira divina contra os Estados totalitários, seus chefes e ideólogos que serão punidos pelo Juízo divino, manifestado já na história, pela violência que se volta contra quem a provocou. "Um coração surdo aos gritos dos homens é um coração mudo diante da face de Deus"[11].

---

11. Cf. ROQUEPLO, Ph. *La foi d'un mal-croyant ou mentalité scientifique et vie de foi*. Paris: [s.e.], 1969, p. 310.

A comunidade cristã, inserida num contexto de opressão e repressão, faz sua a oração da Igreja perseguida dos Atos dos Apóstolos: "Agora, Senhor, olha para as ameaças deles e dá a teus servos falarem com toda a *parrhesia* (valentia e coragem, nascida da fé) a tua Palavra" (At 4,29).

10. Graça como humor que antecipa a salvação

Uma das formas mais cotidianas de manifestação da graça se dá pelo humor[12]. Pouco ou nada considerado pela teologia "séria", encontra-se testemunhado e presente em todos os verdadeiros santos e místicos que são os únicos cristãos verdadeiramente sérios. Humor não é sinônimo de chiste, pois pode haver chiste sem humor e humor sem chiste. O chiste é irrepetível; repetido perde a graça. A história cheia de humor conserva sua permanente graça; o homem pode sempre ouvi-la, repetidas vezes, porque, interiormente, precisa de alívio, de força para viver. O verdadeiro humor somente pode ser entendido a partir da profundidade do ser humano[13]. Este, como já refletimos tantas vezes, encontra-se sempre dimensionado para o infinito, para o ilimitado e o utópico. Nele as trevas são maiores do que a luz, o mistério mais desafiante do que a realidade e os fatos brutos menos concretos do que a esperança. Os dados da realidade, as razões elaboradas, as organizações

---

12. Cf. CARRETERO, J.M. "Sobre el humor y la ascética". *Manresa* 38 (1966), p. 13-32. • BOFF, L. "A função do humor na teologia e na Igreja". *Vozes* 64 (1970), p. 570-572, com bibliografia. • BAGGIO, H. "O bom humor na vida religiosa". *Grande Sinal* 28 (1974), p. 83-99.

13. LÜTZELER, H. "Der Humor und der "Naturgrund" des Menschen". In: *Philosophie des Kölner Humors*. Peters, Honnef Rh, 1954, p. 9-11; cf. o capítulo VI: Der Humor und die Freiheit des Menschen, p. 66-72.

humanas, os sistemas montados apresentam-se entretanto como a realidade simplesmente, como aquilo de importante e sério que deve ser acolhido e respeitado pelo homem.

Quando o homem se dá conta da discrepância e da incomensurabilidade entre estas duas realidades – os fatos brutos e a esperança, as razões elaboradas com o mistério da vida humana, a fraqueza dos sistemas e o poder da fantasia criadora – então surge o humor. No humor se dá um sentimento de alívio do peso e das limitações da existência. Por um momento, sente-se livre das fatalidades históricas, alivia-se das necessidades naturais. O humor é sinal da transcendência do homem que sempre pode estar para além de qualquer situação; ele não se deixa definir por nenhuma circun-stância; em seu ser mais profundo e verdadeiro é um livre. Por isso pode sorrir e ter humor sobre os sistemas que o querem enquadrar, sobre os conceitos que visam defini-lo, sobre a violência que intenciona domesticá-lo.

Dizia um filósofo e nisso estava bem certo: "A essência secreta do humor [...] reside na força da atitude religiosa. Pois o humor vê as coisas humanas e divinas na sua insuficiência diante de Deus"[14]. A partir da verdadeira seriedade de Deus, o homem sorri das seriedades humanas que pretendem ser absolutamente verdadeiras e sérias. Elas não são nada diante de Deus.

O homem agraciado que vive de Deus, para Deus, por Deus e com Deus pode ser o homem por excelência do humor. Relativiza as seriedades terrenas; é um livre diante de todas as ocupações e preocupações. Pode conservar o seu humor diante da condenação à morte como Santo Tomás Morus, como São Lourenço mártir que sorria dos algozes

---

14. LERSCH, Th. *Philosophie des Humors*. Munique: [s.e.], 1953, p. 26.

que o assavam na grelha e os incitava a virá-lo do outro lado porque de um já estava bem cozido, ou de um Santo Inácio de Antioquia que suplicava aos leões que o viessem devorar para passar mais rapidamente à felicidade eterna.

Conservar esta serenidade, viver um estado de humor e compreender sua existência a partir da instância divina, isto não é obra só do esforço humano; é a graça de Deus libertando o peso da existência e dando o gosto antecipatório da total libertação.

11. Conclusão: os multiformes dons do espírito

Poderíamos nos alongar no estudo das diferentes manifestações da graça na vida do justo e do mundo que ele cria em sua volta. Aqui caberia tratar dos diferentes carismas que são manifestações próprias do Espírito em determinadas pessoas para prestarem algum serviço à comunidade; para Paulo e para Pedro cada um recebe o seu carisma para utilidade comum (1Cor 12,7; 1Pd 4,10)[15]. Ou deveríamos tratar dos dons do Espírito Santo que, segundo a teologia, são autocomunicações especiais de Deus para plenificar as virtudes e tornar o homem ainda mais perfeito[16]. O número septenário (7) dos dons do Espírito Santo possui um valor simbólico, significando a plenitude da comunicação divina para o homem a fim de divinizá-lo mais e mais. Eles ressaltam o fato de que a graça não é algo de ontológico-estático, mas forma um dinamismo de vida que se articula das mais diferentes formas e maneiras, constituindo a única

---

15. HASENHÜTTL, G. *Charisma, Ordnungsprinzip der Kirche*. Friburgo: [s.e.], 1969, p. 129-244.

16. *Mysterium Salutis* 4/2, p. 963-964.

graça divina e o mesmo diálogo salvífico entre o homem e Deus. Semelhante tratamento nos levaria longe e, fundamentalmente, não diria mais do que aqui foi explanado em termos da revelação de Deus no homem e das modificações deste sob o influxo do amor gracioso e divino.

XVI
Participantes da natureza divina: a plenitude da personalização

As reflexões do capítulo anterior nos colocaram muito próximos da temática da divinização do homem em seu relacionamento íntimo com Deus. Se somos familiares de Deus (Ef 2,19), feitos à sua Imagem e Semelhança (Gn 2,16), então participamos de Deus. Em que termos deve ser formulada e compreendida esta participação? O NT faz pela primeira e última vez uma afirmação extremamente arrojada utilizando uma expressão tirada da cultura helênica ambiental; a segunda carta de São Pedro diz: *somos participantes da natureza divina* (2Pd 1,4)[1]. Que significa propriamente esta expressão no NT e no ambiente helenístico? Que experiência lhes subjaz para poderem afirmar uma realidade assim tão inaudita e surpreendente? Como foi interpretada na reflexão cristã semelhante revelação? Como vamos traduzi-la para nós hoje nos quadros de nossa percepção do mistério de Deus e do problema do homem?

---

1. BORODINE, M.L. *La déification de l'homme selon la doctrine des Pères grecs.* Paris: [s.e.], 1970. • PLACES, E. des. *"Divinisation,* pensée religieuse des grecs". In: *Dictionnaire de Spiritualité Ascétique et Mystique* (Dsam) 3, p. 1.370-1.375. • RONDET, H. *La divinisation du chrétien.* Mystère et problèmes. In: *Essais sur la théologie de la grâce.* Paris: [s.e.], 1964, p. 107-154; cf. tb. p. 155-200. • NICOLAS, J.-H. *La grâce et la gloire.* Appelés au partage de la vie divine. Paris: [s.e.], 1971. • Id. *Les profondeurs de la grâce.* Paris: [s.e.], 1969, p. 400-414. • CONGAR, Y. "La déification dans la tradition spirituelle de l'Orient". *Vie Spirituelle.* 43 (1935), p. 93-106.

1. A salvação expressa em contexto helenístico

É hoje comumente aceito que a segunda epístola de São Pedro representa um texto bem tardio (fim do primeiro século), um pseudoepígrafe atribuído ao Apóstolo Pedro. O estilo e os termos denotam forte influência do helenismo. O texto decisivo reza: "Pois seu divino poder nos outorgou todas as coisas que concernem à vida e à piedade, mediante o conhecimento daquele que nos chamou por sua própria glória e virtude. Com isto nos foram dadas as mais preciosas e ricas promessas para que, por elas, vos torneis participantes da natureza divina, fugindo da corrupção (propriamente transitoriedade) que, pela concupiscência, reina no mundo" (1,3-4). As expressões *natureza* (*physis*) e *divina* (*théios*) são tipicamente gregas. A *physis* significa além da natureza ainda: propriedades naturais, qualidades de uma natureza[2]. Talvez este sentido se imponha neste texto, significando então: o homem foi chamado a ser participante das qualidades da natureza de Deus[3]. Quais são estas qualidades? Como devemos entender esta expressão, verdadeiramente ousada?

Devemos situá-la em seu contexto helenístico. Na compreensão dos gregos a salvação e a libertação do homem se dão pela superação de sua própria natureza que apresenta as seguintes propriedades: frágil, caduca, transitória, contingente, mortal e sempre dependente de Deus. Participando de uma natureza imortal, necessária, eterna, absolutamente permanente, sente-se redimido e na total

---

2. Cf. BAUER, W. *Wörterbuch zum Neuen Testament*. 4. ed. Berlim: [s.e.], 1952, p. 1.578.

3. MUSSNER, F. "Die neutestamentliche Gnadentheologie in Grundzügen". In: *Mysterium Salutis* 4/2. Einsiedeln: [s.e.], 1973, p. 624.

realização de sua humanidade[4]. Ora, a natureza de Deus possui tais propriedades. Ao homem é prometida semelhante participação; portanto está salvo.

Ora, exatamente dentro de semelhante contexto de ideias se situa o texto da carta de São Pedro. Aí se estabelece uma oposição: no mundo reina a corrupção (*ftorá* em grego que significa a transitoriedade, a corrupção da morte); face a ela está a incorrupção, propriedade da natureza divina; participando dela o cristão ou o homem participa de suas propriedades de imortalidade e de inteireza (salvação). Como diz um eminente exegeta católico: "A participação da natureza divina referida em 2Pd 1,4b não é outra coisa que a participação na vida imperecível de Deus mediante a graça que é conferida pelo batismo. Somente neste sentido se pode tomar esta passagem em favor de uma teologia da divinização"[5].

A expressão, portanto, *participantes da natureza divina* não expressa algo novo ainda não articulado no Novo Testamento. Traduz para a compreensão grega aquilo que era dito com outros termos na compreensão hebraica querendo expressar sempre a mesma coisa: a salvação implica libertação da morte, introdução na vida divina, passagem para o mundo de Deus. O autor da epístola atualiza para os seus ouvintes conhecidos temas da fé cristã, sem querer com isso acrescentar a ela nada de novo. O tema não é o da divinização, mas o da salvação que, evidentemente, implica con-

---

4. Nos Padres gregos encontramos frequentemente semelhante expressão: "Deus se fez mortal para nos libertar da mortalidade" (cf. SÃO BASÍLIO DE CESAREIA. Ep. 8,5); cf. BORODINE, M.L. *La déification de l'homme*. Op. cit. p. 52-66: Le Theós Anthropos et la recapitulatio.

5. MUSSNER, F. *Mysterium Salutis* 4/2, p. 624.

sequentemente uma divinização. Mas esta perspectiva não vem tematizada pelo Novo Testamento. Não é de admirar que a palavra *théios* (divino) na ocorrência *participantes da natureza divina* nunca é usada, afora aqui, no Novo Testamento. Para o homem de mentalidade grega dizer que participa da natureza divina significa que se torna imortal, eterno, salvo e não tanto que se torna Deus. Participa de Deus e dos atributos divinos.

A ideia da participação vem expressa na Bíblia pelo simbolismo da imagem e semelhança (Gn 1,26; 9,6) que, se por um lado sugere proximidade, deixa também clara a distância e diferença; a imagem e a semelhança nunca serão o protótipo. A crença pagã antiga dizia que o homem provinha do sangue de um deus. Os textos bíblicos do AT combatem esta ideia, mas conservam-lhe a intuição originária: o homem vive numa relação única com Deus, numa relação de pai e filho (Gn 5,3), um participando na atmosfera do outro. Em São Paulo se articula claramente a ideia de comunhão mística com o Cristo no qual o fiel está (1Cor 1,30). Cristo vive em mim (Gl 2,20; cf. Rm 8,10; 2Cor 13,5; Ef 3,17). Esta mística de união com o Cristo (*koinonía*) quer exprimir a participação no mistério de Cristo, de sua vida, morte, ressurreição e ascensão aos céus. Cristo é o primeiro entre muitos irmãos (Rm 8,23) descobrindo o nosso próprio destino coletivo. O que se realizou nele se está realizando, de forma antecipatória, também em nós (2Cor 1,22; 5,5; Ef 1,14) e tudo chegará a sua plenitude quando nós também ressuscitarmos dos mortos (Fl 3,21; 1Cor 15,49).

Nesta altura da reflexão teológica os cristãos não haviam ainda elaborado uma teologia da encarnação do Verbo. Por ela teria sido fácil falar em divinização, pois o Verbo, fazendo-se homem, diviniza o homem. Mas nestes termos não encontramos nada no Novo Testamento. Será obra da reflexão dos séculos posteriores a explicitação sistemática do que se encontra implícito na afirmação de nossa participação na natureza divina.

2. A Teologia Cristã da divinização a partir de 2Pd 1,4

O texto neotestamentário de 2Pd 1,4 influenciou decisivamente a reflexão cristã particularmente nos ambientes da cultura grega. Elaborou-se toda uma teologia da divinização (*theopóiesis*) do homem, ao tempo em que se discutiam os dogmas cristológicos e trinitários nos séculos III e IV. Pano de fundo que torna inteligível a temática da divinização humana está a antropologia grega de inspiração platônica. Segundo esta o homem é compreendido, bem como os demais seres, por uma *participação de Deus*. Tudo participa de Deus e por isso tudo é expressão e sacramento revelador da Divindade. Neste contexto graça significa a mais profunda assemelhação com a divindade a ponto de o homem fazer-se "consubstancial" com Deus. Tarefa da vida humana consiste em fazer-se cada vez mais semelhante à Divindade, a ponto de ocorrer uma verdadeira mutação ontológica na substância humana: de mero homem, passa a ser divinizado. O homem é só plenamente homem quando extrapola de si e é elevado para a esfera divina. Como diziam muitos Padres Gregos: o homem foi criado homem, mas foi chamado a ser Deus.

Esta divinização, entretanto, não é resultado de uma dialética racional, de caminhos mistagógicos ou de iniciações rituais. É dom de Deus que, com profunda simpatia, se abaixa em direção do homem, assume-o para fazê-lo aquilo que não é, mas que representa o máximo de ser, a divinização. Desde Santo Ireneu se costuma, na teologia oriental (menos na ocidental), distinguir no homem o que é imagem e o que é semelhança. Imagem é o homem em seu ser natural enquanto corpo e alma. Esta não se perde pelo pecado. Semelhança é o homem enquanto participa da Divindade que possui, para os gregos, duas propriedades fundamentais: é incorruptível e imortal. A imortalidade e a incorruptibilidade participadas o homem perdeu pelo pecado. A redenção de Cristo nos restituiu a semelhança e levou-a a sua culminância porque Ele, como Filho de Deus e irmão nosso, é, por excelência, a imagem e semelhança consubstancial com o Pai e o Espírito Santo.

No pano de fundo de semelhante antropologia se interpreta também o mistério da Encarnação de Deus. Esta prolonga e leva ao seu estado escatológico um processo de participação e assemelhamento previamente presente na criação. Em Jesus Cristo o homem é tão semelhante a Deus e participa de tal forma em Deus que é Deus mesmo presente no mundo.

Por isso ele é a graça de Deus visibilizada na história. O sentido originário da encarnação não se exaure no seu efeito redentor e libertador de uma situação perdida; a encarnação, intencionalmente, visa a divinização do homem. Só sendo mais do que homem o homem é homem verdadeiramente, isto é, só sendo "Deus" o homem permanece homem. Santo Ireneu o diz com frequência e será repetido por outros Padres da Igreja como Santo Atanásio, São Cirilo de Alexandria e Santo Agostinho: Deus, pela encarnação, desceu ao homem para que o homem se transformasse em Deus[6]. "O Verbo por sua imensa caridade se tornou o que nós somos para que nós nos tornássemos aquilo que Ele é".

---

6. *Adversus Haereses* III, 19, 1: PG 7,939.

A carne humana é *verbificada* (ATANÁSIO. *Contra Arianos.* 3,34: PG 26, 396)[7] pela encarnação do Verbo e assim se torna ainda mais apta para receber a graça divina e se assemelhar mais profundamente com Deus. A graça que nos vem pela encarnação não implica apenas numa nova relação para com Deus. Esta nova relação é consequência de uma nova realidade inaugurada com o advento do Verbo na carne. Deu-se, portanto, uma nova riqueza ontológica: o Verbo assumiu aquilo que não era antes (a humanidade); o homem recebeu aquilo que não tinha antes (o Verbo eterno). Deus se humanizou e o homem se divinizou. Em razão disto podemos dizer que a graça como assemelhamento progressivo de Deus culminou na encarnação do Verbo eterno no mundo; após o evento da encarnação, a graça deve ser compreendida como um prolongamento da encarnação para dentro do homem, cristoformando mais e mais as pessoas. Dizia com acerto São Cirilo de Alexandria: "As mesmas coisas que estão em Cristo se derivam para nós"[8]. Um verdadeiro processo de assunção do homem por parte de Deus está em ação. A graça é como que uma *incarnatio diminuta,* uma *incarnatio brevis.* Clemente de Alexandria chega a chamar os justos de "deuses" (*theói*)[9], não apenas na eternidade, mas já agora no tempo.

À luz destas considerações ganha um valor inestimável o Sacramento da Eucaristia, onde o homem tem acesso ma-

---

7. Id. ibid., I, 5 Prol: PG 7, 1120; *Santo Atanásio:* "Verbum Dei homo factus est ut nos deificaremus" (Or. de Incarnatione Verbi, 8); *Santo Agostinho:* "... Ille Filius qui cum esset Filius Dei, venit ut fieret filius hominis, donaretque nobis, qui eramus filii hominis, filios Dei fieri" (Ep. 140; ad Honoratum, 3,9); a expressão sempre citada de *São Cirilo de Alexandria:* Deus se fez homem para que o homem se fizesse Deus (Rm, hom. 9,3).

8. Thesaurus 24: PG 75, 333: "Quaecumque enim Christo insunt, eadem in nos derivantur".

9. *Stromata* 1.7, c. 10: PG 9, 480.

terial à divindade e assim à deificação e "consubstancialidade" com Deus. A liturgia celebrará este inefável consórcio e esta gratificante troca mútua (*commercium*).

3. Que significa propriamente participar da natureza divina?

Não basta referir os dados da Bíblia e da Tradição. Urge esclarecer, na inteligência da fé, o que significa a afirmação de que somos participantes da natureza divina. O que está em causa e o que se quer, finalmente, dizer com esta expressão de alcance tão transcendente?

Seria superficial descartar a questão dizendo: a divinização é um problema específico do modo grego de experimentar e exprimir a relação do homem para com Deus; ela não nos diz respeito, pois não somos mais gregos. O modo de dicção do problema é grego, mas o problema mesmo não é exclusivamente grego; é humano e por isso nos interessa. O grego fez uma experiência e a articulou no quadro da metafísica da natureza; hoje fazemos, provavelmente, a mesma experiência e a expressamos com outros registros. Faz-se mister recuperar o móvel comum nos gregos e em nós.

A intuição originária presente na expressão – participantes da natureza divina – reside na constatação do fato de que o homem só se experimenta plenamente homem quando se supera absolutamente. Ele se constitui como uma transcendência viva; está sempre para além dele mesmo, no totalmente aberto, numa paixão infinita. Sua realização não a encontra no factual, mas no totalmente utópico e transcendente. O espírito grego foi extremamente sensível para este tipo de experiência humana. Quando dizia: o homem é vocacionado para a divinização, só é homem no espaço do Divino e na participação da natureza divina, queria exprimir exatamente esta extrapolação antropológica, condição da verdadeira humanidade. Só na comunhão e na união com o absolutamente diferente dele mesmo, Deus, o homem descansa.

Hoje fazemos, no horizonte de nossa cultura, a mesma experiência sem apelar imediatamente para a linguagem da divinização. Não pertence aos anseios tematizados de nosso homem moderno o ser divinizado e feito participante da natureza divina. Possivelmente poderá se representar bem pouca coisa sob a expressão da carta de São Pedro (1,4b). Nossa ânsia ilimitada e o sentimento de implenitude, gemendo por uma plenitude, vertebram-se sob outra temática. O que buscamos hoje não é a divinização, mas a plena hominização e a máxima realização da personalidade. Ao aprofundarmos o que está implicado com a expressão "máxima realização da personalidade", topamos com a problemática de Deus. O homem só é homem na medida em que comunga com o diferente dele. Quanto mais sair de si, fizer uma experiência abraâmica e se relacionar com o outro, tanto mais pessoa se torna. Quanto mais se relaciona com o absolutamente Outro, tanto mais é ele mesmo. Ora, o totalmente Outro só pode ser o nome para o mistério de Deus. Portanto, a completa personalização implica a divinização do homem. A partir disto começa a tornar-se novamente significativo, sem precisar ser grego e pensar gregamente, o falar na participação da natureza divina. Sobre isso queremos aprofundar nossa reflexão.

Mas antes queremos referir, brevemente, sobre o esforço feito pela teologia ocidental (já consideramos acima o da teologia oriental) na clarificação do que seja a nossa participação na natureza divina[10]. Os caminhos são extremamente intrincados. Por razões de clareza acadêmica podemos dizer que as tentativas de solução oscilam entre o minimalismo (afirma-se de menos) e o maximalismo (afirma-se demais).

J. Ripalda († 1648) afirma que sob a expressão "participantes da natureza divina" deve-se entender o assemelhamento ético do homem que imita as virtudes de Deus[11]. A natureza divina possui uma essencial e permanente bondade moral. Na medida em que o homem pela graça se assemelha mais e mais com esta natureza divina, nesta mesma medida ele é virtuoso e tende a fazer tudo perfeitamente, até que na glória, unido à vontade de Deus, suprema norma de toda santidade, chega a uma unidade indissociável. Não faz obras; é bom simplesmente e em plenitude, à semelhança de Deus que é, segundo a Escritura, o único bom (Mt 19,17).

Esta interpretação é considerada minimalista porque acentua o aspecto ético da graça – o que é importante e verdadeiro –, mas descura o ponto principal que reside na transformação ontológica do homem em contato com a natureza divina. O ser novo precede o agir transformado. Como é este ser novo penetrado e partícipe da natureza divina? A isso não atende suficientemente Ripalda.

A escola tomista clássica e outros neoescolásticos como R. Garrigou-Lagrange[12] sustentam uma tese extremamente ousada. Dizem: participar da natureza de Deus é parti-

---

10. A temática da divinização não é somente oriental. É muito presente também em Santo Agostinho: cf. CAPÁGANA, V. "La deificación en la soteriologia augustiniana". In: *Augustinus Magister* 2. Paris: [s.e.], 1954, p. 745-754.

11. *De ente supernaturali*. Disp. 32, sect. 9, n. 15.

12. "La grâce est-elle une participation de la déité telle qu'elle est en soi?" In: *Revue Thomiste*. 36 (1936), p. 470-485.

cipar na essência mesma de Deus, somente cognoscível a Deus mesmo e inacessível absolutamente à capacidade de compreensão humana. A natureza finita do homem pela graça participa da natureza infinita de Deus, enquanto é infinita e é a plenitude do ser. Isso implica uma real divinização pela qual o homem conhece e ama a Deus assim como Deus se ama e se conhece a si mesmo.

Tais afirmações pecam por excesso. São incontroláveis por qualquer experiência, mesma feita pelos místicos mais ardentes. Semelhantes afirmações se devem a deduções de uma metafísica do ente sobrenatural, própria da neoescolástica, onde a experiência religiosa é substituída pela lógica das proposições derivadas de teses prévias sobre o sobrenatural concebido como um mundo totalmente outro e acessível ao homem mediante a pura revelação verbal. A experiência latente na expressão grega – participantes da natureza divina – não é mais recuperada. Ela não nos transmite uma experiência de total união com a divindade a ponto de conhecermos e amarmos como Deus se ama e conhece a si mesmo. Estamos aqui face ou a um puro verbalismo incontinente ou a metáforas cujo alcance é incontrolável pela linguagem teológica que é sempre um falar regrado.

Uma solução intermédia é tentada por Suarez, grande teólogo jesuíta do século XVI (1548-1617)[13]. Para ele a graça produz uma transformação de tal ordem no ser do homem que ele passa poder conhecer Deus assim como Ele é; para conhecer Deus assim como Ele é faz-se mister participar da própria natureza de Deus. E isso ocorrerá em forma definitiva no céu pela visão beatífica.

---

13. *De gratia* 1.7, c. 1.

Esta doutrina é eminentemente logocêntrica, típica do pensamento ocidental de vertente grega para a qual o ver Deus (*theoria*) consistiria a suma felicidade do homem. Nossa percepção da realidade nos situa num horizonte mais vasto: a plenitude humana é vislumbrada num encontro total com Deus que não se realiza apenas na glória, mas no processo da vida mortal, na obscuridade do caminhar da fé, do amor e da esperança.

Modernamente se deu ao tema da participação na natureza divina uma perspectiva personalista e globalizante, aderente à experiência religiosa da graça[14]. Participar da natureza divina é, fundamentalmente, participar de Jesus Cristo. Participar de Jesus Cristo implica, num primeiro momento, numa mutação ôntica do ser humano, capacitando-o num segundo momento a viver cristoforme, isto é, filialmente (elemento personal). Esta mutação possibilita o homem ter os mesmos sentimentos de Cristo (Fl 2,5-11; 1Cor 2,16), amar como Ele amou ao Pai e aos homens na união com o Espírito Santo. A categoria que aqui aparece é a da amizade entendida num sentido aristotélico-tomista, onde o aspecto ontológico de modificação mútua dos que se relacionam na amizade ganha a prevalência sobre os aspectos psicológicos e sociais, possibilitados e fundados pela modificação mútua. A divinização não é mais pensada em termos de participação da natureza divina, como unidade de essência, mas muito mais como comunhão pessoal com as três divinas pessoas. E aí se passa ao tema que abordaremos posteriormente sobre a inabitação da Santíssima Trindade na vida do homem bom e justo.

---

14. FLICK-ALSZEGHY. *Il Vangelo della Grazia*. Firenze: [s.e.], 1964, p. 557-560 ou em *Fondamenti di una antropologia teologica*. Firenze: [s.e.], 1969, p. 295-298.

Por nossa parte queremos aprofundar esta linha onto-lógico-personalista, enfatizando a mútua inserção do homem em Deus e de Deus no homem a ponto de ela poder ser experienciável por parte do homem.

Como salientamos tantas vezes ao longo de nossa meditação, a graça só emerge na mútua abertura de Deus e do homem. Este intercâmbio modifica a ambos: Deus se humaniza e o homem se diviniza. A encarnação exprime, por excelência, esta mútua simpatia de Deus para com o homem e do homem para com Deus. Pela encarnação não é somente Deus que vai ao encontro do homem; o homem também vai e sempre esteve em busca de Deus. Jesus de Nazaré, Deus humanado, representa o encontro dos dois movimentos, o abraço de dois amores que desde sempre, secretamente, se buscavam. Claro está que a busca humana de Deus é efeito da busca divina do homem. Deus criou o homem assim que ele sempre está na busca do Absoluto e vem de tal forma estruturado no mais íntimo do seu ser que o encontro efetivo com Deus representa sua máxima hominização e realização. Vigora, portanto, na raiz mesma do ser humano uma certa consentaneidade com o ser divino. A natureza humana só pode ser adequadamente pensada no horizonte da natureza divina. Por isso falar do homem implica sempre, num dado momento, falar de Deus. Olvidar Deus é olvidar o homem naquilo que possui de mais misterioso e fascinante. Em razão disto ousamos afirmar que a expressão "participantes da natureza divina", definitivamente, quer articular a essência mais secreta do homem. Sem esta participação no mistério mesmo de Deus, o homem histórico, assim como existe, não chega jamais a sua plena humanidade. A graça, por ser de graça, não é um supérfluo que pode ser dispensado para o processo de completa hominização. É por causa desta gratuidade (supér-fluo) que o homem histórico foi criado assim como é, vale dizer, assim que somente na participação daquilo que não é ele, na participação de Deus, torna-se homem em plenitude.

Que é, pois, a natureza de Deus, plenificação da natureza do homem? Perguntar pela natureza de Deus é perguntar pela divindade de Deus, por aquilo que constitui Deus como Deus. O que faz Deus ser Deus não pode ser apreendido *a priori*. Isto implicaria em admitir algo anterior a Deus, razão de ser de Deus. Não existe uma instância anterior e superior a Deus a partir da qual possamos tornar compreensível o que Deus signifique. Deus é o supremo, maior do qual não se pode pensar, nem pode existir. De Deus somente sabemos aquilo que Ele mesmo mostrou na história que fez com os homens.

Na história da experiência judeu-cristã, dentro da qual ocorreu o fato decisivo para a antropologia, a ressurreição, Deus se manifestou assim como é: como um Ser que somente existe enquanto voltado para fora dele mesmo, enquanto é eterna comunicação e permanente autodoação em amor. Ele é abertura total que saindo de si mesmo, de seu mistério absoluto (Pai), se autocomunica plenamente (Filho) e se manifesta no diferente dele mesmo, na criação (criação no, por, com e para o *Logos*) e retorna sobre si, reunindo tudo em sua unidade primigênia (Espírito Santo). Deus, neste sentido, é uma transcendência viva – *Deus semper maior* – que se realiza e se autogera eternamente e sempre para além dele mesmo. Numa palavra, Deus é amor que criou companheiros no amor e realiza seu Ser (divindade) amando e se autocomunicando a todos os que criou para poderem acolhê-lo. Em Jesus Cristo, Ele se autodoou totalmente ao mundo, revelando-se assim como é, vale dizer, como absoluta autodoação.

Participar de Deus para o homem é poder ter aquilo que em Deus é ser: é amar radicalmente, autodoar-se permanentemente, comungar abertamente com todas as coisas. É poder suportar, infinitamente, como Deus suporta; é ter a cortesia de Deus, tão acentuada e vivida por São Francisco, que trata bem todos os homens e é bondoso para com os ingratos e maus (Lc 6,35).

Viver em comunhão, dimensionar-se para os outros, ser um nó vivo de relações é o que constitui o ser-pessoa. Quanto mais alguém sai de si, comunga com o outro e dá tanto mais se enriquece em si e a si mesmo e tanto mais se assemelha com o ser próprio de Deus. Amar é deixar acontecer Deus na vida. Deixar acontecer Deus na vida é divinizar-se e permitir que Deus se humanize. Divinizar-se não constitui um processo miraculoso, inexperimentável e acima de nossa vida. Divinizar-se é a quotidianidade do amor, com sua obscura, mas profunda fidelidade, com os obstáculos a serem obviados, com as purificações acrisoladoras que a constante atenção, o vigilante cuidado e a fina sensibilidade do amor postulam. Tudo isso se dá num processo onde não faltam os pequenos e os grandes martírios, onde irrompem momentos de sutil e vibrante gratificação ao mesmo tempo de ansiedades e exigências impostergáveis.

Na medida em que ao largo da vida o homem é levado a se abrir, dar-se e mais uma vez dar-se e sempre transcender-se, nesta medida participa mais e mais da natureza de Deus que realiza esta abertura de forma infinita, absoluta e eterna, até que na glória definitivamente "tomamos morada junto ao Senhor" (2Cor 5,8). Então não perguntaremos mais o que seja participar da natureza de Deus; conservando nossa identidade pessoal, Ele será tudo em todos (1Cor 15,28). Cessará o saber. Perdurará o sabor.

Dizer que o homem participa da natureza de Deus é sempre implicar também o inverso: Deus participa da natureza do homem. Destarte o homem é teomorfo e o Deus antropomorfo. A viva consciência desta mútua implicação pode dar lugar a uma verdadeira experiência mística: vive-se o estar do homem em Deus e experimenta-se o estar de Deus no homem. O estar de Deus no homem implica que Deus como que se autogera, dá origem ao Filho e com Ele aspira o Espírito Santo na intimidade do homem bom e justo. Neste nível inefável do Mistério, onde o silêncio sagrado comunica mais do que a palavra que se esvai em tagarelice, perdem os conceitos teológicos seu rigor e sua regra. Para que as afirmações não sejam apenas deduções e aplicações de ideias trinitárias para o âmbito da temática da graça, faz-se mister, continuamente, manter o chão firme da experiência da graça. Ao experimentar nosso próprio mistério, sua capacidade de compreensão e de comunhão vislumbramos o que significa o Pai subsistindo em sua misteriosidade sem origem e originando tudo entrevemos o Filho como a compreensão deste Mistério e pressentimos o Espírito Santo como a comunhão em amor. No nosso próprio íntimo se produz um reflexo pálido do inefável processo trinitário. É a forma como a criatura participa da natureza única de Deus, realizando-se na Trindade de Pessoas. Experimentando-se radicalmente, experimenta-se Deus.

Entendida a participação na natureza de Deus como um processo de radical personalização (pessoa como ser-para-o-outro, finalmente, como ser-para-Deus, como o absolutamente Outro), então resulta que ela não pode ser exclusivizada para os cristãos ou somente para aqueles que têm consciência desta realidade. Ela constitui um permanente oferecimento para a humanidade e sempre esteve presente na história dos homens, sempre que, rompendo o encaramujamento sobre si mesmo, o homem buscou o encontro humanizador, no amor, na reconciliação, no perdão e na superação daqueles obstáculos que impedem os homens de serem mais pessoas. Com Santo Ireneu podemos dizer que a suma felicidade no céu está ligada a uma Providência educativa que encaminha, lentamente, o homem a sua total felicidade na participação plena da natureza de Deus. Como dizia ainda Santo Ireneu numa fórmula ousada: o homem não foi criado deus desde o princípio, entretanto foi chamado a ser deus[15]. Quiçá deva-se buscar aqui a raiz mais funda do inarredável otimismo da fé cristã: o homem, *fine finaliter,* é chamado a ser mais do que homem; é chamado a formar unidade com Deus.

Semelhante interpretação resgata o teológico presente na existência humana. Não interpretamos adequadamente o homem se lermos sua vida meramente com olhos profanos. *Res sacra homo*: o homem é uma realidade sagrada; somente no horizonte do Sagrado e do Sacratíssimo de Deus desvendamos seu mistério, aparentado e afim ao Mistério de Deus.

---

15. *Adv. haer.* IV, 38, 2-4; IV 20,7; cf. VERRIELE, A. "Le plan du salut d'après Saint Irénée". *RSR* 24 (1934), p. 493.

XVII
Filhos no Filho: o homem, parente de Deus

Os temas da participação na natureza divina, filiação divina do homem, unção do Espírito Santo, inabitação da Santíssima Trindade na vida do justo e outros afins, no fundo, querem exprimir sempre a mesma e única experiência da proximidade do homem com Deus e de Deus com o homem. Esta proximidade se configura tão íntima que não temos outras palavras para expressá-la senão dizendo que o homem é parente de Deus, vale dizer, filho de Deus. Que experiência se esconde sob esta expressão? Resgatar a experiência originária e descobri-la em nossa existência hoje constitui a tarefa deste capítulo. Estimamos – e isso constituiu a peça teórica fundamental de nossa meditação – que falar em graça e em sobrenatural não é falar de uma realidade supraexperienciável, como se tivéssemos acesso a ela somente mediante a revelação verbal e doutrinária, sem nada sabermos dela senão mediante esta revelação por frases abstratas. Pensamos exatamente de modo inverso: as frases nos foram ditas porque, previamente a elas, se nos foi comunicada e se nos foi permitido experimentar uma realidade divina. Quando se nos anuncia que somos filhos de Deus em verdade e não em palavras, se nos desvela uma realidade sempre presente no homem, se explicita uma dimensão na vida humana que não constitui um apanágio apenas de alguns homens, mas uma estruturação

326

de todos. A afirmação tira o véu que encobria, para a consciência, uma realidade que se encontrava sempre aí, era vivida sob outros nomes e nunca faltou em cada homem. Pertence aos limites de uma teologia clerical e guetoizada o ter restringido a vida da graça e a filiação divina unicamente aos cristãos. Deus não faz semelhante discriminação e Jesus Cristo combateu sempre toda sorte de redução seja com referência ao amor ao próximo (quem é o próximo: cf. Lc 10,29-37) seja com referência ao amor de Deus (cf. Lc 6,35; Mt 5,43-48). Dizer – somos filhos de Deus – interpreta e explicita, em sua última radicalidade, a experiência humana do Absoluto. Não constitui uma informação vinda de fora, inacessível de outra forma que não seja a mera informação extrinsecista.

1. Os testemunhos literários

Nos povos primitivos e em quase todas as culturas (egípcia, babilônica, médio-orientais etc.) se constata a consciência de que o homem é filho de algum deus[1]. Os próprios nomes conservam esta convicção: Abibaal (Baal é meu pai), Abia (Javé é meu Pai: 1Sm 8,2; 2Cr 13,20), Abiel (Deus é meu Pai: 1Sm 9,1), Ben-Hadad (filho do deus Hadad). Especialmente aos chefes, reis e faraós se atribuía a filiação divina; e daí a expressão corrente na literatura imperial romana de *divi filius*.

---

1. Cf. a literatura geral sobre o tema nas religiões: MENSCHING, G. & KRAUS, H.J. "Vatername Gottes". *Religion in Geschichte und Gegenwart.* 6, p. 1.232-1.234. • KRUSE, G. Pater. In: PAULY-WISSOWA. Realencyclopädie der classischen Altertumswissenschaft 36, p. 2.120-2.121. • KOPPERS, W. In: KÖNING, F. *Christus und die Religionen der Erde* 2. Viena: [s.e.], 1951, p. 146s. • LAGRANGE, M.J. "La régénération et la filiation divine dans les mystères d'Eleusis". *Revue Biblique.* 38 (1928), p. 201-214.

No Antigo Testamento, Israel, como povo, sentia-se filho de Deus (Ez 5,22-23), especialmente pelo extremo cuidado que experimentou por ocasião da libertação do Egito (Ex 4,22; Os 11,1; Jr 3,19; Sb 18,13). Depois, membros do povo, particularmente os justos, eram chamados de filhos de Deus (Is 63,8.16; 64,7; Sb 2,13.18; 5,5). O rei, membro privilegiado do povo, sentia-se filho de Deus pela eleição divina e pela associação com o destino de todo o povo (1Cr 28,6; Sl 89,28; 2,7). A filiação divina implica para o homem que ele honre de modo todo particular a Deus, obedecendo-lhe (Ml 1,6) e pondo-se no seguimento do modo próprio de agir de Deus (Ecl 4,10-11). A paternidade divina se expressa por uma misericórdia especial (Sl 103,12-13) e uma proteção particular (Sl 27,10; Dt 8,5; Ecl 51,10).

Existe, pois, na humanidade a vaga consciência de um profundo parentesco com a divindade. Paulo evocou este sentimento ao falar aos atenienses, recordando-lhes uma frase dos antigos poetas: "porque somos linhagem sua (de Deus)" (At 17,28).

No Novo Testamento a palavra filho de Deus constitui a expressão-chave para decifrar o mistério de Jesus Cristo e qualificar a situação do homem diante de Deus[2]. Jesus chama a Deus simplesmente de *Abba* (papaizinho) e isso ocorre

---

2. Cf. a bibliografia essencial sobre o tema da filiação divina adotiva: JEREMIAS, J. *Abba* – Studien zur neutestamentlichen Theologie und Zeitgeschichte. Göttingen: [s.e.], 1966, p. 15-82. • GRANT, R.M. *Le Dieu des premiers chrétiens*. Paris: [s.e.], 1955. • BÜCHSEL, F. "Monogenés". *Theologisches Wörterbuch zum NT*, 4, p. 745-750. • SCHOENBERG, M.W. "St. Paul's Notion on the Adoptive Sonship of Christians". *The Thomist* 28 (1964). • MERSCH, M. "Filii in Filio: la Trinité vivifiant les hommes". In: *La Théologie du corps mystique*. II, Paris: [s.e.], 1949, p. 9-68. • GARCIA SUAREZ, A. *La primera persona trinitaria y la filiación adoptiva:* XVIII Semana Española de Teología. Madri: [s.e.], 1961, p. 69-114. • DOCKX, S. *Fils de Dieu par grâce.* Paris: [s.e.], 1948. • LYONS, H.P.C. "The Grace of Sonship". *Ephemerides Theologicae Lovanienses* 27 (1951), p. 438-466.

em todas as suas orações (Mt 11,25-26; 26,42; Lc 10,21; 22,42; 23,34.46). Ele mesmo se entende como Filho, de uma forma absoluta como o *Filho* (Mt 11,27; 24,36; 28,19 e 14 vezes em São João)[3]. Entre ele e o Pai existe um conhecimento recíproco (Mt 11,25) e mútua complacência (Mc 1,11; 9,7) a ponto de São João, ao interpretar teologicamente este relacionamento íntimo de Jesus, deixar Cristo falar: "Eu e o Pai somos um" (Jo 10,30). Sua filiação é única (Mc 12,6) de sorte a distinguir, falando com seus discípulos, entre "meu Pai" e "vosso Pai" (Mt 5,45; 25,34; Lc 24,49). Os homens como que se tornam filhos de Deus; Ele é desde sempre (Lc 2,49; cf. Mt 5,44-45; Lc 20,36; Jo 1,1; 1,12-13). E se tornam por sua adesão a Jesus (Mt 8,10-12).

O filho de Deus deve imitar o Pai que é bom e misericordioso (Mt 5,45; Lc 6,45), que não quer que ninguém de seus filhos pereça (Mt 18,24), que cuida com todo o carinho e providência da menor coisa (Mt 6,8-32).

Na Igreja primitiva foi São Paulo quem elevou a tema teológico a filiação divina do homem. Para ele, somente Jesus Cristo é o Filho unigênito de Deus; o homem o é por comunhão, por graça e adoção (*huiothesía*: Gl 4,5; Ef 1,5; Rm 8,15-23). A expressão "filhos adotivos" não é certamente uma expressão feliz, pois se situa num contexto jurídico ("assunção gratuita de uma pessoa estranha nos direitos de um filho natural"); Paulo não atribui uma significação jurídica à filiação divina do homem, mas, graças

---

3. Não é aqui o lugar de discutirmos a intrincada problemática sobre se Jesus de Nazaré usou para si a designação de Filho de Deus e a evolução que esta expressão conheceu na teologia das várias comunidades da Igreja primitiva. Basta-nos reter a afirmação dogmática fundamental da fé cristã que entende Jesus Cristo como o Filho unigênito do Pai enviado ao mundo; cf. a discussão desta problemática em KÜNG, K. *Christ sein*. Munique/Zurique: [s.e.], 1974, p. 427-434 [em português pela Editora Imago, 1976].

ao nosso estar-em-Cristo, ela equivale a uma filiação natural. Bem o diz L. Cerfaux, notável especialista católico da teologia paulina: "A 'filiação', no sentido paulino, é sempre 'natural', no sentido que ela não se limita a ser um ato jurídico de Deus, mas nos cria na ordem espiritual nos glorificando realmente"[4].

Com uma série de afirmações cerradas Paulo enfatiza nossa real filiação divina: "Através da fé em Jesus Cristo, todos somos filhos de Deus" (Gl 3,27); mais ainda: fomos predestinados desde toda a eternidade para sermos filhos adotivos por Jesus Cristo (Ef 1,5). O filho foi enviado para que recebêssemos a qualidade de filhos (Gl 4,3-6). Porque somos filhos, Deus nos enviou o Espírito de seu Filho que clama: Abba, Pai (Gl 4,6); somos filhos porque somos movidos pelo Espírito de Deus (Rm 8,14; 2Tm 1,7). E é sempre o Espírito que nos faz tomar consciência de nossa real situação de filhos de Deus (Rm 8,15). Somos de verdade filhos de Deus no Filho Jesus (1Jo 2,29s.) e predestinados a reproduzir a imagem do Filho único de Deus (Rm 8,29).

Não se trata de um título entre outros para qualificar adjetivamente a existência humana. É uma determinação ontológica cuja realidade São João sublinhou mais do que ninguém: "Vede quão grande amor nos mostrou o Pai concedendo-nos ser chamados filhos de Deus; e o somos de fato [...] Caríssimos, agora nós somos filhos de Deus, embora não se haja ainda manifestado o que havemos de ser" (1Jo 3,1-2). Tal realidade implica, como vimos, verdadeiramente participar da mesma natureza de Deus (1Pd 1,4).

---

4. CERFAUX, L. *Le chrétien dans la théologie paulinienne.* Paris: [s.e.], 1962, p. 299.

2. A experiência subjacente à expressão Filho de Deus

A expressão filho traduz inicialmente a experiência de uma profunda intimidade natural com Deus, intimidade que encontra nas relações entre o pai e o filho um modelo ilustrador. Esta intimidade aponta para um aconchego libertador de todos os medos e para a afinidade de uma mesma vida. Esta intimidade, porém, remete para uma realidade mais profunda que se desvela ao perguntarmos: Em que se fundamenta esta intimidade?

A intimidade com Deus nasce da intimidade do homem consigo mesmo, como toda verdadeira experiência de Deus emerge da radicalidade da experiência humana. Em sua intimidade interior – o homem é o único ser da criação que possui intimidade e interioridade – o homem vive o mistério de si mesmo. *Mihi factus sum quaestio magna* (tornei-me uma grande questão para mim mesmo), dizia Agostinho em nome de uma experiência radical pela qual todo homem passa no processo de personalização. Cada um é para si um mistério desafiador, cujo sentido último deve buscar e definir de forma insubstituível. E o mistério faz pensar. A percepção da intimidade consigo mesmo dimensiona o homem ao mesmo tempo para a sua fragilidade e para a sua grandeza. Fragilidade porque se sente enviado e pelo indevido de sua existência gratuita, pois não pediu para existir nem pode, fundamentalmente, rechaçar a existência; grandeza porque sente que pode dar e receber, pode acolher-se assim como é e viver agradecido e fazer-se riqueza para outrem. O diálogo cada vez mais profundo e corajoso com estas duas dimensões de sua interioridade amadurece o homem para a sua própria humanidade e o capacita a sintonizar e compreender o mistério do outro.

No horizonte do mistério pessoal emerge o Mistério de Deus como aquela Instância que cria, sustenta e envia permanentemente o homem. Este é um fenômeno da pura gratuidade benevolente de Deus. Deus surge como "intimior intimo meo", como Aquele mais íntimo dentro de minha intimidade, na vigorosa expressão agostiniana.

A intimidade e interioridade colocam, portanto, o mistério do homem em afinidade com o Mistério simplesmente. E o Mistério no homem chamamos de Deus. Em sua última profundidade a existência se mostra como abertura total, abismo profundo, transcendência pura. De forma vaga e, às vezes, confusa o homem sempre intuiu que ele constitui uma realidade que se perde para dentro do Mistério de Deus. O homem só pode ser adequadamente pensado no horizonte do Divino, não no horizonte do Humano. Se seu horizonte fosse o Humano sempre ficaria em aberto a pergunta: que é o Humano? Só o Divino decifra o Humano, tornando o Humano indecifrável e misterioso como o Divino. Aqui reside sua grandeza e sacralidade: participa da natureza de Deus. Não se sente Deus, mas filho de Deus. A expressão *filho de Deus* remete a esta experiência de profundidade e a traduz.

A filiação divina, portanto, não configura uma propriedade de alguns homens privilegiados, mas a estrutura mais íntima de cada homem. Esta experiência foi articulada de forma escatológica (por isso definitiva e total) e exemplar por Jesus de Nazaré. Ele experimentava a Deus como o seu Pai e se sentia como Filho bem-amado. Comportava-se como tal, a ponto de incluir a identidade divina com o Pai, percebida pelos fariseus que a partir daí o ameaçavam de morte. Sentia-se enviado pelo Pai e vivia relações as mais íntimas com o Pai tão bem descritas pelo evangelista-teólogo São João (Jo 5,17.19.23.26; 6,46; 7,29; 10,15.28.30; 14,10-20; 17,5.10-12; 21,25 etc.). Do Pai tudo recebe (Jo 5,20.30.36; 7,16; 8,26.28; 14,10). Seu comportamento, entretanto, não era infantil e neuroticamente dependente. Assume, luta, faz sua obra como filho adulto, in-dependente e livre. Sem a experiência de filiação feita por Jesus, jamais nós chegaríamos ao nível de consciência filial de que hoje gozamos.

A dogmática da Igreja primitiva, seja nos textos do Novo Testamento, seja nas decisões dos primeiros concílios, interpretou bem este comportamento de Jesus: entendeu-o como a encarnação do Filho eterno do Pai na força do Espírito Santo. Esta encarnação do Filho unigênito, porém, não é uma curiosidade histórico-religiosa: revela quem Deus mesmo é para o mundo e revela nossa condição de filhos no Filho. O homem descobre que não é mera criatura, condenada a viver na distância criacional, marcada pelo nada; é chamado a pertencer à história eterna de Deus. Como filho no Filho é de tal maneira aproximado ao Mistério de Deus que forma com Ele um destino só (cf. 1Cor 15,28). Por isso o homem não é, definitivamente, orientado para o outro homem (varão ou mulher), mas para Deus. Somente transcendendo-se absolutamente a si mesmo, permanece ele mesmo. Ora, transcender-se absolutamente é penetrar na esfera de Deus. Foi o que ocorreu com Jesus de Nazaré por obra e graça do Mistério.

Dizer que o homem é filho de Deus no Filho é afirmar a absoluta destinação e vocação humana: ser em Deus, com Deus, para Deus, de Deus, participante da mesma natureza divina.

3. Explicitação temática: que é ser Filho no Filho?

Se somos filhos no Filho, então o Filho de Jesus Cristo constitui o lugar heurístico para sabermos o que significa nossa filiação divina.

a) Jesus Cristo, irmão de todos

De várias passagens evangélicas sabemos que Jesus chamava os demais homens de irmãos (Mc 3,31-35; Mt 18,15.21; 25,34-40; cf. Rm 9,3; At 14,2; Lc 8,21). A epístola aos hebreus diz que Ele não se envergonhava de nos chamar de irmãos (2,11); fez-se, continua a epístola, em tudo semelhante a seus irmãos (2,17). Ele é o primeiro entre muitos irmãos (Rm 8,29). Relacionando-se com o Pai em termos de Filho e com os homens em termos de irmãos, revelou o caráter filial de todos os homens[5].

b) Todos irmãos de Cristo, todos filhos no Filho

O evento-ressurreição deixou claro para a comunidade primitiva que o Jesus vivo, morto e ressuscitado que ela conheceu era mesmo o Filho unigênito e eterno de Deus (Rm 1,4; Hb 1,6; Jo 3,16). Nele se decifrou o sentido último da criação e o desígnio definitivo de Deus; por isso tudo tem a ver, de alguma forma, com Ele (Cl 1,15-20; 1Cor 8,6) e converge nele (Ef 1,10). Os homens desde toda a eternidade foram predestinados a ser filhos por Jesus (Ef 1,5) e a reproduzir a imagem do Filho (Rm 8,29). Por isso todos podemos nos relacionar com o Pai como Ele se relacionou (Rm 8,14-17; Gl 4,1-7; Hb 2,10-14; 3,6; 4,16).

---

5. RATZINGER, J. *Christliche Brüderlichkeit*. Munique: [s.e.], 1966. • Id. "Erwägungen über die christliche Brüderlichkeit". In: *Katholisches Caritasverband*. Munique: [s.e.], [s.d.], p. 42-68.

Afirmar que todos somos irmãos de Cristo e por isso com Ele filhos significa que somos chamados, cada um em sua medida própria, a ser aquilo que Jesus Cristo foi historicamente e significa no seio da Santíssima Trindade, como veremos logo abaixo.

c) Somos filhos herdeiros e co-herdeiros

Porque somos irmãos de Cristo, participamos de sua herança que é a divinização e o gozo do absoluto futuro (cf. Rm 8,17-29; Gl 4,7; Tt 3,7; 1Pd 1,23). Esta herança não é apenas promessa; já se concretiza no presente (Rm 8,20-23) manifestando-se como vida em amor, em liberdade face à morte, em liberdade dos filhos de Deus que não são mais crianças, mas adultos e maduros (Gl 4,1-7; 1Cor 3,1; 13,11; Rm 8,15) e que por isso podem dispor do mundo (2Cor 3,23).

d) A atmosfera crística: todos estamos no Filho ressuscitado

A encarnação inseriu o Filho dentro do mundo limitado espaçotemporalmente. A ressurreição universalizou seu inserimento na criação. Como ressuscitado, Ele penetrou no coração do mundo. Não abandonou jamais a criação que Ele assumiu. Toca pela raiz todos os homens e todas as coisas. Este é o sentido radical e escatológico da ressurreição. Ela não concerne apenas ao Jesus histórico que, crucificado, foi elevado à plenitude da vida, mas densifica um significado para toda a criação. Pela ressurreição se antecipa o futuro e se exibe o que serão o homem e o cosmos em seu estado definitivo: total transfiguração em Deus. A ressurreição – prolongamento e plenitude do processo encarnatório – criou uma verdadeira atmosfera crística, na qual todos os homens se encontram mergulhados. A teologia paulina o exprimiu pela fórmula "estar-em-Cristo". Este estar-em-Cristo deve ser entendido muito concretamente; não como uma categoria moral, como quando concluímos uma carta à moda dos franciscanos: "fraternalmente em São Francisco"; mas em termos muito mais fortes e ontológicos traduzindo uma nova qualidade do mundo agora já aceito e assumido por Deus mediante a encarnação de Seu Filho eterno.

A atmosfera humana após os eventos encarnação e ressurreição não é mais a mesma que era antes. Ocorreu um *plus* ontológico; atualizou-se uma possibilidade latente ainda não experimentada, tanto para Deus como para o mundo. Criou-se uma nova situação salvífica. A partir desta nova atmosfera ontológica é possível uma mística cristológica de caráter cósmico, como foi vivida por exemplo por São Francisco à deriva de São Paulo, por M. Blondel, Teilhard de Chardin e outros. Vive-se o mistério cristão não apenas em termos de união mística à pessoa de Jesus Cristo, mas também em termos de uma experiência do mundo, dentro do qual a fé detecta uma presença cósmica do Ressuscitado, plenificando toda a realidade e levando os homens a viverem filialmente. É a graça no mundo, que sempre possui um caráter crístico e filial. Esta presença de Cristo cósmico-ressuscitado ganha níveis de sacramentalidade diferentes: manifesta-se no mundo, nos homens, nos justos, nos cristãos, na comunidade dos fiéis, nos sacramentos e no poder sagrado de seus chefes etc. É sempre o mesmo Cristo total em aparições fenomenológicas diversas[6].

---

6. BOFF, L. *O evangelho do Cristo cósmico*. Petrópolis: Vozes, 1970.

e) "Criados em Cristo Jesus" (Ef 2,10): a derradeira fundamentação do ser filhos de Deus

A verdadeira fundamentação de fato de sermos filhos de Deus se encontra no interior de uma reflexão trinitária. Aqui se supera uma visão meramente jurídica da filiação adotiva e se mostra sua plena universalidade concernindo a cada um dos homens. Assim como toda paternidade vem do Pai (Ef 3,15; cf. At 3,25), assim também toda filiação vem do Filho. O Mistério absoluto (Pai) se comunicando, saindo de si e revelando-se se chama Filho. O Filho é a expressão eterna e total do Pai e também de todas as criaturas. Todas as coisas criadas, porque também revelam o Mistério absoluto, possuem caráter filial. No mesmo movimento com o qual o Pai gera o Filho como a sua expressão completa, gera também nele, por Ele, com Ele e para Ele todos os demais seres possíveis como expressão derivada de si mesmo. Diz classicamente São Cirilo de Alexandria: "Toda filiação vem pelo Filho porque somente Ele é soberanamente e o único verdadeiramente Filho"[7]. E Agostinho comentava: "Somos membros do Unigênito Filho de Deus [...][8] Somos filhos, somos o Filho, porque embora sejamos muitos, nele somos um"[9]. E. Mersch, teólogo católico que, na linha da grande Tradição, mais do que ninguém no século XX enfatizou nossa união eterna e histórica com o Filho, escreveu: "As duas filiações não fazem senão uma, nele que é o princípio de tudo"[10]. Evidentemente não se confun-

---

7. *In Johan.* II, 1: PG 73, 213; *De SS. Trinitate Dialogus* V: PG 75, 749.

8. *In Johan.* 110. 111: PL 35, 1923; 1929.

9. *In Ps 123*: PL 37, 1634.

10. *Filii in Filio.* Op. cit., 42.

dem as realidades[11]: a pessoa de Cristo não é a pessoa dos homens individuais; vigora, como no dogma cristológico, uma união entre Cristo e seus irmãos que é "inconfundível, imutável, indivisível e inseparável". O homem é filho de Deus não em razão de sua pessoa, diretamente, mas em razão da união de sua pessoa com a Pessoa eterna do Filho. Por isso se diz que somos filhos "adotivos" e não naturais como o é o Filho unigênito. Entretanto, esta adoção não deve, como se depreende das reflexões acima, ser entendida juridicamente, senão ontologicamente; como diziam os antigos Padres, deve ser compreendida "fisicamente", vale dizer, de fato e verdadeiramente[12], como participação da filiação natural e eterna do Filho.

Para enfatizar o caráter não jurídico de nossa filiação que é participação da filiação natural e eterna do Filho transcrevemos um texto esclarecedor de São Cirilo de Alexandria:

"Cristo é a um tempo o Filho único e o Filho primogênito: Ele é Filho único como Deus; é filho primogênito pela união salvífica que estabeleceu entre nós e Ele, ao fazer-se homem, a fim de que nós, nele e por Ele, sejamos feitos filhos de Deus, por natureza e por graça. Por natureza, nele e nele somente; por participação e por graça, por Ele no Espírito. Da mesma forma que a qualidade de Unigênito se tornou própria da humanidade no Cristo porque esta qualidade se uniu ao Verbo segundo a economia da salvação,

---

11. Santo Agostinho diz, distinguindo filho e Filho: "Ille unicus, nos multi; ille unus, nos in illo unum; ille natus, nos adoptati; ille ab aeterno genitus per naturam, nos a tempore facti per gratiam": *In Ps 88,* 7: PL 37, 1124.

12. Cf. por exemplo, São CIRILO DE ALEXANDRIA. *In Johan.* I: PG 73,156.

assim também tornou-se próprio do Verbo ser Primogênito dentre muitos irmãos porque Ele se uniu à carne"[13].

Depreende-se deste texto a vinculação essencial que vigora entre a filiação eterna do Filho com a nossa filiação, inserida no interior da filiação eterna[14]. Não somente os homens possuem um caráter filial, mas também todas as coisas porque todas elas foram feitas no Filho e para o Filho. Todas elas revelam o Pai e revelam o Filho no qual foram pensadas e criadas. Esta compreensão fundamenta o caráter fraterno de todas as coisas. Somos irmãos e irmãs na casa do Pai que nos quis seus filhos. A vivência disto gera um humanismo enternecedor e uma confraternização universal com o mundo humano e subumano nos moldes vividos exemplarmente por São Francisco de Assis.

A encarnação densificou a filiação e a fraternidade com o Filho; já na eternidade éramos filhos no Filho; agora na história somos exibição no tempo, no espaço, na carne e no espírito o que isto significa. Encarnando-se em Jesus de Nazaré, nosso irmão judeu, o Filho assumiu de alguma forma todos os homens e todas as coisas. Santo Atanásio numa formulação ousada assevera: "O Filho pela encarnação tornou toda criação filho e assim a conduz ao Pai"[15].

Nossa filiação divina possui, portanto, uma raiz trinitária e eterna. Quando mediante Jesus foi-nos revelada plenamente nossa filiação, deu-se a conhecer aquilo que

---

13. *De recta fide ad Theodosium.* 30: PG 76, 1177; para uma exegese da passagem cf.: MERSCH, E. *Filii in Filio.* Op. cit., p. 39-40.

14. Neste contexto se torna inteligível e aceitável a famosa frase de Eckhart, o grande místico alemão: "Deus generat me filium suum": Deus me gera como seu filho: *Oeuvres du maître Eckhart.* Paris: [s.e.], 1942, p. 108 [PÉTIT (trad.)].

15. *Ad Serapionem* I, 25: PG 26, 589.

sempre existia no homem: desde sempre éramos filhos no Filho. Agora com o evento cristão, a estrutura filial do homem foi trazida ao nível da consciência histórica. Pode ser celebrada, tematicamente refletida e vivida numa intensidade nunca dantes possível.

À luz deste fundo ontológico, ligado ao mistério da criação no Filho e dentro do projeto cristológico universal, pode-se falar sem reducionismos e exclusivismos da filiação divina dentro da Igreja mediante o Sacramento do Batismo. Este sacramento se embasa sobre a filiação divina universal; prolonga-a e densifica-a porque insere o batizado mais profundamente no mistério de Cristo. Pelo fato da criação, cada homem é filho no Filho; pelo fato da redenção universal, o caráter filial é restituído na sua primigênia natureza violada pelo pecado e plenificado mediante uma união peculiar com o Cristo morto e ressuscitado, presente no mundo e na Igreja. O batismo e os demais sacramentos, contidos germinalmente nele, operam esta inserção específica e única do homem na filiação divina do Filho. A Igreja, comunidade dos batizados, torna-se por excelência a comunidade dos filhos de Deus e da fraternidade que daí se deriva. Esta filiação e fraternidade não se exclusiviza, mas se abre à fraternidade e filiação universal porque é aí que ela encontra e alimenta suas raízes, pois, fundamentalmente, todos fomos pensados, criados e amados no Filho e para o Filho a fim de constituirmos a grande família do Pai.

f) O modo de ser próprio do filho de Deus

Ser filho de Deus não constitui apenas uma informação acerca de nossa própria realidade divina. Implica também um modo de ser e de viver correspondente. Quando se diz filho de Deus se pensa, basilarmente, em três realidades:

Em *primeiro* lugar, o filho nunca é sem o Pai; filho ninguém é por ele mesmo, mas por causa do Pai; Pai e filho constituem realidades autoimplicativas. Em outros termos: ser-filho é ser *de* outro e *para* o outro; é ser receptor de vida, é ser enviado e viver referido e agradecido. O filho é tanto mais filho quanto mais se sente vindo do Pai e alimenta sua relação para com o Pai. O que define a humanidade do homem não está tanto no fato de transcender o mundo e a infraestrutura biológica, psicológica, social etc. em direção do outro, mas sua imersão para o Pai. Nesta ascensão o filho carrega consigo o universo e o oferece ao Pai de quem tudo recebeu.

Em *segundo* lugar, filho não exprime tanto uma relação causal quanto uma relação pessoal. O ser-criatura configura a relação causal: o homem é criado por Deus e se sabe criado; re-conhece a Origem e pode se relacionar humilde e agradecidamente com ela. Ser *de* Deus e *por* Deus define o ser-criatura. Saber-se criatura, re-conhecer a Causa, experimentar-se vindo e ad-vindo de Alguém, chamá-lo de Pai e sentir-se filho funda uma relação pessoal no horizonte da liberdade. Sou filho na medida em que conheço e re-conheço meu Pai e sou conhecido e re-conhecido por Ele. Quanto mais me abro ao Pai, mais filho me torno, mais expresso o Pai, mas pessoa sou e mais sagrado me converto. A filiação conhece, pois, intensidades; não é uma determinação estática, mas dinâmica; pode crescer, tem futuro, implica numa tarefa de ser mais e mais filho na medida da intensidade da abertura para com o Pai.

Em *terceiro* lugar, filho (*huiós* em grego) não significa a mesma coisa que criança (*téknon*). Filho caracteriza-se pela in-dependência e pela maioridade; criança implica dependência e minoridade. O homem-filho-de-Deus é face ao

Pai um maiorene e um livre; seu relacionamento com o Pai não é fatal, mas nasce de um ato de aceitação de sua filiação. Por isso a relação do filho para com o Pai é de amor, de agradecimento e de obediência que supõe a liberdade. O filho recebeu uma tarefa do Pai: ser Seu representante no mundo. Por isso recebeu como herança o mundo inteiro para, em nome de Deus, ser senhor responsável pela ordem do mundo[16]. O homem, diz Paulo, não é "como um menor, vivendo em servidão sob os elementos do mundo" (Gl 4,3), mas é um filho, senhor da ordem deste mundo. A discutida expressão "elementos do mundo" (*stoikeía tou kósmou*: Gl 4,3) provavelmente significa a ordem social, política e cultural; numa palavra, a lei[17]. O homem não é escravo da ordem estabelecida (leis), mas um responsável pela ordem e um livre face a ela. Foi constituído por Deus-Pai como um livre senhor, um filho responsável pelo projeto da criação para que sua ordem seja digna dos filhos de Deus e honrosa para o Pai.

Na atuação do filho de Deus devem aparecer as características do Pai que, segundo a experiência judeu-cristã, são de misericórdia, bondade, amor, condescendência para com todas as coisas. Devem poder transparecer também as características do Filho porque somos filhos no Filho. Intratrinitariamente o Filho é revelação, inteligência, extrapolação, comunicação, luz, expressão do Pai. É também receptividade, abertura, agradecimento, referência perma-

---

16. Esta ideia foi sistematizada pelo teólogo alemão F. Gogarten em seu livro: *Der Mensch zwischen Gott und Welt.* Stuttgart: [s.e.], 1956, esp. p. 329s.

17. Cf. SCHEU, L. *Weltelemente beim Apostel Paulus* (Gl 4,3.9; Kol 2,8.20). Washington: [s.e.], 1933; cf. tb. SCHLIER, H. *Mächte und Gewalten im NT* (Quaestiones Disputatae 3). Friburgo: [s.e.], 1953.

nente para com o Pai. Na encarnação o Filho historizou todas estas características, sentindo-se sempre enviado pelo Pai, ser *de* Deus *para* os irmãos até o extremo da doação na humildade, no amor, na contínua decentração de si mesmo. Na medida em que o filho no Filho viver em sua própria vida todas estas características que se inscrevem como o ideal do Humano, nesta mesma medida será e se revelará mais e mais filho de Deus.

Ser filho de Deus é um desafio e uma tarefa a ser cumprida dia a dia: no caminhar humano fiel e consequente vão surgindo os traços do Santíssimo Filho de Deus e vai se revelando a face amorosa e misteriosa do Pai de bondade.

XVIII

O Espírito Santo mora em nós: uma Pessoa em muitas pessoas

Os temas da participação da natureza divina e da filiação divina do homem traduzem a intimidade e presença humana em Deus. O tema da inabitação do Espírito Santo expressa a presença viva e ativa de Deus no mundo e na existência. Esta presença de Deus foi na história das religiões e na experiência judeu-cristã sentida primeiramente como uma força numinosa, vaga e difusa, depois como Espírito de Javé e Espírito de Cristo e por fim como uma grandeza distinta e própria, como Terceira Pessoa da Santíssima Trindade.

1. O Espírito Santo na experiência dos homens

Para os gregos, por exemplo, o Espírito (*pneuma*) é uma realidade elementar, dinâmica, vivificante e que leva ao entusiasmo[1]; ele está lá onde se move a vida, especialmente a vida humana em sua característica de extrapolação, na inspiração artística, na poesia, na divinação e nos fenômenos extáticos, como o falar em línguas e profetizar[2]. Em

---

1. KLEINKNECHT, H. "Pneuma en grec". In: *Esprit* (Dictionnaire biblique Gerhard Kittel). Genebra: [s.e.] 1971, p. 42.

2. "Testemunhos literários abundantes". In: KLEINKNECHT, H., p. 23-40, esp. p. 28-29.

razão de sua natureza elementar que tudo enche e penetra, o homem não pode manipular o Espírito; só pode abrir-se à sua força misteriosa; por isso era considerado pelos gregos como uma realidade divina (*théion, théôn, théou pneuma*)[3]. Os pitagóricos e depois os estoicos tinham o Espírito como a realidade que circunda e penetra todo o universo, possibilitando uma comunhão e união com todos os seres, com os deuses, com os homens, com os animais etc.[4]

No Antigo Testamento[5] fez-se a experiência do Espírito inicialmente no âmbito da história: a irrupção repentina e carismática de líderes que libertaram o povo da opressão dos inimigos. "O Espírito do Senhor desceu sobre Otoniel; julgou Israel e saiu para a guerra" (Jz 3,10); "O Espírito do Senhor apoderou-se de Gedeão..." (Jz 6,34; 14,6). Como força carismática libertadora desceu também sobre Saul (1Sm 11,6), sobre Jefté (Jz 11,29), sobre Josué (Nm 27,18; Dt 34,9) e sobre Davi (1Sm 16,13). Foi o Espírito que moveu os profetas (Ez 48,16; Ne 9,30; Mq 3,8) e está presente no poder criador do homem, em sua inteligência e em sua habilidade (Zc 4,6; 6,8; Ez 31,3; 35,31; 32,15). À base desta experiência histórica, social e política do Espírito, Israel chegou posteriormente a experimentá-lo na natureza e no próprio ato criador de Deus. Ele é o princípio criador que atua nas plantas, nos animais, na natureza toda (Gn 1,2; 2,7; Jó 33,34; 37,10; Sl 29). O Espírito por sua ubiquidade exprime o modo próprio do existir divino

---

3. Ibid., 13.

4. Os textos se encontram em KLEINKNECHT, H., p. 41-48; cf. 42.

5. Cf. BAUMGÄRTEL, F. "Esprit dans l'Ancien Testament". In: *Esprit*. Op. cit., p. 56-74. • CAZELLES, H. *Le mystère de l'Esprit Saint*. Paris: [s.e.], 1968.

(Sl 139,7). Ele é que enche e renova constantemente a face da terra.

No Novo Testamento[6], de forma semelhante como no Antigo, o Espírito não se dá, primeiramente, a conhecer na criação, mas na comunidade em sua experiência coletiva de Deus. Manifesta-se nos muitos carismas, especialmente naquele da profecia e pelo entusiasmo geral que toma conta de toda a Igreja. Atua na comunidade gerando forças, palavras e ações que comumente não se fariam. É próprio da presença do Espírito o caráter de extrapolação, de ultrapassagem, de rompimento das barreiras convencionais. O homem movido pelo Espírito faz ou diz coisas que por si mesmo não diria nem faria; doa-se aos demais, ultrapassa-se a si mesmo a serviço dos irmãos, está como que "fora de si".

Pertence à experiência do Espírito o ver, o ouvir e o testemunhar o visto e ouvido (At 2,33; 22,15). Ele não é visível como não é a respiração e o vento (o sentido originário de Espírito – *ruah* em hebraico e *pneuma* em grego); mas apesar disto se deixa perceber e experimentar e em seus efeitos descrever[7]. A experiência do Espírito se dá no horizonte da fascinação; esta se caracteriza pelo fato de envolver e mar-

---

6. Cf. COMBLIN, J. "A missão do Espírito Santo". *REB* 35 (1975), p. 288-325. • SCHWEIZER, E. "Esprit. Le Nouveau Testament". In: *Esprit*. Op. cit., p. 127-242. • FROGUET, B. *De l'habitation du Saint-Esprit dans les âmes justes*. Lethielleux: [s.e.], 1937. • BARDY, E. *Le Saint-Esprit en nous et dans l'Eglise d'après le Nouveau Testament*. Albi: [s.e.], 1950. • MÜHLEN, H. *Der Geist als Person*. Münster, 1963. • Id. *Una mystica persona* – Eine Person in vielen Personen. Munique/Paderborn/Viena, 1964; VV.AA. [GUIMARÃES, A.R. (org.)]. *O Espírito Santo* – Pessoa, Presença, Atuação. Petrópolis: [s.e.], 1973. • URDÁNOZ, F. "La inhabitación del Espíritu Santo en el alma justa". *RET* 6 (1946), p. 513-533. • PHILIPS, G. "Le Saint-Esprit en nous". *ETL*. 24 (1948), p. 127-135.

7. Cf. MÜHLEN, H. & HEITMANN, C. *Erfahrung und Theologie des Heiligen Geistes*. Munique: [s.e.], 1974, p. 83-100, esp. p. 84.

car profundamente a pessoa; a fascinação toca, atrai pelo surpreendente e extraordinário da experiência de algo que absorve, realiza e ao mesmo tempo ultrapassa. Pertence à experiência fundamental do homem, não apenas do mítico, mas também do moderno a intuição de que algo de misterioso, profundo, vigoroso perpassa toda a realidade, fazendo as coisas existirem e sustentando todas as manifestações de vida. Todas as formas da fascinação, mesmo as mais secularizadas, como o esporte, a técnica, a arte, o culto aos astros do saber, do poder e dos entretenimentos revelam o brilho do Absoluto. O fascinante está ligado ao sentido evidente em si mesmo; quanto mais fascinante é alguma coisa, tanto mais irredutível, intocável e absoluta ela se apresenta[8].

Como vigor e força que tudo perpassa podemos dizer que o Espírito sempre esteve no mundo; o mundo é templo do Espírito; desde o primeiro momento de sua criação é habitado por Ele.

Para o Novo Testamento, o advento do Messias Jesus Cristo trouxe a plenitude da manifestação do Espírito. Jesus é apresentado, especialmente, na teologia lucana como o portador permanente da plenitude do Espírito (Lc 4,1.14.18; At 10,38). Ele não é como um carismático que recebe o Espírito; ele o possui continuamente, pois o seu surgimento no mundo é obra do Espírito (Lc 1,35; 4,18-21; At 4,27; cf. Mt 1,18; Hb 1,9; 2Cor 1,21; 1Jo 2,22). Em Jesus, o Espírito como que "se encarnou". Por isso tudo o que Cristo faz e diz, o faz e diz por força própria; não é levado pelo Espírito; segue seu caminho "no Espírito" (Lc

---

8. Cf. MÜHLEN, H. *Die Erneuerung des christlichen Glaubens* – Charisma-Geist-Befreiung. Munique, 1976, p. 108-137.

4,14). O resultado da atuação de Jesus, por causa do Espírito que inabita nele, é a fascinação dos que o cercavam, da qual os evangelhos fazem repetidas referências (Mc 2,2; 5,4; 6,51; Mt 7,28; 12,23; 13,54; 19,25; Lc 4,32; 9,43). A admiração, o ficar fora de si, o dizer fascinado "nunca vimos coisa igual" (Mt 9,33; cf. Mc 5,20; Lc 2,18; 4,22; Mt 8,37; 15,31; 21,20) não é expressão de um conhecimento frio, tomado como mera informação; é uma experiência que afeta o homem até a sua dimensão psicológica mais profunda. É a experiência fascinante do Espírito de Jesus.

A ressurreição revelou toda a dimensão da presença do Espírito em Jesus. Por ela Jesus, que até então possuía um corpo carnal, frágil e mortal, passou a possuir um corpo espiritual, incorrupto e cheio da força divina (cf. 1Cor 15,44). Cristo ressuscitado como que se "transformou" em puro Espírito. Efetivamente Paulo em 2Cor 3,17 identifica o Senhor (ressuscitado) com o próprio Espírito: "o Senhor é o Espírito"! Esta identificação deve ser entendida, não trinitariamente – o que seria um absurdo –, mas na linha do Antigo Testamento, querendo definir o modo como existe e atua agora o Ressuscitado: ele atua e existe na forma de Espírito, vale dizer, livre das peias da carne, na plenitude da força, da comunhão, pancosmicamente[9]. Assim como o Espírito repleta a face da terra, fermenta por todas as partes e tudo vivifica, assim agora o Ressuscitado tudo enche, por tudo vigora e tudo vivifica. São Paulo traça um impressionante paralelismo entre o Cristo ressuscitado e o Espírito Santo: Cristo habita em nós (Gl 2,20), tam-

---

9. O grande exegeta DEISSMANN, A. *Die neutestamentliche Formel "in Christo Jesu"*. Marburg: [s.e.], 1892, p. 89-90, diz que o Espírito como que constitui a matéria do corpo ressuscitado do Senhor (cf. 1Cor 15,35s.).

bém o Espírito (Rm 8,10; 2Cor 3,18); somos justificados em Cristo (Gl 2,17) e o somos também no Espírito (1Cor 6,11); somos santificados em Cristo (1Cor 1,2) e o somos também no Espírito (Ef 4,30); Cristo mora em nós (2Cor 13,13; Fl 2,1), assim também o Espírito (Rm 8,9-11).

Possuímos o Espírito de Cristo; como atuava nele, atua agora em nós: "Porque sois filhos, Deus enviou o Espírito de seu Filho em nossos corações..." (Gl 4,6); "Quem se achega ao Senhor, faz-se um só Espírito com ele" (1Cor 6,17). "Todos os que se deixam conduzir pelo Espírito de Deus são filhos de Deus" (Rm 8,13). E somos filhos no Filho. Por isso, o Espírito nos conscientiza de que somos filhos para podermos clamar: Abba, Pai (cf. Gl 4,6; Rm 8,16).

O Espírito Santo é a permanência do Ressuscitado no mundo até sua consumação. Cristo continua sob outra forma, exatamente, sob a forma de Espírito. O Espírito estava em Jesus carnal, como que recolhido, aparecendo mediante a atuação histórica de Jesus. Pela ressurreição o Espírito irrompeu de seu recolhimento e *se* mostrou assim como é. Por isso, após a ascensão, o tempo histórico-salvífico é tempo do Espírito Santo em sua identidade própria, inaugurado no dia de Pentecostes. Agora é o Espírito que atua mediante Jesus e sua mensagem. O Espírito, portanto, não supre Jesus; atualiza sua presença e traz à memória sua palavra (Jo 14,26). Ele não ensina outra verdade, senão que a leva a sua plenitude (Jo 16,13): "Ele tomará do que é meu e vo-lo dará a conhecer" (Jo 16,14.15).

O Espírito não existe independente de Jesus. É enviado pelo Pai e pelo Filho (Jo 14,26; cf. Jo 7,37-39); entretanto, no tempo que medeia entre a ascensão e a parusia, Ele faz a sua história própria que é a história da santificação e reunião escatológica da criação. Foi meditando sobre esta atuação própria do Espírito de Jesus Cristo que a comunidade primitiva e, posteriormente, a teologia dos séculos III e IV identificou o Espírito Santo como uma Pessoa trinitária, distinta do Pai e do Filho, com uma missão histórico-salvífica pessoal: reconduzir tudo à união com o Pai pelo Filho. É a era da volta definitiva da criação para o seu Criador.

À luz da reflexão sobre a Pessoa do Espírito Santo se compreendeu que a graça divina, sua experiência, o vigor salvífico que atravessa a história, os impulsos da criação rumo a sua destinação última, enfim a vida divina não são senão manifestações do Espírito Santo, fazendo-se presente e atuando por todas as partes. A Igreja configura-se como o Sacramento do Espírito Santo[10]; visibiliza ao largo dos séculos sua presença nova, a partir do evento Cristo, no coração da criação e na vida dos homens, especialmente dos justos.

2. A era do Espírito Santo

Por era do Espírito Santo[11] entendemos um tempo histórico-salvífico caracterizado pela predominância do Espírito Santo como maneira própria e permanente de se processar, viver, pensar e atuar o relacionamento do homem para com Deus e de Deus para com o homem. Se dizemos que agora vivemos sob a era do Espírito Santo isto significa que o Espírito constitui a realidade-fonte a partir da qual devemos entender nossa situação salvífica. Já na epístola aos romanos

---

10. Um tratamento mais detalhado encontra-se em BOFF, L. "A Igreja, sacramento do Espírito Santo". In: *O Espírito Santo* (nota 6), p. 108-125.

11. Cf. BOFF, L. "A era do Espírito Santo". In: *O Espírito Santo*. 145-157. • MÜHLEN, H. "Der Beginn einer neuen Epoche der Geschichte des Glaubens". In: *Die Erneuerung des christlichen Glaubens*. Op. cit., p. 21-68.

encontramos esta ideia da era do Espírito. Nos capítulos 5-7 Paulo distingue três momentos da história de Deus com os homens: situação de pecado "antes da Lei" que vai de Adão até Moisés (Rm 5,13-14); situação de pecado "sob a Lei" que vai de Moisés até Cristo (Rm 6,14); e a situação da vida em Cristo "sob a graça" (Rm 6,14), vale dizer "sob a Lei do Espírito" que nos liberta da Lei do pecado (Rm 8,2). Até Cristo reinou o pecado; agora reina a graça (Rm 5,21). Estas três eras implicam descontinuidade e continuidade; descontinuidade porque cada qual representa uma maneira própria da ação de Deus e do homem; antes da Lei havia pecado (Rm 5,12); depois da Lei o pecado foi conscientizado como rebelião contra Deus (Rm 7,7-24;); agora reina a graça e a justificação de Deus pela fé em Jesus Cristo. Vigora também continuidade porque na história se realizou, apesar de tudo, o plano salvífico de Deus. Uma era interpenetra a outra: a graça que superabunda em Jesus Cristo já se deu também em Abraão (Rm 4,1-25). A novidade, porém, não é tanto a graça que nunca faltou aos homens, mas a maneira nova como esta graça se dá na história, isto é, no Espírito de Cristo. Diz bem São Paulo: "Mas *agora,* desligados da Lei, estamos mortos para aquilo que nos sujeitava, de maneira que servimos *no Espírito novo* e não mais na letra velha" (Rm 7,6). Caiu o véu que ocultava a presença do Espírito no mundo; agora Ele emergiu e vivemos sob sua vigência (cf. 2Cor 3,15). É a era do Espírito Santo que é o Espírito de Cristo e o Espírito de Deus. Esta era não será mais superada (cf. Hb 8,13), pois o Espírito permanecerá "para sempre" (Jo 14,16). Todas as demais eras posteriores que se derem na história salvífica serão eras dentro da Era do Espírito Santo como suas historizações e apropriações dentro da mutação das situações culturais.

a) A personalização do Espírito Santo

Esta era do Espírito iniciou com a irrupção do evento Jesus Cristo, Filho eterno encarnado no tempo. O Filho eterno foi enviado para plenificar e libertar os homens e o cosmos, assumindo a natureza destas realidades. Juntamente com o envio (missão) do Filho se deu o envio do Espírito Santo como Espírito do Filho ou de Cristo. Não somente a encarnação é obra do Espírito, mas Ele, no dizer de São Basílio e da encíclica *Divinum illud munus* de Leão XIII[12], tornou-se a unção (o crisma) de Cristo que agia sempre sob a presença do Espírito. Unção é o termo bíblico para santificação, no caso, plenitude da graça e da presença divina em Jesus de Nazaré. Como o Filho entrou na história, assim também entrou nela o Espírito Santo como o seu Espírito[13]; não como o Espírito de Deus em si mesmo, mas como o Espírito de Cristo, associado à sua obra de consumação, redenção e santificação. A expressão "o Espírito *se fez* unção (santificação, graça)" deve ser tomada no sentido forte e concreto como tomamos aquela outra: "o Verbo se fez carne e habitou entre nós" (Jo 1,14). Há um *fazer-se* do Espírito; Ele começa a ser aquilo que não era antes; inicia uma história nova com os homens conjuntamente com Jesus Cristo, o Filho encarnado.

Como se poderia caracterizar a missão histórico-salvífica própria do Espírito Santo? Ela é diversa daquela de Jesus Cristo, mas prolongando o mesmo processo de

---

12. *AAS* 29 (1896/1897) 648; SÃO BASILIO. *De Spiritu Sancto* 16, 39: PG 32, 140C.

13. Esta tese já foi apresentada por Pedro Lombardo (Sent. I, dist. 17), pelo grande dogmático Petau (Dogmata theologica VIII, C. 6, n. 8, col. 486a), Scheeben (Dogmatik III, § 276, n. 1612) e modernamente com muito vigor e força de persuasão por MÜHLEN, H. *Una mystica persona*. § 8. 44-8.69.

união iniciado por Ele. Pela encarnação toda a criação vem de alguma maneira tocada e assumida pelo Filho, pois ela foi, desde sempre pensada e criada nele, por ele e para ele. Pelo envio do Espírito Santo é principalmente o universo das pessoas que são tocadas e santificadas[14]. Se a encarnação fundou uma situação duradoura e definitiva do homem e do mundo assumidos para dentro de Deus, também o envio do Espírito Santo constitui um evento permanente e irreversível, porque é o Espírito de Cristo que é um acontecimento irreversível e permanente. O Espírito se autocomunicou totalmente em Jesus que possuía a plenitude do Espírito e continua a se autocomunicar aos filhos no Filho, aos irmãos de Jesus e à Igreja como graça que liberta e diviniza. Se o Filho se encarnou numa natureza, o Espírito Santo se personalizou nas muitas pessoas dos justos. Assim como no processo intratrinitário o Espírito Santo é uma Pessoa de duas Pessoas (o Pai e o Filho que como um princípio único o aspiram), semelhantemente na história da salvação é uma Pessoa em muitas pessoas[15], constituindo-as todas numa "una mystica persona". Em sua atuação reintegradora, antecipa já no tempo a união de toda a criação redimida em Deus, quando então Deus será, enfim, "tudo em todas as coisas" (1Cor 15,28).

---

14. Cf. AUER, J. *El Evangelio de la gracia*. Barcelona: [s.e.], 1975, p. 128.

15. Cf. BAUMGARTNER, Ch. *La grâce du Christ*. Desclée, 1963, p. 193: "A comunicação da hipóstase (pessoa: esclarecimento nosso) pode ser entendida de duas maneiras inteiramente diferentes: há uma comunicação segundo a hipóstase como princípio de substância de uma natureza humana; há uma comunicação da hipóstase como princípio e termo de conhecimento e de amor. A comunicação segundo a hipóstase, no primeiro sentido, se verifica unicamente em Cristo; a comunicação segundo a hipóstase, no segundo sentido, se verifica no justo".

O envio do Espírito alcança seu sentido pleno inabitando as pessoas e espiritualizando-as[16]. Paulo usa a metáfora do templo: "não sabeis que sois templo de Deus e que o Espírito de Deus habita em vós?" (1Cor 3,16); "Não sabeis que vosso corpo é templo do Espírito Santo que está em vós e que o recebestes de Deus?" (1Cor 6,19). A ideia da inabitação do Espírito nas pessoas se torna clara se conscientizarmos que templo, na concepção antiga, não significava o espaço sagrado comunitário, mas o lugar da presença de Deus, onde Ele se manifesta pessoalmente em sua glória e em sua graça, onde pode ser encontrado e invocado. O templo agora não é mais o edifício sagrado feito por mãos humanas, mas são as próprias pessoas inabitadas pelo Espírito que nelas se personalizou, espiritualizando-as.

b) As manifestações do Espírito Santo

O Evento Jesus Cristo permitiu uma releitura de todo o passado da história da salvação: percebeu-se que a pró-

---

16. Esta expressão é tirada de Petau (teólogo do século XVIII, o pai da história dos dogmas). Diz ele que, embora pela inabitação os justos são unidos *substancialmente* ao Espírito Santo, não são, entretanto, feitos Espírito Santo, mas "espirituais": *Dogmata theologica* VIII, c. 7, n. 13, col. 494 (ed. Vivès, 1865, t. III). Petau conhecia bem os Padres da Igreja: sua teoria, segundo a qual o Espírito Santo está em nós como o Verbo na humanidade de Jesus de Nazaré, se baseia fortemente em São Cirilo de Alexandria. Conforme este grande doutor da Igreja antiga o Espírito Santo age por Ele mesmo em nós, nos santifica, nos une a Ele e nos faz participantes de sua natureza divina. Aqui ocorre a expressão grega *housiôdôs* (*substantialiter*): o Espírito Santo se une *substancialmente* ao justo (PETAU. *Dogmata theologica* VIII, c. 4, col. 459). Somos feitos deuses, não por natureza, mas por graça. Cristo, sim, é Deus por natureza, nós ao invés somos divinos; não somos o Espírito (embora Ele seja a forma [o constitutivo essencial] de nossa santificação e união com Deus), mas espirituais. Assim como o Filho nos deu um caráter filial, o Espírito nos fez espirituais. Cf. tb. a mesma linha em SCHEEBEN. *Die Mysterien des Christentums*, § 26-27. • RÉGNON, Th. de. *Études de théologie positive sur la sainte Trinité*. Étude 27º (III série, t. II), p. 551-552; • RONDET, H. *Gratia Christi*. Paris: [s.e.], 1946, p. 329-339: Petau, Scheeben et l'inhabitation du Saint-Esprit. Retour aux Pères grecs.

pria criação tem a ver com Ele; representa a culminância de um processo que se iniciou com o próprio ato criador de Deus; tudo foi feito por Ele, para Ele e nele. A mesma releitura é possibilitada a partir do evento da personalização do Espírito Santo na encarnação e no seu envio à Igreja e às pessoas dos justos e dos bons. O Espírito que hoje está presente em sua plenitude sempre esteve, sob outras formas, atuante na história dos homens. Tudo o que é força, vigor, vida, sabedoria e santidade em todos os tempos e lugares, em todas as pessoas e culturas, constitui outras manifestações do Espírito Santo. É por Ele que se sonharam os mitos, geradores de sentido de vida. É por Ele que pensaram os sábios, falaram os profetas, se santificaram os santos cristãos e pagãos. É por Ele que os homens se mantiveram sempre abertos ao futuro da história, donde nos vem Deus com sua graça e salvação. Na sua força homens entenderam transformar a natureza e a sociedade, tentando fazê-las mais habitáveis e humanas. Por sua inspiração nunca faltou na hitória humana o espírito libertário e renovador que quebrava a fetichização das instituições enrijecidas seja sociais seja religiosas. Por virtude do Espírito Santo homens anunciaram e denunciaram, em todos os tempos, com desassombro, a justiça e a injustiça, a prepotência dos poderosos, a exploração do pobre e do pequenino. Na força do Espírito Santo souberam pacientemente suportar perseguições e valentemente enfrentar as torturas e a morte por causa da justiça. Como assevera o Vaticano II: Ele é simplesmente o "senhor e fonte de vida" (*Lumen Gentium*, 13/34), está presente à evolução social, dirige o curso da história, renova a face da terra (*Gaudium et Spes,* 26/281), opera a salvação entre os não cristãos (*Gaudium et Spes*, 22/268) e impele os homens a amarem a Deus e nele o mundo e os homens (Apostolado dos Leigos, 27/1438). Numa palavra: a história está grávida de Jesus Cristo e prenhe do Espírito Santo.

Esta releitura da vida humana no horizonte da personalização do Espírito Santo não nos deve induzir numa falsa ingenuidade como se a presença do Espírito fosse imediata, epifânica e sem mediações. A ação humana, no campo de sua liberdade, não fica demissionada; é mediante ela e, às vezes, apesar dela, que atua o Espírito fazendo que a obra seja totalmente humana e ao mesmo tempo totalmente divina.

Em contexto da era do Espírito Santo ganha especial relevância, devido ao seu significado global, o Movimento de Renovação Carismática[17]. Iniciado em 1967 nos Estados Unidos, na Duquesne University (Pittsburgh), em meios universitários, passou depois para as universidades de Notre Dame e Ann Arbor e daí por todo o país, espalhando-se pelo mundo inteiro. A intenção do movimento não é cindir a Igreja; nem subtrair-se a sua concreção institucional. Mas "o que este movimento pentecostal procura fazer através de fervorosas orações e pela fé na Palavra de Deus é pedir ao Senhor que atualize, de um modo concreto e vivencial, o que o povo cristão já recebeu. É uma tentativa de reagir através de uma fé radical ao Espírito Santo, o que já nos foi dado, a fim de que sua vida, seus dons e seus frutos possam ser atualizados na vida dos membros do Corpo de Cristo"[18]. Parte-se, portanto, da fé de que o Espírito sem-

---

17. Cf. ABREU, A. "Católicos pentecostais e outros carismáticos nos Estados Unidos". *Atualização*, agosto 1972, p. 341-361; com rica bibliografia. • KEVIN & RANAGHAN, D. *Católicos Pentecostais*. Rio de Janeiro, 1972. • SULLIVAN, F.A. "The Pentecostal Movement". *Gregorianum* 53 (1972), p. 237-266. • LAURENTIN, R. *Pentecostisme chez les Catholiques*. Paris, 1975, com uma visão global do fenômeno em toda a Igreja bem como de seus principais problemas teológicos.

18. KEVIN & RANAGHAN, D. *Católicos pentecostais*, p. 181-182.

pre esteve presente no mundo e na Igreja e sempre age nele por ela nas mais diversas formas, como pelos sacramentos, pela liturgia, pela teologia, pelo magistério autêntico, pelas vias comuns da instituição e da vida dos fiéis. Contudo o Espírito não exaure sua atuação nestes veículos comuns da práxis eclesial e oficial. Ele sopra onde quer. Faz surgir movimentos extraordinários, como a missão popular logo após o Concílio de Trento, movimentos de espiritualidade como no século XVIII na França, grupos de jovens, ação social, familiar, Focolare em 1943 em Trento, Cursillo em 1949 na Espanha, Comunidades Eclesiais de Base a partir de Medellín (1968) e outros tantos grupos de oração, meditação, vida fraterna e de testemunho no meio do mundo secular e laical. Manifestam-se os multiformes dons do Espírito como o de serviço aos pobres, o de louvor, o falar em línguas, o curar, o orar etc.

O Movimento de Renovação Carismática pela amplidão que assumiu ganha uma relevância particular para toda a Igreja. Trata-se de uma nova época da fé cristã, caracterizada pela experiência vigorosa da presença divina na comunidade e na vida quotidiana (cf. 1Cor 14,25). Anuncia-se, ao que parece, a superação daquela época iniciada já nos escritos tardios do NT e formalizada pela "viragem constantiniana", marcada pela predominância do poder, da ordem, da disciplina, do dogma, da instituição, da hierarquia. Deus era experimentado primariamente como o Ente infinito, Causa da criação e não tanto como a Presença amorosa em nosso meio; Jesus Cristo mais como fundador, num sentido jurídico, de sua Igreja do que seu princípio constituinte, permanente e vivo. A exacerbação desta epocalidade gerou o triunfalismo, o clericalismo, o juridismo, o dogmatismo e o formalismo.

Ser cristão, fundamentalmente, consistia em enquadrar-se no universo religioso já estabelecido e definido. A experiência de Deus era substituída pela doutrina e a participação na comunidade era prejudicada pela detenção de todo poder religioso nas mãos da classe clerical. E eis que lenta, mais persistentemente, foi se articulando uma nova experiência de Deus e de seu Espírito assinalada principalmente pela liberdade, pela espontaneidade, pelos carismas, pelo testemunho público e desassombrado da presença divina no mundo, por novas formas de rezar, de ser-Igreja, de participar na comunidade, de ser-leigo e de ser-sacerdote. O que ocorre com a Renovação Carismática da Igreja não parece ser um salto a-histórico para a Igreja primitiva nem entusiasmo frenético e inconsciente, mas uma manifestação vigorosa do próprio Espírito que quer para si e para os homens uma Igreja com novas características.

A experiência do Espírito e de seus dons, os pentecostais católicos denominam de batismo no Espírito Santo. "Para os evangélicos pentecostais, o batismo com o Espírito Santo é uma 'nova' obra da graça. Na vida de um católico é uma obra 'antiga', embora seja praticamente 'nova', porque a frase, do modo como é usada pelos católicos pentecostais, é uma oração de novação de todas as coisas que englobam a iniciação cristã e o que ela significa. Na prática é mais uma experiência de reafirmação do que de iniciação. Entre os católicos pentecostais, este batismo nem é um novo sacramento, nem é um sacramento substitutivo. Igual à renovação das promessas batismais, se constitui em uma renovação da fé, do desejo de ser tudo aquilo que Cristo quer que nós sejamos"[19]. Se estes frutos se verificarem, podemos dizer: aqui está o Espírito em sua manifestação explícita!

---

19. Id., 182.

Os sinais exteriores, expressão do batismo no Espírito, como a glossolalia, a profecia e outras manifestações extraordinárias não devem ser demasiadamente enfatizados. Estes dados podem provir do Estado como podem provir do espírito humano. Há neles uma ambiguidade que exige, para cada caso, a capacidade de discernimento. Tais manifestações constituem lugares-comuns da experiência religiosa que se encontram tanto no passado quanto no presente, também nas religiões do mundo e no paganismo. Podem constituir uma linguagem pela qual o inconsciente exprime a busca de integração, de ajustamento, do sentido profundo da vida, perdido nos meandros das instituições endurecidas ou nos gestos estereotipados da religião e da cultura. O movimento pode apelar ao Espírito pelos frutos que apresenta: crescimento no amor fraterno, aprofundamento do espírito de oração, maior inserção na comunidade eclesial, aumento do espírito missionário e até compreensão pelos defeitos da instituição.

Como sabemos que se trata de uma autêntica experiência do Espírito e não uma experiência de nosso próprio espírito? Paulo, em contexto dos carismas, estabelece como critério decisivo: "Que tudo seja para edificação" (1Cor 14,26). Os dons e as experiências são outorgados "para a utilidade comum" (1Cor 12,7). Se, pois, o apelo a carismas levar a divisões entre os irmãos e prejudicar a Igreja devemos poder dizer: mais que o Espírito Santo está aqui em ação o espírito de autopromoção. Ademais, olhem-se os frutos, chamados por Paulo de "frutos do Espírito Santo": caridade, alegria, paz, longanimidade, afabilidade, bondade, fidelidade, mansidão, continência (Gl 5,22; Fl 4,4). Nós diríamos hoje: se com o seu carisma a pessoa se mostrar serena, compreensiva para com outros que pensam diferentemente, sem qualquer espírito de fanatismo, mas aberta ao testemunho e ao esclarecimento, crítica, com espírito de humor e de distância face ao seu próprio carisma, então podemos crer estarmos diante de uma manifestação do Espírito.

Acima de todos os carismas extraordinários está, entretanto, a extraordinariedade do amor quotidiano, cuja apologia Paulo fez de forma inimitável (1Cor 13). Na capacidade de assumir o quotidiano com todas as suas ambiguidades e opacidades se prova a verdade do carisma extraordinário. A fé verdadeira vê a atuação do Espírito, não somente na forma extraordinária, mas sempre e em todas as situações humanas onde o bem é buscado, a virtude praticada, o amor vivido, o homem respeitado e Deus venerado seja nas instituições esclerosadas, seja na liturgia formalizada ou seja no gesto quotidiano da oração familiar e particular.

Concluindo podemos dizer que com a expressão inabitação do Espírito Santo queremos exprimir a seguinte realidade: aquele que vive como justo, vive daquela vida e com aquele fundamento que foi a vida e o fundamento de Jesus Cristo. O vigor, a força, a misteriosa presença de Deus que se manifestava em Jesus Cristo era o Espírito Santo. Ele está também em todos os homens justos e de forma particular nos seguidores de Jesus Cristo. O fundamento último que faz o justo ser justo, aberto para Deus e para tudo o que vem de Deus é o Espírito Santo. Somos habitados por uma Força que é a força de nossa força. Ela não é mais anônima; chama-se o Espírito de Cristo e o Espírito de Deus; não vive mais esquecida, chama-se Espírito Santo, constituindo com todos os justos uma Pessoa mística.

XIX
A inabitação da Santíssima Trindade na vida dos justos

Se o justo é filho no Filho e vem habitado pelo Espírito Santo, então podemos avançar um passo além e considerar como ele se relaciona com o mistério da Santíssima Trindade. Para a fé cristã relacionar-se com Deus é sempre relacionar-se com a Trindade. Não existe outro Deus senão o Trino. O Novo Testamento testemunha já a fé na inabitação das três Pessoas divinas na vida dos fiéis. Em muitos textos São João exprime a mútua imanência de Deus no homem e do homem em Deus. "Quem guarda os mandamentos, permanece em Deus e Deus nele" (1Jo 3,24); "Conhecemos que permanecemos nele e Ele em nós, em nos haver Ele dado o seu Espírito" (1Jo 5,13); "Quem confessar que Jesus é o Filho de Deus, Deus permanece nele e ele em Deus" (1Jo 5,15); "Deus é amor e aquele que vive no amor permanece em Deus e Deus nele" (1Jo 5,16; cf. outros textos em 1Jo 2,6.24.27-28; 3,6; 5,20). A união existente entre o Pai e o Filho serve como ponto de comparação para união que deve vigorar entre Deus e os homens agraciados: "Rogo para que todos sejam um, como Tu, Pai, estás em mim e eu em ti, para que também eles estejam em nós e o mundo creia que Tu me enviaste" (Jo 17,21-23; cf. 14,20-

21). São João no discurso de despedida de Jesus explicita mais ainda sua compreensão, colocando-a na boca do próprio Jesus: "Se alguém me ama, observa minha palavra e o meu Pai o amará e viremos a ele e faremos nele nossa morada" (Jo 14,23); o Pai enviará juntamente com o Filho também o Espírito Santo que estará conosco para sempre (Jo 14,15-16; 16,7). São Mateus alude a esta imanência mútua quando afirma que somos batizados (mergulhados) em nome do Pai, do Filho e do Espírito Santo (28,19).

Todas estas reflexões revelam já avançado o trabalho teológico e o estágio final da elucidação cristológica. Paulo, numa expressão feliz, resume assim a fé na inabitação trinitária: "Prova de que sois filhos é que Deus (Pai) mandou o Espírito de seu Filho aos nossos corações, o qual clama: Abba, Pai" (Gl 4,6).

1. Tentativas de explicação teológica

Como se devem entender estas afirmações? Não basta citá-las e recitá-las. À teologia, como inteligência da fé, cabe buscar seu sentido, desentranhar a experiência cristã que aí se oculta e, na medida do possível, articular seus conteúdos em termos do nexo existente com os demais mistérios que, no fundo, nada mais são do que a explicitação do único Mistério da autocomunicação mesma de Deus-Pai pelo Filho no Espírito Santo ao coração dos homens. Preocupa-nos a pergunta: que sentido existencial conferir a este mistério de sorte que o cristão comum e interessado possa realizá-lo em sua própria existência? Poucas questões teológicas são tão disputadas quanto esta[1]; o nível de abstração e de formalização do discurso é de tal ordem que somente iniciados logram acompanhá-lo. Sem embargo, a questão é por demais essencial à vida cristã para que possa ser deixada e entregue unicamente a especialistas, incapazes de socializarem suas disquisições para a compreensão e vivência do povo de Deus. Isto nos anima a tentar dizer esta verdade fulcral de nossa fé numa abordagem que possa iluminar nossa própria caminhada cristã. Interessa-nos resgatar a experiência que se esconde nas afirmações neotestamentárias como foram feitas e articuladas especialmente no círculo de São João e na meditação cristológica e pneumatológica de São Paulo. Cientes estamos daquilo que disse Pio XII na encíclica sobre o Corpo Místico de Cristo (1943): a inabitação trinitária é um profundo mistério que "neste exílio terreno não pode nunca ser entrevisto, livre de todo véu"[2].

A tarefa da reflexão, entretanto, deverá nos acercar de tal forma do mistério que possamos exclamar como os hebreus e com muito mais razão do que eles: "Qual é, em

---

1. Cf. a bibliografia essencial: COLOMBO, C. "Grazia e inabitazione della SS. Trinità". In: *Problemi e Orientamenti di Teologia Dommatica*. 2, Milão: [s.e.], 1957, p. 641-654, esp. 648-654. • LETTER, P. de. "Current Theology: Sanctifying Grace and the Divine Indwelling". *Theological Studies* 14 (1953), p. 242-272. • TRÜTSCH, J. *SS. Trinitatis inhabitatio apud theologos recentiores*. Trento, 1949. • VERARDO, R. "Polemiche recenti intorno all'inabitazione della SS. Trinità". *Sapienza* 7 (1954), p. 29-44. • CHIRICO, P.F. *The Divine Indwelling and Distincts Relations to the Indwelling Persons in Modern Theological Discussion*. Roma, 1960. • DEDEK, J.F. *Experimental Knowledge of the Indwelling Trinity*. Mundelein (Estados Unidos) 1958. • DOCKX, S. "Du fondement propre de la présence réelle de Dieu dans l'âme juste". *Nouvelle revue théologique* 72 (1950), p. 673-689. • SITTLER, J. *Essays on Nature and Grace*. Filadélfia 1972. • MACKEY, J.P. *Life and Grace*. Dublin, 1966. • WILLIG, I. *Feschaffene und ungeschaffene Gnade*. Münster, 1964. • FRANSEN, P. "Die Grundstrukturen des neuen Seins". In: *Mysterium Salutis*, 4/2, p. 927-982.

2. AAS 35 (1943) 231 ou em DS 3813.

verdade, a grande nação que tenha deuses tão próximos dela, como Javé nosso Deus, sempre que o invocamos?" (Dt 4,7). O cristianismo pretende responder a isso.

Muitas são as tendências teológicas. Todas tentam, de um modo ou de outro, responder a questões fundamentais como: que tipo de presença a Santíssima Trindade possui na vida dos justos? É uma reduplicação da presença divina que já preexiste pelo fato da criação e da onipresença? Ou é uma inabitação toda especial? Ou é a densificação, ao nível próprio das pessoas boas e justas, daquela presença trinitária – pois que somente esta *realmente* existe – que o Mistério de Deus sempre possui na criação? Ademais: que tipo de presença possui por sua vez o justo na Santíssima Trindade? Relaciona-se com cada uma das Pessoas individualmente ou sua relação concerne somente à Trindade enquanto Trindade? Referiremos, brevemente, as várias sentenças teológicas[3].

a) Inabitação da Santíssima Trindade como processo de assemelhamento

A primeira sentença[4] apoia-se sobre um axioma geral da teologia pensada nos quadros da metafísica clássica: "Deus está presente onde opera". Opera em toda a criação e por isso existe uma onipresença de Deus em todas as coisas. Na vida do justo, dimensionado para o amor e a união com Deus, Deus opera de modo especialíssimo, sendo Ele

---

3. Seguiremos aqui os melhores tratadistas: PEREGO, A. *La gracia*. Barcelona: [s.e.], 1964, p. 382-390. • BAUMGARTNER, Ch. *La Grâce du Christ*. Desclée: [s.e.], 1963, p. 183-189. • FLICK, M. & ALSZEGHY, Z. *Il Vangelo della grazia*. Firenze: [s.e.], 1964, p. 485-498. • Id. *Fondamenti di una antropologia teologica*. Firenze 1969, 265-270. • TURRADO, A. *Dios en el Hombre* (BAC 325). Madri: [s.e.], 1971, p. 136-146.

4. Esta sentença é defendida por VÁZQUES, G. In 1, q. 8, d. 30, c. 3 n. 11-12 (Lyon 1631, I, 114) e modernamente por GALTIER, P. *L'habitation en nous des trois Personnes*. Roma, 1950. • Id. *De SS. Trinitate in se et in nobis*. Paris, 1933.

mesmo a graça presente, tornando a pessoa semelhante à Santíssima Trindade. Deus, pois, é causa eficiente e exemplar da inabitação, vale dizer, Deus produz sua presença trinitária no justo e este é cada vez mais assemelhado e assimilado à Santíssima Trindade.

Este assemelhamento do justo com a Santíssima Trindade constitui uma realidade dinâmica. Diz-se que é como uma gravação na matéria fluida: um molde aplicado à cera tão mole que, caso se retire o molde, a gravação desaparece da cera. Se quisermos que a gravação perdure teremos que manter aplicado o molde à cera semilíquida; ou é como a água que toma a forma do copo; esta forma se perde se a água for derramada ou o copo se quebrar. Assim como a gravação cessa e a forma da água se esvai se o molde for retirado e o copo rompido, assim também a presença de Deus trino na vida do justo: para existir e permanecer faz-se mister que a Santíssima Trindade esteja continuamente presente produzindo sua presença divinizadora[5]. É uma espécie de geração pela qual Deus participa sua própria vida à vida do homem justo e bom. Deus imprime sua própria imagem trinitária (*sigillatio*). Esta imagem concerne à divina essência que é idêntica nas três Pessoas. Não existe, segundo esta sentença, um assemelhamento próprio ao Pai, ao Filho e ao Espírito Santo. Nas ações sobre a criação, as três Pessoas não possuem, ainda segundo esta compreensão, uma ação própria. Tudo é comum às três divinas Pessoas.

Esta teoria teológica atende ao processo de divinização humana e com seus exemplos a torna muito plástica. Entretanto se atém a um axioma intrasistêmico que não é questionado pelo confronto com os testemunhos neotestamentários e da Tradição teológica, segundo os quais cada

---

5. Cf. GALTIER, P. *De SS. Trinitate.* n. 456-458. • Id. *L'habitation en nous,* 230.

Pessoa divina possui uma ação própria também na obra da criação e da divinização[6].

b) Deus não só está presente, mas habita nossas faculdades

A outra sentença combina a presença universal de Deus na criação com a presença especialíssima na vida dos homens agraciados. Diz Santo Tomás de Aquino num texto famoso: "Há um *modo comum* pelo qual Deus está em todas as coisas com sua essência, potência e presença, como a causa está presente nos efeitos que participam de sua bondade. Além deste modo comum, há ainda um *outro todo especial* que compete somente à natureza racional na qual Deus está como o objeto conhecido está no sujeito que o conhece e a pessoa amada naquela que a ama. A criatura racional com sua operação de conhecer e de amar atinge o próprio Deus; consoante este modo especial, Deus não está somente presente na criatura racional senão que *habita* nela como em seu templo"[7].

Nesta compreensão, a inabitação trinitária não reduplica a presença que Deus já possui em sua criação; prolonga-a, densificando-a, dando-lhe uma concreção própria porque se

---

6. Há um axioma do tratado da graça que diz: "Omnia sunt unum, ubi non obviat relationis oppositio": nas obras *ad extra* (referentes à criação) tudo é comum às Três Pessoas, onde não o impede a oposição das relações pelas quais uma Pessoa se distingue da outra. Este axioma tem sua razão de ser, caso contrário, dever-se-ia dizer que haveria três Infinitos, três Criadores, três Providências etc. Discute-se se a obra da santificação e da inabitação pode ser qualificada como obra *ad extra*. Na ordem natural agiriam enquanto Pessoas distintas, pois, entre a vida da graça e a vida eterna existe uma misteriosa correspondência e uma diferença meramente acidental (situações diferentes de *viatores* de uma parte e de *comprehensores* de outra): cf. RONDET, H. *De gratia Christi*. Paris, 1948, p. 338.

7. Cf. S. Theol. I, q. 43, a. 3; I, q. 8, a. 3 ad 4; cf. tb. o outro texto In 1, d. 14, q. 2, a. 2.

trata de um ser próprio: uma criatura racional, capaz de conhecer e de amar a Deus. Quando conhece e ama a Deus, Deus se faz presente nela de forma toda especial.

Pelo fato de ser criatura, Deus já está presente no homem e em suas faculdades de conhecimento e de amor. Quando, porém, o homem como que toma consciência desta presença, conhece a Deus (fá-lo objeto de conhecimento) e o ama, então Deus não apenas está objetivamente presente, mas passa a estar presente subjetivamente, de forma íntima; Deus habita o homem.

É mais ou menos como na amizade[8]. Pela inabitação se estabelece uma amizade estreitíssima entre Deus e o homem. A amizade supõe a união dos amigos, nos afetos e nos valores comuns, e se alimenta pela mútua presença e proximidade. Porque a amizade entre Deus e o homem é divina, trata-se, portanto, de uma amizade perfeitíssima, de suma união implicando a presença íntima de Deus na vida do homem justo e bom[9]. Esta presença íntima traz Deus mesmo em sua Trindade para dentro do homem justo.

Nesta articulação se oferece, sem rupturas e reduplicações desnecessárias, uma unidade entre o viver humano (conhecer e amar) e o habitar divino. No ato concreto de conhecer e de amar a Deus, o homem vem habitado por Deus trino, possibilitando e atuando o conhecer e o amar e capacitando para o verdadeiro gozo (*fruitio*) e a autêntica experiência de Deus[10].

---

8. Cf. S. Theol. I-II, q. 28, a. 1.

9. Este aspecto é especialmente aprofundado por SUAREZ. *De Trinitate*. XII, 5, 13 (ed. Vivès I, 811).

10. Esta dimensão de fruição foi articulada de modo detalhado por GARDEIL, A. *La structure de l'âme et l'expérience mystique*. Paris: [s.e.], 1927, p. 60s.

c) A inabitação torna o homem deiforme

Uma terceira sentença[11] arranca de um dado constante nos testemunhos neotestamentários e da Tradição: a diferença entre uma pessoa que vive na graça de Deus na terra e outra que já está no gozo da visão beatífica no céu é apenas acidental. Ambos vivem de uma mesma e única realidade que se dá em condições diferentes: uma vez na condição peregrina (*homo viator*) e outra na condição de chegada na glória (*homo comprehensor*). A inabitação da Santíssima Trindade na terra prepara e antecipa a visão beatífica no céu e se prolonga nela. Como dizia, com extremo acerto, o Cardeal Newman: "A graça é a glória no exílio e a glória é a graça na pátria" (cf. 2Cor 1,22; 5,5; Rm 8,2; Ef 1,13).

Na visão beatífica ocorre uma união estreita entre a Santíssima Trindade e o justo que mais não se pode pensar. O justo conhece, ama e goza de Deus assim como Ele é, trinitariamente. Entretanto, nenhuma criatura, por aquilo que é, pode se unir a Deus como é em si mesmo. Então Deus mesmo se une à inteligência e à vontade humanas, capacitando-as a um conhecimento e amor que, permanecendo humano, se torna verdadeiramente divino. O homem *é feito* deiforme. Tal transformação precede os atos concretos de conhecimento e de amor; ela os possibilita. Evidentemente não se trata de uma nova encarnação de Deus na vida intelectiva e amorosa do homem justo. Isso implicaria que Deus se fizesse um acidente e mesmo uma substância como parte constituinte de uma realidade criada. Mas tra-

---

11. Os mais decisivos representantes são: TAILLE, M. de la. "Actuation créée par l'acte incréé. Lumière de gloire, grâce sanctifiante, union hypostatique". *Recherches de Science Religieuse* 28 (1928), p. 253-268. • RAHNER, K. "Zur scholastischen Begrifflichkeit der ungeschaffenen Gnade". In: *Schriften zur Theologie*. I, Einsiedeln: [s.e.], 1954, p. 347-374.

ta-se de uma atuação especialíssima de Deus. Daí dizer-se uma união *quase-formal* (a modo de uma causa formal); segundo este tipo de união, o efeito possui a mesma natureza que a causa, pois a causa entra de tal forma na constituição do efeito que este, embora fique sempre efeito, assume as características da causa. É o que ocorre na união entre a Santíssima Trindade e o justo. Este participa da vida íntima de Deus, do conhecimento pelo qual o Pai gera o Filho e do amor pelo qual o Pai e o Filho, conjuntamente, aspiram o Espírito Santo.

Como na visão beatífica vigoram relações próprias para cada uma das três Pessoas divinas, assim também agora na inabitação trinitária: cada uma das Pessoas está presente e atua consoante suas propriedades nocionais[12]: o Pai como absoluto mistério do qual tudo vem e para o qual tudo retorna, o Filho como conhecimento e verdade e o Espírito Santo como amor e união.

Já agora, na opacidade do tempo presente, o homem começa a viver aquilo que será o seu estado definitivo na glória, na visão facial e no amor sem mediações.

d) A inabitação: amizade com o Pai, pelo Filho no Espírito Santo

As tentativas de elucidação acima referidas, por mais pertinentes que possam ser, se caracterizam por uma inegável abstração metafísica; lembram pouco a riqueza de dados testemunhados pela Sagrada Escritura. Ademais, no seu tratamento se prescinde da função de Cristo e de sua continuação na história, a Igreja.

---

12. Propriedades nocionais, em teologia trinitária, significam aquelas que se referem às Pessoas em sua distinção, assim a "geração" ao Filho, e a "aspiração" ao Espírito pelo Pai e pelo Filho.

Em nome de uma maior concreção se elaborou uma outra sentença[13], aproveitando as intuições do moderno personalismo. A categoria-chave, iluminadora do mistério, é aquela da *amizade*. Esta categoria implica, de imediato, toda uma dimensão dialogal com cada uma das três divinas Pessoas; exige, para ser amizade, um conhecimento mais qualificado de Deus, do que aquele que obtemos simplesmente pela contemplação da obra da criação. Supõe um conhecimento de Deus assim como Ele se revelou em Jesus Cristo e é atualizado pela Igreja. A amizade perfeita, portanto, se articula no espaço cristológico e eclesiológico; Deus se faz presente através destas mediações históricas que Ele privilegiou e de tal forma se faz presente que produz uma elevação ontológica do homem.

Conforme esta compreensão, a inabitação se articula da seguinte forma: "O Pai, o Filho e o Espírito Santo admitem o homem à própria intimidade, dando-se a ele como uma pessoa se dá a outra. Nesta comunhão existe uma ordem. O Pai convida o homem a sua amizade, por meio do Filho que se encarna; o Filho, por sua vez, manda o Espírito Santo que é o amor unitivo entre o Pai e o Filho; o Espírito Santo se dá como "alma da Igreja" (*Lumen Gentium*, 7). Unindo-se de modo misterioso aos homens, os torna membros da comunidade salvífica e capazes de viver uma vida filial"[14].

Esta teoria capitaliza para si toda uma gama de dados que a experiência da amizade contém: presença, diálogo, mútua doação com seus componentes intelectuais, afeti-

---

13. Esta sentença é defendida especialmente por FLICK-ALSZEGHY. *Il Vangelo della grazia*, p. 493-498; ou em *Fondamenti di una antropologia teologica*, p. 269-270.

14. FLICK-ALSZEGHY. *Fondamenti*, 270.

vos, imanentes e transcendentes, próprios do amor. Não é apenas visão, mas também gozo, fruição, alegria, comunicação e plenitude que toda verdadeira amizade implica. Este tipo de relacionamento amoroso do homem para com cada uma das três Pessoas conhece sua história e em cada fase da vida articula-se um outro tipo de relacionamento com o Deus trino, até a sua plenificação na glória.

2. Tentativa pessoal: a inabitação como experiência e gozo do mistério de si mesmo no mistério de Deus

As várias sentenças arroladas acima colocam seu esforço na articulação de conceito da Tradição (visão beatífica, graça como *assimilatio, sigillatio Trinitatis*, operação *ad extra* sempre trinitária etc.) ou de afirmações da Sagrada Escritura. Olvidou-se, entretanto, que estas afirmações e aqueles conceitos tentam traduzir uma experiência cristã. Já representam uma interpretação de algo mais fundamental e originário que o conceito. Compreender não se esgota nem se reduz a interpretar interpretações; mas em recuperar o dado originário e exprimi-lo na diferença de nosso tempo com seus registros conceptuais. Resulta-nos extremamente penoso realizar existencialmente as várias sentenças acima expostas; a inabitação surge-nos como estranha à vida, sobre-estrutural e, no fundo, pouco relevante para a existência. Dificilmente ajudam a assumir e compreender melhor o quotidiano no qual se desdobra quase toda nossa vida e onde alcançamos ou perdemos a salvação.

A fé não cria novas realidades. Ela explicita, à luz de Deus, as realidades experimentadas da existência. É uma luz que tira das sombras dimensões presentes da vida humana e, superando uma visão profana e naturalista, restitui-lhes o caráter sagrado e divino que possuem pelo fato de sempre estarem umbilicalmente vinculadas ao Sagrado e ao Mistério de Deus.

A expressão *inabitação da Santíssima Trindade*, Pai, Filho e Espírito Santo, deve ser a tradução da experiência cristã mais profunda e essencial. Por certo, a experiência não é uma vivência qualquer, como se Deus trino fosse um objeto, entre outros do mundo quotidiano. Por se tratar do mais alto, sublime, profundo, inefável e misterioso da fé cristã, deverá corresponder ao que há de mais radical, abissal e inenarrável da existência humana. E o abissal não se dá no intrincado da reflexão conceptual, mas na simplicidade transparente do quotidiano. A isso só podemos nos aproximar tateando e exprimi-lo balbuciando. Santa Teresa, a Grande, ao descrever o mistério da inabitação trinitária, começa, cheia de respeito e com a confusão que o Sagrado sempre provoca: "Ó grande Deus! justo é que trema uma criatura tão miserável como eu, ao tratar de assunto tão superior a todo o meu merecimento e compreensão! Na verdade me tenho sentido sumamente confusa, pensando: não será melhor resumir em poucas palavras esta morada (a sétima do Castelo Interior)? Não irão imaginar que o sei por experiência. Isto me causa grande vergonha e é terrível coisa, conhecendo-me eu por quem sou"[15].

De todas as maneiras devemos dizer: A revelação do mistério da Santíssima Trindade não se processou abstratamente, sendo-nos comunicado apenas frases nas quais se sentenciava: Deus é uno em natureza e trino em Pessoas, Pai, Filho e Espírito Santo, sem, no fundo, podermos entender como três pode ser um e um três. Semelhante for-

---

15. *Castelo Interior ou Moradas* (Obras de Santa Teresa de Jesus. Vol. IV). Petrópolis: Vozes, 1956, p. 168.

mulação é tradução, ao nível da inteligência da fé dentro de um determinado horizonte conceptual, da experiência histórico-salvífica do Mistério de Deus. Deus se revelou e foi experimentado pelos homens como o Mistério absoluto. Mas Ele não ficou em si mesmo. Mostrou sempre uma incrível simpatia para com os homens. Autodoou-se em amor, em compreensão, em esperança, em sustento de tudo em sua existência e subsistência.

Esse Deus que vive no mais íntimo de nós mesmos estando para além de tudo, enquanto é Mistério-mistério, sem origem, originador de tudo e inefável, chama-se Pai. Enquanto este Mistério se abre como verdade de si mesmo, se espelha no número infinito de seus possíveis imitáveis, se comunica aos homens, anda em busca deles e estabelece com eles uma aliança, se chama Filho. Este mesmo e único Mistério enquanto tudo congrega no Amor e chama tudo de volta para si, numa unidade amorosa e indizível, se chama Espírito Santo. A Santíssima Trindade, concebida histórico-salvificamente, não é uma curiosidade especulativa. É a explicitação da experiência cristã, feita sob o signo de Jesus Cristo, Filho encarnado que possibilitou semelhante revelação trinitária e sua correspondente experiência[16].

A Santíssima Trindade, porque se revelou assim histórico-salvificamente, está ligada imediatamente à realidade humana. É por nossa salvação que ela se comunicou e entrou na história dos homens. Por isso, antes de ser formulada em termos de Trindade, ela já estava aí como experiência e enchendo a vida dos homens de luz, de graça e de vida. Só porque estava previamente aí é que pôde ser dita posteriormente. Como estava aí? De que maneira

---

16. Cf. BERG, A. van den. "A Santíssima Trindade e a existência humana I e II". In: *REB* 33 (1973), p. 629-648; 36 (1976), p. 323-346.

estava e continua a estar presente na existência histórica do homem? Função da reflexão e da análise é di-lucidar o Mistério trinitário que é anterior ao Mistério da encarnação e da Igreja e interior ao mistério do homem. Por sua vez o Mistério trinitário confere a verdadeira dimensão ao mistério humano. Consideremos isso rapidamente:

Genética e epistemologicamente, *para nós,* o mistério humano precede ao Mistério de Deus. Mas o Mistério de Deus, uma vez emergido, ganha uma primazia ontológica: é Ele que funda a existência humana; é Ele que permite pensar, querer, amar, conhecer e colocar o problema.

O homem surge para si mesmo como um grande mistério (*mihi factus sum quaestio magna).* Apresenta-se como uma unidade-fonte originária que se concretiza sempre em múltiplas manifestações. É uma unidade que conhece, pensa, se abre à inteligibilidade de si mesmo e do mundo e que pode se relacionar em termos de autodoação. É uma unidade pessoal que se comunica como autoconsciência de si, que dialoga, se abre aos outros e voltando a si mesma elabora uma síntese com todos os diferentes com os quais se encontra. Esta unidade pessoal não conhece apenas nem sintetiza tão somente as experiências com os diferentes. Busca comunhão com eles. Faz-se com-unidade e se relaciona em amor e autodoação de si mesma, podendo ir até ao autossacrifício. É verdade; mas não só; é também amor.

Ora, esta unidade originária da pessoa, manifestando-se como verdade e se dando como amor, descobre-se como gratuita. Não se fundamenta a si mesma. Encontra-se na existência, não tendo pedido a ninguém o seu existir. Nem vigora qualquer sorte de necessidade que exija sua existência. Está aí, suportada, referida a Alguém, a um

Mistério. Sente-se, pois, manifestação de Algo que não é ela. Exige um fundamento ontológico que a justifique. É um mistério no Mistério. Então sua verdade é manifestação de outra Verdade e seu amor corporificação de outro Amor.

Ora, não dizemos que o Pai significa exatamente Deus enquanto é absoluto Mistério, origem de tudo sendo Ele sem origem? Não corresponde a isso o mistério da pessoa humana? Ela não se comunica em verdade e amor, em inteligência que vê e vontade que ama? Mas a pessoa nunca se exaure em nenhuma comunicação concreta. Fica sempre em disponibilidade; transcende a cada ato situado. Tudo é manifestação dela. Ela mesma é um mistério que se extrojeta nas coisas que pensa, ama e faz.

Não dizemos que Filho (Verbo ou *Logos*) é Aquele que de cognoscível e inteligível existe no Pai? Não corresponde a isso a verdade e a inteligência humanas enquanto são reveladoras da verdade e inteligibilidade da pessoa e do mundo?

Não dizemos que o Espírito Santo é o amor de dois diferentes, do Pai e do Filho, fazendo retornar em unidade tudo ao Mistério insondável? Não corresponde a isso o amor que insere o diferente no seio do mistério pessoal, criando comunhão e tudo unificando?

A pessoa, em suas manifestações radicais de verdade e de amor, é figurativa do Mistério de Deus. Atente-se bem: a Santíssima Trindade não é deduzida da análise da realidade humana. Apenas geneticamente parece ser assim. Na verdade, a análise revela a referência que a pessoa guarda e exige, para se esclarecer a si mesma, referência absoluta, que é Deus. A verdade e o amor também são figurativos. Refletem outro Amor e espelham outra Verdade. Historizam-nos no mundo e mostram sua comunicação[17]. O homem, portanto, surge como habitado pela Trindade.

O que tentamos debuxar constitui a presença objetiva da Santíssima Trindade no viver, pensar e querer humanos; não depende do voluntarismo humano. Mesmo aquele que não vive na graça de Deus espelha em seu ser racional a Santíssima Trindade; como dizia, excelentemente, Santa Teresa d'Ávila: "Àquele que não tem a graça santificante não lhe falta o Sol da justiça que *nele está* dando-lhe o ser, senão que se faz incapaz de receber a luz"[18]. O homem é assim estruturado que permanentemente vem banhado pelo reflexo trinitário. É a presença por imensidão, essência e potência da qual falava Santo Tomás de Aquino no texto referido acima.

Neste horizonte deve ser pensada a inabitação da Santíssima Trindade, como já o havia insinuado Pio XII na *Mystici Corporis Christi:* "Diz-se que as Pessoas divinas habitam enquanto que, presentes nos seres dotados de entendimento de um modo inescrutável, estes se põem em relação com Elas mediante o conhecimento e o amor de um modo de todo íntimo e singular que transcende toda a natureza criada"[19].

Mas existe também a presença subjetiva da Santíssima Trindade. O homem justo que vive um projeto de vida aberto para Deus, centrado no Mistério do Deus trino, se deixa tomar pela presença objetiva da Trindade. O justo, quanto mais justo, mais vive na reta ordem de Deus e de si mesmo. Mas deixa aparecer a Realidade pela qual é habitado: seu entendimento mais se orienta pela Verdade e

---

17. Cf. BOFF, L. et al. *Experimentar Deus hoje.* Petrópolis: Vozes, 1974, p. 173-180.

18. *Castelo Interior,* morada sétima, c. 1, 168.

19. AAS 35 (1943) 232 ou DS 3815.

sua vontade para o puro Amor. Mais e mais é assimilado pela própria Trindade.

A graça e a inabitação trinitária não constituem uma reduplicação da presença do Pai, do Filho e do Espírito Santo na vida do justo; intensificam um processo *já* presente e podem levá-lo mais e mais à sua plenitude até a culminância na glória celeste.

Para o homem que vive a afeição do Mistério de Deus (o justo) a realidade toda se transfigura: contempla-a, não profanamente em si mesma e para si mesma, mas religiosamente, enquanto é re-ligada ao seu último fundamento que é Deus. Sente-se habitado por Alguém maior. Esse Alguém maior não é uma força cega nem um Mistério sem nome. É o Filho que como Verdade eterna do Pai se dá na verdade humana. É o Espírito Santo que como Amor do Pai e do Filho se historiza no amor humano. É deus-Pai mesmo que como Mistério absoluto se revela no mistério da existência pessoal. Eis a Luz pela qual vemos a luz!

Na medida em que o homem é levado a abrir-se para o mistério de si mesmo nesta medida é conduzido pelo Mistério a um encontro íntimo com a Trindade. Na geração da verdade em nós se espelha a Geração eterna da Verdade do Pai que é o Filho; no nosso amor pelo qual nos comunicamos com outras alteridades se reflete a Aspiração eterna do Amor do Pai e do Filho que é o Espírito Santo. Já *agora* somos assimilados para dentro do processo trinitário. Nós não nos situamos fora dele. Somos feitos participantes da própria natureza de Deus assim como ela concretamente é, vale dizer, em Trindade de Pessoas.

O Concílio de Florença (1439-1445) ensinou que a glória e o gozo celeste consiste "numa contemplação clara

377

de Deus, trino e uno, como é em si mesmo" (DS 1305). A encíclica *Mystici Corporis Christi* (1943), cujo teor doutrinário possui um peso autoritativo indiscutível, afirma em contexto de inabitação que na visão beatífica será concedido "contemplar o Pai, o Filho e o Espírito Santo e de assistir por toda a eternidade às processões das divinas Pessoas, sendo o justo inundado de um gozo semelhante àquele que faz a felicidade da Santíssima e indivisa Trindade" (DS 3815). Esta é uma realidade escatológica. Mas porque é escatológica se antecipa na história; inicia-se aqui na terra no mistério da pessoa justa e se culmina no céu onde o mistério estará sempre no Mistério.

O que referimos em termos do mistério da pessoa deve ser pensado também em termos da comunidade das pessoas. A Trindade é comunidade. Na comunidade humana que vive da verdade e em busca de uma verdade cada vez mais plena, que se alimenta do amor e procura relações sociais cada vez mais confraternizadoras e amorizadoras, reflete-se, nas condições da história, o Mistério trinitário. Que conversão deve ocorrer nas pessoas e que revolução social deve se processar nas comunidades para que sejam verdadeiramente e cada vez mais o lugar da articulação do Mistério da Santíssima Trindade no tempo?

À guisa de conclusão deste capítulo queremos transcrever a experiência de Santa Teresa d'Ávila, a mística ardente, acerca da Santíssima Trindade; aqui o saber se tornou puro sabor por obra e graça do Mistério:

"Introduzida naquela morada, por visão intelectual, mediante certa maneira de representação da verdade, mostra-se a ela a Santíssima Trindade – Deus em três Pessoas – com um incendimento que primeiro lhe atinge o espírito, como nuvem de grandíssima claridade. Vê a distinção que existe entre as Divinas Pessoas, e, por uma notícia admirável que lhe é infundida, entende com grandíssima verdade serem todas três uma substância, e um poder, e um saber, e um só Deus. Desta maneira, o que pela fé cremos, ali o entende a alma, a modo de dizer, por ter visto, conquanto não o haja contemplado com os olhos do corpo nem com os da alma, pois não é visão imaginária. Aqui se se lhe comunicam todas três Pessoas, e lhe falam, e lhe dão a compreender aquelas palavras do Senhor no Evangelho, quando disse que viria Ele com o Pai e o Espírito Santo a morarem na alma que o ama e guarda os seus mandamentos (Jo 14,23)".

"Oh! Valha-me Deus! Quão diferente coisa é ouvir estas palavras e crê-las, ou entender por esta via sobrenatural quão verdadeiras são! E cada dia se admira mais esta alma, porque lhe parece que as Pessoas Divinas nunca mais se apartaram dela; antes, notoriamente vê que, do modo sobredito, as tem em seu interior, no mais, mais íntimo, num abismo muito fundo; e não sabe dizer como é, porque não tem letras, mas sente em si esta divina companhia".

"Imaginareis que, sendo assim, não andará em seus sentidos, senão tão embebida que não possa aplicar-se a nada. Pois eu vos digo que o pode, e muito mais que antes, em tudo o que é serviço de Deus, e em terminando as ocupações se queda com aquela agradável companhia"[20].

Eis o que significa, também no quotidiano, o Mistério da Santíssima Trindade morando no íntimo, no mistério dos homens.

---

20. *Castelo Interior*, morada sétima, c. 1, 170-171.

CONCLUSÃO

O discurso católico sobre a graça é certamente um dos mais prejudicados pelo peso histórico das doutrinas heterodoxas. Como em nenhum outro tratado nos vemos confrontados com disputas, condenações e heresias. Isso somente vem manifestar a importância que a reflexão da graça teve para a experiência cristã. Houve empenho e se tentou penetrar no mistério com grande engajamento pessoal. Porque, no fundo, se tratava do mais decisivo para a existência humana, de sua salvação ou de sua perdição. O estudo destas disputas não poderá nem deverá restringir-se aos historiadores. Dever-se-á resgatar a dimensão existencial que se oculta por detrás das articulações teóricas possivelmente abstratas e de difícil inteligibilidade para o nosso horizonte de compreensão atual. Por causa disto e no interesse desta tarefa nossa reflexão não se concentrou tanto em vertebrar o já sabido e pensado quanto em pensar e dizer o que estava em causa no já pensado, sabido e dito pela tradição teológica. O que estava em causa ontem, está hoje e estará amanhã e sempre é a presença de Deus e de seu amor no mundo e de sua correspondente experiência. A presença de Deus e de seu amor no mundo se chama *graça*. Como aparece ela hoje? Como nos visita? Em que modos concretos de nossa existência pessoal e social ela se mostra? Que exigências comporta?

O que fizemos foi um ensaio teórico com o objetivo de ganhar algumas perspectivas fundamentais a partir das quais pudéssemos conscientizar a graça presente no mundo, abrir o horizonte da vida para que a pudéssemos acolher com mais sentido libertador. A esta prática teórica dever-se-ia estruturar uma prática-prática na qual se pudesse mostrar, com exercícios práticos, como a graça se faz presente em funções fundamentais da vida. O autor pretendeu ter ajudado ao leitor a compreender que, por exemplo, no futebol, no carnaval, nas festas, nos relacionamentos humanos verdadeiros, nos encontros pessoais, na amizade, no amor, na realização pessoal e em outras inúmeras manifestações da vida não se trata somente de um afazer humano. Estas realidades possuem sua densidade própria; entretanto são também figurativas de outra realidade que se faz presente na gratuidade, beleza, profundidade e bondade que as caracteriza: a graça e a gratuidade de Deus. O carnaval não deixa de ser carnaval, como festa do folião que celebra a gratuidade da vida; o futebol que eletriza milhares no estádio não deixa de ser futebol com todos os interesses, às vezes escusos, que oculta; o amor humano no convívio com a esposa ou o esposo, com os filhos e os amigos não deixa de ser amor humano com toda a transparência e opacidade com que vem concretizado. Entretanto eles não deixam também de ser uma parábola de outro Amor, de outra Festa e de outro Fascínio. Eles constituem veículos pelos quais nos alcança, numa linguagem talvez muito profanizada, a própria graça de Deus no mundo, misturando-se com as coisas sem perder sua identidade, fermentando por todas as partes, endireitando aqui, acrisolando acolá e levando tudo para o definitivo encontro com Deus.

Nossas reflexões intencionaram fazer aguçar os olhos e afinar as antenas para o hoje e aqui e agora da nossa vida. Importa buscar. Só ao que busca é dado achar e se alegrar. Só busca, acha e tem motivos de se alegrar quem vive a vida com empenho e com chance de construir algo de definitivo e de eterno. Não se vive porque simplesmente não se morre. Vive-se para realizar um sentido e construir um projeto com Deus e sua graça, que alcança para além dos limites desta vida mortal e se perpetua na eternidade.

Se estas reflexões foram de algum auxílio, não se atribua isso ao articulador desta escrita. Se foram, de fato, auxílio, então o autor é a própria graça de Deus.

Começamos com uma parábola. Acabemos com outra que é a mesma. A primeira queria fazer pensar. Esta outra visa confirmar o pensamento evocado: há uma primazia inarredável da graça divina sobre toda a iniciativa humana e uma superabundância de graça acima de toda e qualquer abundância de pecado humano. Embora possa se perpetuar, o pecado não consegue frustrar o desígnio do Amor. Mais ainda: a graça de Deus não viceja sobre a difamação da natureza; ela não é apenas a força de Deus para suprir a fraqueza do homem. Ela é muito mais o Vigor de nossa força para que se torne ainda mais forte. Quem se entrega a este Vigor, acolhendo-o generosamente, seguindo o impulso de seu ritmo, é mais do que homem, é mais homem, é um deus em minúsculo. Não sendo Deus, fomos entretanto chamados a ser com Deus.

Havia um homem que podia tudo. Não sei se era um homem do tempo em que as mágicas eram verdadeiras ou um homem que houvesse atingido tudo o que se pode na situação terrestre atingir. Ele se chamava simplesmente o homem-que-podia-tudo.

Certo dia o homem-que-podia-tudo se aborreceu do torvelinho de sua metrópole e demandou lugares ermos para poder ouvir o silêncio e gozar da tranquilidade de estar parado. Depois de alguns dias começou a refletir e com a reflexão veio a perturbação. Deu-se conta de que não estava parado de forma nenhuma. Estava girando a uma velocidade de 1.700km horários, pois esta é a velocidade da terra ao redor de seu próprio eixo. Aborreceu-se da terra que o arrastava irresistivelmente consigo.

Como era o homem-que-podia-tudo resolveu abandonar o solo terrestre e pôr-se lá em cima, muito além da estratosfera, no silêncio tranquilo de seu satélite. Corria muito, mas pelo menos girava com menor velocidade sobre seu eixo do que a terra. Certo dia, porém, convulsionou-se-lhe o coração. Deu-se conta de que de nada adiantara sua fuga. Na verdade estava girando conjuntamente com a terra e todos os seres que se encontram sob sua atração a 107.000km horários ao redor do sol.

Excogitou uma saída que lhe iria garantir tranquilidade. Decidiu deslocar-se totalmente para fora da órbita terrestre. Fincou-se para além da órbita de Júpiter. Aí estaria, enfim, livre da velocidade esfuziante da terra. Não demorou muito e eis que se perturbou sobremaneira. Por mais que fugira da terra, não fugira todavia do sol. Juntamente com o sol e todos os demais planetas do sistema solar encontrava-se girando a 774.000km horários em torno do centro de nossa galáxia.

Como era o homem-que-podia-tudo decidiu transferir-se para fora de nosso sistema solar. Demandou outras paragens cósmicas. Pôs-se aí tão longe e tão tranquilo que pouco lhe importava saber em que sistema se situava. Pelo menos estava fora das frenéticas velocidades do sistema solar.

Certo dia, porém, topou com um dado que lhe roubou totalmente a tranquilidade encontrada. Estava, efetivamente, girando a uma velocidade louca: 2.172.000km horários, acompanhando a nossa galáxia numa viagem em torno do centro de um conglomerado de 2.500 galáxias vizinhas.

Pôs-se furibundo. Tentou tudo o que podia – não se esqueçam de que ele se chamava o homem-que-podia-tudo –; pôs-se a andar, num sentido inverso ao movimento da galáxia, bem devagar, devagarinho. Em relação à velocidade exorbitante dos outros podia sentir-se verdadeiramente parado.

Certo dia, porém, emudeceu de estarrecimento e de impotência. Deu-se conta de algo aterrador para a sua tranquilidade: integrado no conjunto de todos os corpos celestes, terra, sol, galáxias, conglomerados de galáxias, estava correndo, não, fugindo a uma velocidade de 579.000km horários de um ponto do espaço, onde, presumivelmente, tiveram todos origem, numa grande explosão ocorrida a 10 bilhões de anos atrás.

O homem-que-podia-tudo, de repente, intuiu que não podia mais. Por mais que fugisse, não fugia suficientemente. Era levado por algo maior que o envolvia. Buscar a tranquilidade significava perdê-la.

O homem-que-podia-tudo renunciou ao seu nome e a suas pretensões. Regressou humildemente à sua terra e uma vez na terra a sua casa. Sentou-se tranquilamente à sua varanda e aprendeu a contemplar a tranquilidade de todas as coisas que, apesar de todas as velocidades a que estavam acometidas, não se alvoroçavam nem se enfureciam, mas estavam como que paradas na serena tranquilidade e na tranquila serenidade de uma natureza morta. Acolher a fuga era encontrar a tranquilidade. Era encontrar a graça de todas as coisas.

***

Não seria a graça algo parecido? Ela tudo penetra, tudo envolve. Acolhê-la é agraciar-se, fugir é prejudicar-se sem lograr apartar-se de sua presença. Ela não se modifica na sua gratuidade. Só o homem se modifica: só ele pode ser graça e desgraça. A graça é só graça, de graça.

Bem o intuiu o autor do Salmo 139(138) ao falar da presença de Deus (graça):

> Tu estás à minha frente e atrás de mim
> Sobre mim repousa a tua mão.
> Esta ciência é grande demais para o meu alcance,
> Tão profunda que não logro alcançá-la.
> Como poderei fugir de teu espírito
> E subtrair-me de teu olhar?
> Se subir até os céus, aí tu estás.
> Se descer até os infernos aí te encontro.
> Se voar até a margem da aurora,
> Sem emigrar até os confins do mar,
> Aí me alcança a tua esquerda
> E me agarra a tua direita.
> Se disser: que ao menos as trevas me encubram
> E que a luz se faça noite em torno de mim!
> Nem por isso as trevas são escuras para ti
> E a noite é clara como o dia.
> Foste tu que me plasmaste na minha interioridade
> E me teceste no seio de minha mãe.
> Dou-te graças por tantas maravilhas!
> Tuas obras são, de fato, admiráveis!
> Eu sabia que tu conhecias as profundezas de mi-
> nha alma.
> Nada de minha substância te escapava
> Quando era formado no silêncio,

Tecido nas entranhas profundas da terra.
Teus olhos viam meu embrião.
Meus dias estavam modelados,
Escritos em teu livro, sem faltar nenhum.
Quão insondáveis são para mim, ó Deus, os teus
pensamentos!

REFERÊNCIAS

ALFARO, J. *Cristologia y antropologia*. Madri: [s.e.], 1973.

_____. *Esperanza Cristiana y liberación del hombre*. Barcelona: [s.e.], 1972.

_____. *Lo natural y lo sobrenatural*. Madri: [s.e.], 1952.

ALONSO, J. "Relación de causalidad entre la gracia creada e increada". *Revista Española de Teologia* 6 (1946), p. 1-60.

AUER, J. *El Evangelio de la gracia*. Barcelona: [s.e.], 1975.

_____. *Das Evangelium der Gnade* (Kleine Katholische Dogmatik V). Regensburg: [s.e.], 1972.

_____. "Um den Begriff der Gnade". *Zeitschrift für katholischen Theologie* 70 (1948), p. 314-368.

_____. *Die Entwicklung der Gnadenlehre in der Hochscholastik mit besonderer Berücksichtigung des Kardinals Matteo d'Aquasparta*. Teil 1-2, Friburgo i.B.: [s.e.], 1942/1951.

ARIAS, A. *Gratia christiana*. Madri: [s.e.], 1964.

ARIAS, L. "Boletín de teologia dogmática. Teología de la gracia (1950-1958)". *Salmanticensis* 6 (1959), p. 199-215.

BARTMANN, B. *Teologia dogmática II*: A graça. São Paulo: [s.e.], 1964.

BAUMGARTNER, CH. *La grâce du Christ* (Le Mystère Chrétien. Théologie Dogmatique 10). Desclée: [s.e.], 1963.

BERAZA, B. *Tractatus de gratia Christi* (Cursus Theologicus Oniensis). Bilbao: [s.e.], 1929.

BOFF, L. *A atualidade da experiência de Deus*. Rio de Janeiro: [s.e.], 1973.

_____. A Igreja, sacramento do Espírito Santo. In: *O Espírito Santo: pessoa, presença, atuação*. Petrópolis: Vozes, 1973, p. 108-125.

_____. A era do Espírito Santo, p. 145-157.

BOUILLARD, H. *L'idée de surnaturel et le mystère chrétien*. L'homme devant Dieu. Paris: [s.e.], 1964.

BOUESSÉ, H. "Du mode d'habitation de la très Sainte Trinité dans l'Âme du juste". *La Vie Spirituelle* 69 (1943), p. 225-240.

BOURASSA, F. "Le Saint-Esprit, unité d'amour du Père et du Fils". *Sciences ecclésiastiques* 14 (1962), p. 375-415.

_____. "L'habitation de la Trinité". *Sciences Ecclésiastiques* 8 (1956), p. 59-70.

_____. "Adoptive Sonship: our Union with the Divine Persons". *Theological Studies* 13 (1952), p. 309-335.

BRINKTRINE, J. *Die Lehre von der Gnade*. Paderborn: [s.e.], 1957.

COIMBRA, L. *A alegria, a dor e a graça*. Porto: [s.e.], 1916.

COLOMBO, C. "Grazia e inabitazione della SS. Trinità: Bibliografia". *Problemi e orientamenti di Teologia Dommatica* II, Milão: [s.e.], 1957, p. 641-654.

COMBLIN, J. "A missão do Espírito Santo". *Revista Eclesiástica Brasileira* 35 (1975), p. 288-325.

CONGAR, Y.M.J. *Le mystère du temple ou l'Économie de la présence de Dieu à sa créature de la Genèse à l'Apocalypse* (Lectio Divina 22). Paris: [s.e.], 1958.

CORTI, M. *Viver em graça*. São Paulo: [s.e.], 1961.

CUNNINGHAM, F.L.B. *The Indwelling of the Trinity*. A historico-doctrinal Study of the Theory of S. Thomas Aquinas. Dubuque: Priory Press, 1955.

DAFFARA, M. *De gratia Christi*. Roma: [s.e.], 1950.

DAVIS, CH. *La gracia de Dios en la historia*. Bilbao: [s.e.], 1970.

DE LUBAC, H. *Le mystère du surnaturel*. Paris: [s.e.], 1965.

_____. *Surnaturel.* Paris: [s.e.], 1946.

DEDEK, J.F. "Quasi experimentalis cognitio: An Historical Approach to the Meaning of St. Thomas". *Theological Studies* 22 (1961), p. 357-390.

_____. *Experimental Knowledge of the Indwelling Trinity:* An Historical Study of the Doctrine of St. Thomas. Mundelein: [s.e.], 1958.

DE LA TAILLE, M. "Actuation créé par l'acte incréé. Lumière de gloire, grâce sanctifiante, union hypostatique". *Recherches de science religieuse* 18 (1928), p. 253-268.

_____. "Théories mystiques à propos d'un livre récent". *Recherches de science religieuse* 18 (1928), p. 297-325.

DE LETTER, P. "Divine Quasi-Formal Causality". *The Irish Theological Quarterly* 27 (1960), p. 221-228.

_____. "Grace, Incorporation, Inhabitation". The Irish Theological Quarterly 19 (1958), p. 1-31.

_____. "Created Actuation by the Uncreated Act: Difficulties and Answers". 18 (1957), p. 60-92.

_____. "Sanctifying Grace and the Divine Indwelling". *Theological Studies* 14 (1953), p. 242-272.

DOCKX, S. "La présence réelle de Dieu dans l'âme juste". *Nouvelle Reveu Théologique* 72 (1950), p. 673-689.

_____. *Fils de Dieu par grâce.* Paris: [s.e.], 1948.

DYMEK, L. *Das Hohelied der Gnade.* Immenstadt i. Allgäu: [s.e.], 1963.

FARRELLY, M.J. *Predestination, Grace and Free Will.* Maryland: [s.e.], 1964.

FERRERAS, G. "Sobre la gracia y su teología". *Naturaleza y Gracia* 22 (1975), p. 59-90.

FLICK, M. & ALSZEGHY, Z. Fondamenti di una antropologia teologica (Nuiva Collana di Teologia Cattolica 10). Firenze: [s.e.], 1969.

_____. *Il Vangelo della Grazia* – Un trattato dogmatico. Firenze: [s.e.], 1964.

FORTMANN, E.J. *Theología del hombre y de la gracia* – Estudios sobre la teologia de la gracia. Santander: [s.e.], 1970.

FRANSEN, P. *Gracia, realidad y vida*. Buenos Aires/México: [s.e.], 1969.

_____. How should we teach the Treatise of Grace? *Apostolic Renewal in the Seminary in the Light of Vatican Council*. Nova York 1965, p. 139-163 [KELLER, J. & ARMSTRONG, R. (org.)].

_____. "Pour une psychologie de la grâce divine". *Lumière et Vie* 12 (1957), p. 209-240.

_____. "Dogmengeschichtliche Entfaltung der Gnadenlehre". *Mysterium Salutis* 4/2, p. 631-765.

_____. "Das neue Sein des Menschen in Christus". Mysterium Salutis 4/2, p. 921-984.

FROGUET, B. *De l'habitation du Saint-Esprit dans les âmes justes d'après la doctrine de Saint Thomas d'Aquin*. Paris: [s.e.], 1938.

GARDEIL, A. *Le Saint-Esprit dans la vie chrétienne*. 4. ed. Paris: [s.e.], 1950.

_____. *La structure de la grâce et l'expérience mystique*. 2 vols. Paris: [s.e.], 1927.

_____. "Comment se réalise l'habitation de Dieu dans les âmes justes". *Revue Thomiste* 28 (1923), p. 3-42; 129-141; 328-360.

GALTIER, O. "Grazia e inabitazione della SS. Trinità". *Problemi e orientamenti di Teologia dommatica* II, Milão, 1957, p. 610-640.

_____. *L'habitation en nous des Trois Personnes*. Roma: [s.e.], 1950.

_____. *Le Saint-Esprit en nous d'après les Pères Grecs* (Analecta Gregoriana 35). Roma: [s.e.], 1946.

_____. *De SS. Trinitate in se et in nobis*. Paris: [s.e.], 1933.

GARRIGOU-LAGRANGE, R. *De Gratia*. Torino: [s.e.], 1946.

_____. "L'habitation de la Sainte Trinité et l'expérience mystique". *Revue Thomiste* 33 (1928), p. 449-474.

GERRISH, B.A. *Grace and Reason* – A Study in the Theology of Luther. Oxford: [s.e.], 1962.

GLEASON, R.W. *Qu'est-ce que la grâce?* Casterman: [s.e.], 1965.

_____. *La gracia.* Barcelona: [s.e.] 1964.

GONZÁLEZ, S. "De gratia Christi". *Sacrae Theologiae Summa III* (BAC, 62). Madri: [s.e.], 1950.

GONZÁLEZ, O. *Misterio trinitario y existencia humana.* Estudio histórico-teológico en torno a San Buenaventura. Madri: [s.e.], 1966.

GRESHAKE, G. *Gnade und konkrete Freiheit* – Eine Untersuchung zur Gnadenlehre des Pelagius. Mainz: [s.e.], 1972.

GRINGS, D. *A força de Deus na fraqueza do homem.* Porto Alegre: Livraria Sulina, 1975.

GUARDINI, R. "Die Gnade". *Freiheit, Gnade, Schicksal.* Munique: [s.e.], 1948, p. 125-189.

_____. "Der Glaube an die Gnade und das Bewusstsein der Schuld". *Unterscheidung des Christlichen.* Mainz: [s.e.], 1935, p. 335-360.

GUTIÉRREZ, J. *El Espiritu Santo, Don de Dios* – Estudio histórico de teologia dogmática. México: [s.e.], 1966.

KUHN, U. *Natur und Gnade in der deutschen katholischen Theologie seit 1918.* Berlim: [s.e.], 1961.

KULADRAN, S. *Grace* – A comparative study of the doctrine in Christianity and Hinduism. Londres: [s.e.], 1964.

KÜNG, H. *Rechtfertigung* – Die Lehre Karl Barths und eine katholische Besinnung. 4. ed. Einsiedeln: [s.e.], 1964.

KUNZ, E. *Glaube-Gnade-Geschichte* – Die Glaubenstheologie des Pierre Rousselot. Frankfurt: [s.e.], 1969.

JOURNET, C. *Entretiens sur la grâce.* Desclée: [s.e.], 1959.

JOYCE, G.H. *The Catholic Doctrine of Grace.* Nova York: [s.e.], [s.d.].

JÚLIO MARIA. *A Graça*. Rio de Janeiro: Empresa Editora ABC Ltda., 1897.

LADRIÈRE, J. "Fonction propre de la grâce à l'égard de la science". *La science, le monde, la foi*. Casterman: [s.e.], 1972, p. 45-53.

LANGEMEYER, B. "Das Phänomen Zufall und die Frage nach der göttlichen Vorsehung". *Geist und Leben* 45 (1972), p. 24-41.

_____. "Die Frage nach dem gnädigen Gott heute". *Geist und Leben* 43 (1970), p. 125-135.

LENNERZ, H. *De gratia Redemptoris*. 4. ed. Roma: [s.e.], 1949.

LIBÂNIO, J.B. *Pecado e opção fundamental*. Petrópolis: Vozes, 1975.

LÖHRER, M. "Gottes Gnadenhandeln als Erwählung des Menschen". *Mysterium Salutis* 4/2, p. 773-827.

LONERGAN, B.J.F. *Grace and Freedom* – Operative Grace in the Thought of S. Thomas Aquinas. Nova York: [s.e.], 1970.

LOOSEN, J. "Ekklesiologische, christologische und trinitäts-theologische Elemente im Gnadenbegriff". *Theologie in Geschichte und Gegenwart* (Festsch. a M. Schmaus). Munique: [s.e.], 1957, p. 89-102.

LOT-BORODINE, M. *La déification de l'homme*. Paris: [s.e.], 1970.

MACKEY, J.P. *Life and Grace*. Dublin/Melbourne: [s.e.], 1966.

_____. *The Grace of God, the Response of Man*. Nova York: [s.e.], 1966.

MARÉCHAL, J. A propos du sentiment de présence de Dieu ches les profanes et chez les mystiques. In: *Études sur la psychologie des mystiques*. Bruges: [s.e.], 1929, p. 69-179.

MARTÍNEZ, G.J.C. "El misterio de la inhabitación del Espíritu Santo". *Estudios Eclesiásticos* 13 (1943), p. 287-315.

MARTHO-SALIN. "Función transcendente de la gracia en el problema social". *Revista de espiritualidad* 10 (1951), p. 279-288.

MEISNER, W.W. *Foundations for a Psychology of grace*. Glen Rock: [s.e.], 1965.

MENÉNDEZ REÏGADA, J.G. "Inhabitación, dones y experiencia mística". *Revista Española de Teologia* 6 (1946), p. 61-101.

MERSCH, E. "Filii in Filio". *La Théologie du Corps Mystique* 2, Desclée: [s.e.], 1949, p. 9-68.

_____. "Le surnaturel". *La Thééologie du Corps Mystique* 2, Desclée: [s.e.], 1949, p. 165-192.

_____. "La grâce sanctifiante". *La Théologie du Corps Mystique* 2, Desclée: [s.e.], 1949, p. 333-366.

_____. "La grâce actuelle". *La Théologie du Corps Mystique* 2, Desclée: [s.e.], 1949, p. 367-399.

MOELLER, C. & PHILIPS, G. *Grâce et Ecuménisme*. Chevetogne: [s.e.], 1957.

MOLARI, C. "Ordine soprannaturale: Attuazione o Quasi-Informazione". *Divinitas* 6 (1962), p. 385-406.

MÜHLEN, H. *Die Erneuerung des christlichen Glaubens*. Charisma-Geist-Befreiung. Munique: [s.e.], 1976.

_____. "Gnadenlehre". *Bilaz der Theologie im 20. Jahrhundert* 3., Friburgo i.B.: [s.e.], 1970, p. 148-192.

_____. *Una mystica persona* – Eine Person in vielen Personen. Munique/Paderborn/Viena: [s.e.], 1964.

_____. *Der Hl. Geist als Person*. In der Trinität, bei der Inkarnation und im Gnadenbund: Ich-Du-Wir. Münster: [s.e.], 1964.

MULLARD, R. *La grâce* (S. Thomas d'Aquin, Somme Théologique). Paris: [s.e.], 1929.

Mysterium Salutis 4/2: *Gottes Gnadenhandeln*. Einsiedeln: [s.e.], 1973, p. 595-984.

NICOLAS, J.H. *Les profondeurs de la grâce*. Paris: [s.e.], 1969.

_____. *Le mystère de la grâce*. Liège: [s.e.], 1950.

OMAN, J. *Grace and Personality*. Cambridge: [s.e.], 1917.

PENIDO, M.L.T. "La valeur de la théorie psichologique de la Trinité". *Ephemerides Theol. Lovanienses* 8 (1931), p. 5-16.

PEREGO, A. *La gracia*. Barcelona: [s.e.], 1964.

PESCH, O.H. "Die Lehre vom Verdienst als Problem für Theologie und Verkündigung". In: *Wahrheit und Verkündigung* (Fest. a M. Schmaus). Munique: [s.e.], 1967, p. 1.865-1.907.

_____. "Gottes Gnadenhandeln als Rechtfertigung des Menschen". *Mysterium Salutis* 4/2, p. 831-920.

PHILIPS, G. "De ratione instituendi tractatum de gratia nostrae sanctificationis". *Ephemerides Theol. Lovanienses* 29 (1953), p. 355-373.

PUNTEL, B.L. "Deus na teologia hoje". *Perspectiva Teológica* I (1969), p. 15-24.

RAHNER, K. *La gracia como libertad*. Barcelona 1972.

_____. *Graça divina em abismos humanos*. São Paulo: {s.e.], 1968.

_____. *O homem e a graça*. São Paulo: [s.e.], 1960.

_____. "Natur und Gnade". Schriften zur Theologie IV (1960), Einsideln, p. 209-326.

_____. "Über den Begriff des Geheimnisses in der katolischen Theologie". Schriften zur Theologie IV (1960), Einsideln, p. 51-99.

_____. "Über das Verhältnis zur Natur und Gnade". Schriften zur Theologie I (1954), Einsideln, p. 323-345.

_____. "Zur scholastischen Begrifflichkeit der ungeschaffenen Gnade". *Schriften zur Theologie* I, Einsiedeln: [s.e.], 1954, p. 347-375.

RATZINGER, J. "Gratia supponit naturam. Erwägungen Über Sinn und Grenze eines scholatischen Axioms". In: *Einsicht und Glaube* (Festsch. a J. Söhngen). Friburgo i.B.: [s.e.], 1962, p. 135-149, ou In: *Dogma und Verkündigung*. Munique/Friburgo: [s.e.], 1973, p. 161-182.

RITO, H. *Recentioris theologiae quaedam tendentiae ad conceptum ontologico-personalem gratieae*. Roma: [s.e.], 1963.

RIVIÈRE, J. "Sur l'origine des formules ecclésiastiques 'de congruo' et 'de condigno'". *Bulletin de Littérature ecclésiastique* 28 (1927), p. 75-83.

RONDET, H. *Essais sur la théologie de la grâce*. Paris: [s.e.], 1964.

_____. *Gratia Christi* – Esquisse d'une histoire de la théologie de la grâce. Paris: [s.e.], 1948.

RUINI, G. *La trascendenza della grazia nella teologia di San Tommaso d'Aquino* (Analecta Gregoriana 180). Roma: [s.e.], 1971.

RYELANDT, DOM I. *The life of Grace*. Dublin/Londres: [s.e.], 1964.

SCHAUF, H. *Die Einwohnung des Hl. Geistes*. Friburgo i.B.: [s.e.], 1941.

SCHEEBEN, J.M. *As maravilhas da graça divina*. Petrópolis: Vozes, 1956.

_____. *Die Mysterien des Christentums*. Friburgo i.B.: [s.e.], 1951.

SCHMAUS, M. *A fé da Igreja* – A justificação individual. Petrópolis: Vozes, 1977.

_____. "Die göttliche Gnade". *Katholische Dogmatik* III/4. Munique: [s.e.], 1956.

SEGUNDO, J.L. *Gracia y condición humana* (Teologia abierta para el laico adulto 2). Buenos Aires/México: [s.e.], 1969.

SIMON, P.H. *La littérature du péché et de la grâce*. 1880-1950. Paris: [s.e.], 1957.

SIMONIN, T. "Prédestination, prescience et liberté". *Nouvelle Revue Théologique* 85 (1963), p. 711-730.

SITTLER, J. *Essays on Nature and Grace*. Philadelphia: [s.e.], 1972.

SMITH, C.R. *The Bible Doctrine of Grace*. Londres: [s.e.], 1956.

STEVENS, G. *The Life of Grace*. Washington: [s.e.], 1963.

STOECKLE, B. *Gratia supponit naturam* – Geschichte und Analyse eines theologischen Axioms unter besonderer Berücksichtigung seines patristischen Ursprungs, seiner Formulierung in der Hochscholastik und seiner zentralen Position in der Theologie des 19. Jahrhunderts. Roma: [s.e.], 1962.

THEODOROU, A. "Die Lehre von der Vergöttung des Menschen bei den griechischen Kirchenvätern". *Kerygma und Dogma* 7 (1961), p. 283-310.

TERRIEN, J.B. *La grâce et la gloire*. 2. ed. Paris: [s.e.], 1948.

THILS, G. *Sainteté chrétienne*. Précis de théologie ascétique: Assimilation à la Sainte Trinité. Tielt (Bélgica) 1958, p. 46-82.

TRÜTSCH, J. *SS. Trinitatis inhabitatio apud theologos recentiores*. Trento: [s.e.], 1949.

TURRADO, A. *Dios en el hombre* – Plenitud o tragedia (BAC 325). Madri: [s.e.], 1971.

URDÁNOZ, T. "Influjo causal de las divinas personas en la inhabitación en las almas justas". *Revista de Teologia Espanhola* 8 (1948) p. 141-202.

_____. "La inhabitación del Espíritu Santo en el alma del justo". *Revista Española de Teologia* 6 (1946), p. 465-534.

VAZ, H. de Lima. A experiência de Deus. In: *Experimentar Deus hoje*. 2. ed. Petrópolis: Vozes, 1976, p. 74-89.

VERING, F. *De certitudine status gratiae in Concilio Tridentino*. Roma 1953 [tese de doutorado, datilografado].

VOLK, H. *Gnade und Person*. Gott alles in allem. Gesammelte Aufsätze I, Mainz: [s.e.], 1961, p. 113-129.

VV.AA. *O Espírito Santo* – Pessoa, Presença, Atuação. Petrópolis: Vozes, 1973.

WATSON, PH. *The Concept of Grace*. Londres: [s.e.], 1959.

WEIL, S. *La pesanteur et la grâce*. Paris: [s.e.], 1948.

WILLIG, I. *Geschaffene und ungeschaffene Gnade*. Münster: 1964 [Bibel-theologische Fundierung und systematische Erörterung].

LIVROS DE LEONARDO BOFF

1 – *O Evangelho do Cristo Cósmico*. Petrópolis: Vozes, 1971 [Esgotado – Reeditado pela Record (Rio de Janeiro), 2008].

2 – *Jesus Cristo libertador*. 21. ed. Petrópolis: Vozes, 2011.

3 – *Die Kirche als Sakrament im Horizont der Welterfahrung*. Paderborn: Verlag Bonifacius-Druckerei, 1972 [Esgotado].

4 – *A nossa ressurreição na morte*. 11. ed. Petrópolis: Vozes, 2011.

5 – *Vida para além da morte*. 25. ed. Petrópolis: Vozes, 2009.

6 – *O destino do homem e do mundo*. 12. ed. Petrópolis: Vozes, 2011.

7 – *Experimentar Deus*. Petrópolis: Vozes, 2010 [Publicado em 1974 pela Vozes com o título *Atualidade da experiência de Deus* e em 2002 pela Verus com o título atual].

8 – *Os sacramentos da vida e a vida dos sacramentos*. 28. ed. Petrópolis: Vozes, 2011.

9 – *A vida religiosa e a Igreja no processo de libertação*. 2. ed. Petrópolis: Vozes/CNBB, 1975 [Esgotado].

10 – *Graça e experiência humana*. 7. ed. Petrópolis: Vozes, 2011.

11 – *Teologia do cativeiro e da libertação*. Lisboa: Multinova, 1976 [Reeditado pela Vozes, 1998 (6. ed.)].

12 – *Natal*: a humanidade e a jovialidade de nosso Deus. 8. ed. Petrópolis: Vozes, 2009.

13 – *Eclesiogênese* – As comunidades reinventam a Igreja. 3. ed. Petrópolis: Vozes, 1977 [Reeditado pela Record (Rio de Janeiro), 2008].

14 – *Paixão de Cristo, paixão do mundo*. 7. ed. Petrópolis: Vozes, 2011.

15 – *A fé na periferia do mundo*. 5. ed. Petrópolis: Vozes, 1991 [Esgotado].

16 – *Via-sacra da justiça*. 4. ed. Petrópolis: Vozes, 1978 [Esgotado].

17 – *O rosto materno de Deus*. 11. ed. Petrópolis: Vozes, 2011.

18 – *O Pai-nosso* – A oração da libertação integral. 12. ed. Petrópolis: Vozes, 2009.

19 – *Da libertação* – O teológico das libertações sócio-históricas. 4. ed. Petrópolis: Vozes, 1976 [Esgotado].

20 – *O caminhar da Igreja com os oprimidos*. Rio de Janeiro: Codecri, 1980 [Esgotado – Reeditado pela Vozes (Petrópolis), 1998 (2. ed.)].

21 – *A Ave-Maria* – O feminino e o Espírito Santo. 9. ed. Petrópolis: Vozes, 2009.

22 – *Libertar para a comunhão e participação*. Rio de Janeiro: CRB, 1980 [Esgotado].

23 – *Igreja*: carisma e poder. Petrópolis: Vozes, 1981 [Reedição ampliada pela Ática (Rio de Janeiro), 1994 e pela Record (Rio de Janeiro), 2005].

24 – *Crise, oportunidade de crescimento*. Petrópolis: Vozes, 2010 [Publicado em 1981 pela Vozes com o título *Vida segundo o Espírito* e em 2002 pela Verus com o título atual].

25 – *Francisco de Assis*: ternura e vigor. 12. ed. Petrópolis: Vozes, 2009.

26 – *Via-sacra para quem quer viver*. Petrópolis: Vozes, 2011 [Publicado em 1982 pela Vozes com o título *Via-sacra da ressurreição* e em 2003 pela Verus com o título atual].

27 – *Mestre Eckhart*: a mística do ser e do não ter. Petrópolis: Vozes, 1983 [Reedição sob o título de *O livro da Divina Consolação*. Petrópolis: Vozes, 2006 (6. ed.)].

28 – *Ética e ecoespiritualidade*. Petrópolis: Vozes, 2010 [Publicado em 1984 pela Vozes com o título *Do lugar do pobre* e em 2003 pela Verus com o título atual e com o título *Novas formas da Igreja*: o futuro de um povo a caminho].

29 – *Teologia à escuta do povo*. Petrópolis: Vozes, 1984 [Esgotado].

30 – *A cruz nossa de cada dia*. Petrópolis: Vozes, 2011 [Publicado em 1984 pela Vozes com o título *Como pregar a cruz hoje numa sociedade de crucificados* e em 2004 pela Verus com o título atual].

31 – *Teologia da Libertação no debate atual*. Petrópolis: Vozes, 1985 [Esgotado].

32 – *Francisco de Assis* – homem do paraíso. 4. ed. Petrópolis: Vozes, 1999.

33 – *A Trindade, a sociedade e a libertação*. 5. ed. Petrópolis: Vozes, 1999.

34 – *E a Igreja se fez povo*. Petrópolis: Vozes, 1986 [Reedição pela Verus (Campinas), 2004, sob o título de *Ética e ecoespiritualidade* (2. ed.), e *Novas formas da Igreja*: o futuro de um povo a caminho (2. ed.)].

35 – *Como fazer Teologia da Libertação?* 10. ed. Petrópolis: Vozes, 2010.

36 – *Die befreiende Botschaft*. Friburgo: Herder, 1987.

37 – *A Santíssima Trindade é a melhor comunidade*. 11. ed. Petrópolis: Vozes, 2009.

38 – *Nova evangelização*: a perspectiva dos pobres. 4. ed. Petrópolis: Vozes, 1991 [Esgotado].

39 – *La misión del teólogo en la Iglesia*. Estella: Verbo Divino, 1991.

40 – *Seleção de textos espirituais*. Petrópolis: Vozes, 1991 [Esgotado].

41 – *Seleção de textos militantes*. Petrópolis: Vozes, 1991 [Esgotado].

42 – *Con la libertad del Evangelio*. Madri: Nueva Utopia, 1991.

43 – *América Latina*: da conquista à nova evangelização. São Paulo: Ática, 1992.

44 – *Ecologia, mundialização e espiritualidade*. 2. ed. São Paulo: Ática, 1993 [Reedição pela Record (Rio de Janeiro), 2008].

45 – *Mística e espiritualidade* (com Frei Betto). 4. ed. Rio de Janeiro: Rocco, 1994 [Reedição revista e ampliada pela Garamond (Rio de Janeiro), 2005 (6. ed.) e reedição pela Vozes (Petrópolis), 2010].

46 – *Nova era*: a emergência da consciência planetária. 2. ed. São Paulo: Ática, 1994 [Reedição pela Sextante (Rio de Janeiro), 2003, sob o título de *Civilização planetária*: desafios à sociedade e ao cristianismo].

47 – *Je m'explique*. Paris: Desclée de Brouwer, 1994.

48 – *Ecologia* – Grito da terra, grito dos pobres. 3. ed. São Paulo: Ática, 1995 [Reedição pela Sextante (Rio de Janeiro), 2004].

49 – *Princípio Terra* – A volta à Terra como pátria comum. São Paulo: Ática, 1995 [Esgotado].

50 – (org.) *Igreja*: entre norte e sul. São Paulo: Ática, 1995 [Esgotado].

51 – *A Teologia da Libertação*: balanços e perspectivas (com José Ramos Regidor e Clodovis Boff). São Paulo: Ática, 1996 [Esgotado].

52 – *Brasa sob cinzas*. 5. ed. Rio de Janeiro: Record, 1996.

53 – *A águia e a galinha*: uma metáfora da condição humana. 48. ed. Petrópolis: Vozes, 2010.

54 – *Espírito na saúde* (com Jean-Yves Leloup, Pierre Weil, Roberto Crema). 7. ed. Petrópolis: Vozes, 2008.

55 – *Os terapeutas do deserto* – De Fílon de Alexandria e Francisco de Assis a Graf Dürckheim (com Jean-Yves Leloup). 13. ed. Petrópolis: Vozes, 2010.

56 – *O despertar da águia*: o dia-bólico e o sim-bólico na construção da realidade. 22. ed. Petrópolis: Vozes 2010.

57 – *Das Prinzip Mitgefühl* – Texte für eine bessere Zukunft. Friburgo: Herder, 1998.

58 – *Saber cuidar* – Ética do humano, compaixão pela terra. 17. ed. Petrópolis: Vozes, 2011.

59 – *Ética da vida*. 3. ed. Brasília: Letraviva, 1999 [Reedição pela Sextante (Rio de Janeiro), 2005, e pela Record (Rio de Janeiro), 2009].

60 – *A oração de São Francisco*: uma mensagem de paz para o mundo atual. 9. ed. Rio de Janeiro: Sextante, 1999 [Reedição pela Vozes (Petrópolis), 2009].

61 – *Depois de 500 anos*: que Brasil queremos? 3. ed. Petrópolis: Vozes, 2003 [Esgotado].

62 – *Voz do arco-íris*. 2. ed. Brasília: Letraviva, 2000 [Reedição pela Sextante (Rio de Janeiro), 2004].

63 – *Tempo de transcendência* – O ser humano como um projeto infinito. 4. ed. Rio de Janeiro: Sextante, 2000 [Reedição pela Vozes (Petrópolis), 2009].

64 – *Ethos mundial* – Consenso mínimo entre os humanos. 2. ed. Brasília: Letraviva, 2000 [Reedição pela Sextante (Rio de Janeiro), 2003 (2. ed.)].

65 – *Espiritualidade* – Um caminho de transformação. 3. ed. Rio de Janeiro: Sextante, 2001.

66 – *Princípio de compaixão e cuidado* (em colaboração com Werner Müller). 4. ed. Petrópolis: Vozes, 2009.

67 – *Globalização*: desafios socioeconômicos, éticos e educativos. 3. ed. Petrópolis: Vozes, 2002 [Esgotado].

68 – *O casamento entre o céu e a terra* – Contos dos povos indígenas do Brasil. Rio de Janeiro: Salamandra, 2001.

69 – *Fundamentalismo*: a globalização e o futuro da humanidade. Rio de Janeiro: Sextante, 2002 [Esgotado].

70 – (com Rose Marie Muraro) *Feminino e masculino*: uma nova consciência para o encontro das diferenças. 5. ed. Rio de Janeiro: Sextante, 2002 [Reedição pela Record (Rio de Janeiro), 2010].

71 – *Do iceberg à arca de Noé*: o nascimento de uma ética planetária. 2. ed. Rio de Janeiro: Garamond, 2002 [Reedição pela Mar de Ideias (Rio de Janeiro), 2010].

72 – (com Marco Antônio Miranda) *Terra América*: imagens. Rio de Janeiro: Sextante, 2003 [Esgotado].

73 – *Ética e moral*: a busca dos fundamentos. 6. ed. Petrópolis: Vozes, 2010.

74 – *O Senhor é meu Pastor*: consolo divino para o desamparo humano. 3. ed. Rio de Janeiro: Sextante, 2004 [Reedição pela Vozes (Petrópolis), 2010 (2. ed.)].

75 – *Responder florindo*. Rio de Janeiro: Garamond, 2004 [Reedição pela Mar de Ideias (Rio de Janeiro), 2012].

76 – *São José*: a personificação do Pai. 2. ed. Campinas: Verus, 2005 [Reedição pela Vozes (Petrópolis), 2011].

77 – *Virtudes para um outro mundo possível* – Vol. I: Hospitalidade: direito e dever de todos. Petrópolis: Vozes, 2005.

78 – *Virtudes para um outro mundo possível* – Vol. II: Convivência, respeito e tolerância. Petrópolis: Vozes, 2006.

79 – *Virtudes para um outro mundo possível* – Vol. III: Comer e beber juntos e viver em paz. Petrópolis: Vozes, 2006.

80 – *A força da ternura* – Pensamentos para um mundo igualitário, solidário, pleno e amoroso. 3. ed. Rio de Janeiro: Sextante, 2006.

81 – *Ovo da esperança*: o sentido da Festa da Páscoa. Rio de Janeiro: Mar de Ideias, 2007.

82 – (com Lúcia Ribeiro) *Masculino, feminino*: experiências vividas. Rio de Janeiro: Record, 2007.

83 – *Sol da esperança* – Natal: histórias, poesias e símbolos. Rio de Janeiro: Mar de Ideias, 2007.

84 – *Homem*: satã ou anjo bom. Rio de Janeiro: Record, 2008.

85 – (com José Roberto Scolforo) *Mundo eucalipto*. Rio de Janeiro: Mar de Ideias, 2008.

86 – *Opção Terra*. Rio de Janeiro: Record, 2009.

87 – *Fundamentalismo, terrorismo, religião e paz*. Petrópolis: Vozes, 2009.

88 – *Meditação da luz*. 2. ed. Petrópolis: Vozes, 2010.

89 – *Cuidar da Terra, proteger a vida*. Rio de Janeiro: Record, 2010.

90 – *Cristianismo*: o mínimo do mínimo. Petrópolis: Vozes, 2011.

91 – *El planeta Tierra*: crisis, falsas soluciones, alternativas. Madri: Nueva Utopia, 2011.

92 – (com Marie Hathaway). *O Tao da Libertação* – Explorando a ecologia da transformação. Petrópolis: Vozes, 2011.

93 – *Sustentabilidade*: O que é – O que não é. Petrópolis: Vozes, 2012.

OBRAS DE
Leonardo Boff

A Águia e a Galinha

A Ave Maria – O feminino e o Espírito Santo

O caminhar da Igreja com os oprimidos

Depois de 500 anos que Brasil queremos?

O Despertar da Águia

O destino do homem e do mundo

Ética e Moral – A busca dos fundamentos

São Francisco de Assis: ternura e vigor

Graça e experiência humana

Jesus Cristo Libertador

Natal: a humanidade e a jovialidade de nosso Deus

A nossa ressurreição na morte

O Pai-Nosso: oração da libertação integral

Paixão de Cristo – Paixão do mundo

Princípio de compaixão e cuidado

O rosto materno de Deus

Saber cuidar

– Os sacramentos da vida e a vida dos sacramentos

– A Santíssima Trindade é a melhor comunidade

– A Trindade e a sociedade

– Vida para além da morte

– Virtudes para um outro mundo possível – Vol. I

– Virtudes para um outro mundo possível – Vol. II

– Virtudes para um outro mundo possível – Vol. III

– A oração de São Francisco

– O Senhor é meu Pastor

– Francisco de Assis. Homem do paraíso

– Como fazer Teologia da Libertação?

– Espirito na saúde

– Os terapeutas do deserto

– Fundamentalismo, terrorismo, religião e paz

– Meditação da luz

– Mística e espiritualidade

– Tempo de transcendência

CULTURAL

Administração
Antropologia
Biografias
Comunicação
Dinâmicas e Jogos
Ecologia e Meio Ambiente
Educação e Pedagogia
Filosofia
História
Letras e Literatura
Obras de referência
Política
Psicologia
Saúde e Nutrição
Serviço Social e Trabalho
Sociologia

CATEQUÉTICO PASTORAL

Catequese
Geral
Crisma
Primeira Eucaristia

Pastoral
Geral
Sacramental
Familiar
Social
Ensino Religioso Escolar

TEOLÓGICO ESPIRITUAL

Biografias
Devocionários
Espiritualidade e Mística
Espiritualidade Mariana
Franciscanismo
Autoconhecimento
Liturgia
Obras de referência
Sagrada Escritura e Livros Apócrifos

Teologia
Bíblica
Histórica
Prática
Sistemática

VOZES NOBILIS

Uma linha editorial especial, com importantes autores, alto valor agregado e qualidade superior.

REVISTAS

Concilium
Estudos Bíblicos
Grande Sinal
REB (Revista Eclesiástica Brasileira)
SEDOC (Serviço de Documentação)

VOZES DE BOLSO

Obras clássicas de Ciências Humanas em formato de bolso.

PRODUTOS SAZONAIS

Folhinha do Sagrado Coração de Jesus
Calendário de Mesa do Sagrado Coração de Jesus
Folhinha do Sagrado Coração de Jesus (Livro de Bolso)
Agenda do Sagrado Coração de Jesus
Almanaque Santo Antônio
Agendinha
Diário Vozes
Meditações para o dia a dia
Guia do Dizimista
Guia Litúrgico

CADASTRE-SE
www.vozes.com.br

EDITORA VOZES LTDA.
Rua Frei Luís, 100 – Centro – Cep 25689-900 – Petrópolis, RJ – Tel.: (24) 2233-9000 – Fax: (24) 2231-4676
E-mail: vendas@vozes.com.br

UNIDADES NO BRASIL: Aparecida, SP – Belo Horizonte, MG – Boa Vista, RR – Brasília, DF – Campinas, SP
Campos dos Goytacazes, RJ – Cuiabá, MT – Curitiba, PR – Florianópolis, SC – Fortaleza, CE – Goiânia, GO
Juiz de Fora, MG – Londrina, PR – Manaus, AM – Natal, RN – Petrópolis, RJ – Porto Alegre, RS – Recife, PE
Rio de Janeiro, RJ – Salvador, BA – São Luís, MA – São Paulo, SP
UNIDADE NO EXTERIOR: Lisboa – Portugal